公司债券融资需求、工具选择和机制设计

Demand for Corporate Bonds in China, the Choice of Financing Instruments and Mechanism Design

李 湛 著

经济管理出版社

ECONOMY & MANAGEMENT PUBLISHING HOUSE

图书在版编目（CIP）数据

公司债券融资需求、工具选择和机制设计/李湛著. —北京：经济管理出版社，2016.12
ISBN 978-7-5096-4640-3

Ⅰ. ①公…　Ⅱ. ①李…　Ⅲ. ①公司债券—债券融资—研究—中国　Ⅳ. ①F812.5

中国版本图书馆 CIP 数据核字（2016）第 235739 号

组稿编辑：宋　娜
责任编辑：王格格
责任印制：黄章平
责任校对：赵天宇

出版发行：经济管理出版社
　　　　　（北京市海淀区北蜂窝 8 号中雅大厦 A 座 11 层　100038）
网　　址：www. E-mp. com. cn
电　　话：（010）51915602
印　　刷：三河市延风印装有限公司
经　　销：新华书店
开　　本：720mm×1000mm/16
印　　张：18.25
字　　数：300 千字
版　　次：2016 年 12 月第 1 版　　2016 年 12 月第 1 次印刷
书　　号：ISBN 978-7-5096-4640-3
定　　价：98.00 元

第五批《中国社会科学博士后文库》
编委会及编辑部成员名单

（一）编委会

主　任：王京清

副主任：马　援　张冠梓　俞家栋　夏文峰

秘书长：张国春　邱春雷　刘连军

成　员（按姓氏笔画排序）：

卜宪群	方　勇	王　巍	王利明	王国刚	王建朗	邓纯东
史　丹	刘　伟	刘丹青	孙壮志	朱光磊	吴白乙	吴振武
张　翼	张车伟	张世贤	张宇燕	张伯里	张星星	张顺洪
李　平	李　林	李永全	李向阳	李国强	杨　光	杨　忠
陆建德	陈众议	陈泽宪	陈春声	卓新平	房　宁	罗卫东
郑秉文	赵天晓	赵剑英	高　洪	高培勇	曹卫东	曹宏举
黄　平	朝戈金	谢地坤	谢红星	谢寿光	谢维和	裴长洪
潘家华	冀祥德	魏后凯				

（二）编辑部（按姓氏笔画排序）：

主　任：张国春（兼）

副主任：刘丹华　曲建君　李晓琳　陈　颖　薛万里

成　员：

王　芳	王　琪	刘　杰	孙大伟	宋　娜	苑淑娅	姚冬梅
郝　丽	梅　枚	章　瑾				

　　本书获国家自然科学基金面上项目（项目编号：71372215）、广东省自然科学基金重点项目（项目编号：2016A030311027）和广东省教育厅 2014 年人文社科省级重大项目、广东省哲学社会科学"十二五"规划 2015 年度一般项目（项目编号：GD15CYJ01）资助。

序　言

　　博士后制度在我国落地生根已逾 30 年，已经成为国家人才体系建设中的重要一环。30 多年来，博士后制度对推动我国人事人才体制机制改革、促进科技创新和经济社会发展发挥了重要的作用，也培养了一批国家急需的高层次创新型人才。

　　自 1986 年 1 月开始招收第一名博士后研究人员起，截至目前，国家已累计招收 14 万余名博士后研究人员，已经出站的博士后大多成为各领域的科研骨干和学术带头人。其中，已有 50 余位博士后当选两院院士；众多博士后入选各类人才计划，其中，国家百千万人才工程年入选率达 34.36%，国家杰出青年科学基金入选率平均达 21.04%，教育部"长江学者"入选率平均达 10% 左右。

　　2015 年底，国务院办公厅出台《关于改革完善博士后制度的意见》，要求各地各部门各设站单位按照党中央、国务院决策部署，牢固树立并切实贯彻创新、协调、绿色、开放、共享的发展理念，深入实施创新驱动发展战略和人才优先发展战略，完善体制机制，健全服务体系，推动博士后事业科学发展。这为我国博士后事业的进一步发展指明了方向，也为哲学社会科学领域博士后工作提出了新的研究方向。

　　习近平总书记在 2016 年 5 月 17 日全国哲学社会科学工作座谈会上发表重要讲话指出：一个国家的发展水平，既取决于自然科学发展水平，也取决于哲学社会科学发展水平。一个没有发达的自然科学的国家不可能走在世界前列，一个没有繁荣的哲学社会科学的国家也不可能走在世界前列。坚持和发展中国特色社会主义，需要不断在实践和理论上进行探索、用发展着的理论指导发展着的实践。在这个过程中，哲学社会科学具有不可替代的重要地位，哲学社会科学工作者具有不可替代的重要作用。这是党和国家领导人对包括哲学社会科学博士后在内的所有哲学社会科学领域的研究者、工作者提出的殷切希望！

中国社会科学院是中央直属的国家哲学社会科学研究机构，在哲学社会科学博士后工作领域处于领军地位。为充分调动哲学社会科学博士后研究人员科研创新的积极性，展示哲学社会科学领域博士后的优秀成果，提高我国哲学社会科学发展的整体水平，中国社会科学院和全国博士后管理委员会于 2012 年联合推出了《中国社会科学博士后文库》（以下简称《文库》），每年在全国范围内择优出版博士后成果。经过多年的发展，《文库》已经成为集中、系统、全面反映我国哲学社会科学博士后优秀成果的高端学术平台，学术影响力和社会影响力逐年提高。

下一步，做好哲学社会科学博士后工作，做好《文库》工作，要认真学习领会习近平总书记系列重要讲话精神，自觉肩负起新的时代使命，锐意创新、发奋进取。为此，需做到：

第一，始终坚持马克思主义的指导地位。哲学社会科学研究离不开正确的世界观、方法论的指导。习近平总书记深刻指出：坚持以马克思主义为指导，是当代中国哲学社会科学区别于其他哲学社会科学的根本标志，必须旗帜鲜明加以坚持。马克思主义揭示了事物的本质、内在联系及发展规律，是"伟大的认识工具"，是人们观察世界、分析问题的有力思想武器。马克思主义尽管诞生在一个半多世纪之前，但在当今时代，马克思主义与新的时代实践结合起来，愈来愈显示出更加强大的生命力。哲学社会科学博士后研究人员应该更加自觉地坚持马克思主义在科研工作中的指导地位，继续推进马克思主义中国化、时代化、大众化，继续发展 21 世纪马克思主义、当代中国马克思主义。要继续把《文库》建设成为马克思主义中国化最新理论成果宣传、展示、交流的平台，为中国特色社会主义建设提供强有力的理论支撑。

第二，逐步树立智库意识和品牌意识。哲学社会科学肩负着回答时代命题、规划未来道路的使命。当前中央对哲学社会科学愈发重视，尤其是提出要发挥哲学社会科学在治国理政、提高改革决策水平、推进国家治理体系和治理能力现代化中的作用。从2015 年开始，中央已启动了国家高端智库的建设，这对哲学社会科学博士后工作提出了更高的针对性要求，也为哲学社会科学博士后研究提供了更为广阔的应用空间。《文库》依托中国社会科学院，面向全国哲学社会科学领域博士后科研流动站、工作站的博士后征集优秀成果，入选出版的著作也代表了哲学社会科学博士后最高的学术研究水平。因此，要善于把中国社会科学院服务党和国家决策的大智库功能与《文库》的小智库功能结合起来，进而以智库意识推动品牌意识建设，最终树立《文库》的智库意识和品牌意识。

第三，积极推动中国特色哲学社会科学学术体系和话语体系建设。改革开放 30 多年来，我国在经济建设、政治建设、文化建设、社会建设、生态文明建设和党的建设各个领域都取得了举世瞩目的成就，比历史上任何时期都更接近中华民族伟大复兴的目标。但正如习近平总书记所指出的那样：在解读中国实践、构建中国理论上，我们应该最有发言权，但实际上我国哲学社会科学在国际上的声音还比较小，还处于有理说不出、说了传不开的境地。这里问题的实质，就是中国特色、中国特质的哲学社会科学学术体系和话语体系的缺失和建设问题。具有中国特色、中国特质的学术体系和话语体系必然是由具有中国特色、中国特质的概念、范畴和学科等组成。这一切不是凭空想象得来的，而是在中国化的马克思主义指导下，在参考我们民族特质、历史智慧的基础上再创造出来的。在这一过程中，积极吸纳儒、释、道、墨、名、法、农、杂、兵等各家学说的精髓，无疑是保持中国特色、中国特质的重要保证。换言之，不能站在历史、文化虚无主义立场搞研究。要通过《文库》积极引导哲学社会科学博士后研究人员：一方面，要积极吸收古今中外各种学术资源，坚持古为今用、洋为中用。另一方面，要以中国自己的实践为研究定位，围绕中国自己的问题，坚持问题导向，努力探索具备中国特色、中国特质的概念、范畴与理论体系，在体现继承性和民族性，体现原创性和时代性，体现系统性和专业性方面，不断加强和深化中国特色学术体系和话语体系建设。

新形势下，我国哲学社会科学地位更加重要、任务更加繁重。衷心希望广大哲学社会科学博士后工作者和博士后们，以《文库》系列著作的出版为契机，以习近平总书记在全国哲学社会科学座谈会上的讲话为根本遵循，将自身的研究工作与时代的需求结合起来，将自身的研究工作与国家和人民的召唤结合起来，以深厚的学识修养赢得尊重，以高尚的人格魅力引领风气，在为祖国、为人民立德立功立言中，在实现中华民族伟大复兴中国梦征程中，成就自我、实现价值。

是为序。

王京清

中国社会科学院副院长

中国社会科学院博士后管理委员会主任

2016 年 12 月 1 日

摘　要

　　本书首先梳理出国内外有关企业融资工具选择的理论脉络，深入比较了国际上代表性公司债券市场发展特点和公募私募发行监管制度的安排，然后对我国上市公司现实的发债融资需求进行测度，分析上市公司融资需求中的债务工具结构。在此基础上，重点通过实证研究对我国信用债券管制放松、上市公司债券融资需求、工具选择的内在机理及债券交易电子平台进行剖析，由此对我国公司债放松管制、债券违约处理机制和发展公司债券市场提出政策建议。

　　通过对我国上市公司实际和潜在的再融资需求以及债务工具结构进行细致的统计分析，本书发现三个问题有待解释：第一，我国上市公司首选股票融资的特殊偏好是否正向经典的优序融资理论回归？即企业优先偏好债务融资，其次才是股权融资。究竟是什么造成了中国上市公司对股票和债券融资偏好的改变？第二，为什么我国债务工具的选择不符合传统的债务契约治理理论？即银行贷款作为关系型契约相对于市场型契约企业债券来说更适合外部治理机制差的地区，这种债务融资选择悖论的原因何在？第三，公司债和中期票据此消彼长一波三折的现象值得深思，上市公司对公司债和中期票据偏好改变的内在机理是什么？

　　通过对上市公司发债与发股的选择、发债与贷款的选择、发债工具公司债与中期票据的选择三个环环相扣的实证研究，本书发现：债券管制程度的变迁及由此引起的与股票、贷款管制强弱的变化深刻影响了企业的发债需求和融资工具选择的行为。其内在机理如下：第一，债券和股票金融管制程度的差别影响了上市公司的融资选择。第二，我国金融监管部门对企业债券和银行贷款的管制强弱的不同造成了地方政府对企业债务选择的干预程度高低的不同，最终导致各地公司在面临不同的债务融资环境时的理性选择。第三，证监会2015年以前关于上市公司发债的高门槛并没有使发债公司表现出更佳的财务特征，相反，规模大、自由现金流充沛的公司会偏好中期票据。公司债严格管制的另一个后果是交易所债券市场的份额萎缩，使得公司债的流动性下降，为了弥补流动性的损失，公司债的票面利率高于中期票据，这又导致上市公司更偏好发行中期票据。

借鉴美日欧公募债券市场建设和制度设计经验，本书得到启示：第一，美国公司债券市场灵活自由的发行制度、充分的信息披露、完善的债权人保护机制和对发债公司高管违法行为的严刑峻法是其成功的经验。第二，日本监管部门对公司债券发行管制逐渐放松，逐步废除公司债券银行托管制度，降低公司债发行费用，直至取消公司债发行原有的严苛条件，保护债权人利益。发行管制的放松和市场的培育是日本公司债券市场崛起的关键因素。第三，欧洲公司债券市场发展经验就是将欧元地区公司债券的监管重点放在信用违约风险和市场透明度这两个方向，在保持市场投资者、融资者对于信用中介机构和市场监管机构有充分信心的基础上，促进公司债券市场的平稳发展。

此外，通过借鉴美国、英国、印度、中国台湾地区私募债券市场建设和制度设计经验，本书发现不同国家私募混合发行机制不同，但主要特征基本一致。第一，投资仅限于合格投资者，通常是机构投资者或高净值个人。第二，监管者的作用有限，豁免提交完整的募集说明书。第三，降低初始和持续披露的要求。第四，不受限制地进入二级市场交易，通常在场外，为专业投资者。第五，针对在初始和持续披露过程中虚假或误导性陈述的反欺诈条款保护。因而采取灵活的私募混合发行机制并选择适合本国发展的路径是私募债券市场取得成功的重要因素。

债券违约事件频发促使大家更加关注如何有效保障债权人利益，在这方面，中国债券市场少有历史经验可以参照，因而本书探讨国外债券市场违约处理经验以期获得对中国信用债违约处理的启示。

基于以上研究，本书对我国公司债券市场发展提出如下建议：

第一，针对公司发债多头监管、同类型债券发行标准不一的现状，提出集中统一公司债券监管的路径：首先是标准的统一，包括公司债券的合格投资者、信息披露和违约处理机制的标准统一。2015年证监会修订《公司债券发行试点办法》（修订后更名为《公司债券发行与交易管理办法》），进一步简化了公司债的审核程序，从核准制向注册制转变，并大力推进私募发行制度，发行主体扩大到全部公司，使公司债和中期票据的发行标准趋于一致，国家发改委要逐渐退出普通企业债的审批，专注于城投债。其次是监管部门的统一，发行自主权交给企业和市场后，监管部门没有寻租机会，监管权力整合相对容易。

第二，证监会由于前期发债审核偏严，基本上错过了2010~2014年债券市场的高速成长期，使得公司债发行增速缓慢。因此，2015年证监会通过的《公司债券发行与交易管理办法》，进一步放松发行管制，缩小与交易商协会中期票据发行制度的差距，借鉴国外的公募、私募和混合发行制度，推进我国公司债发行的分层制度，即按大公募、小公募和私募发行，推行合格投资者制度，促进了公司债迅速发展。小公募和私募发行采取备案制，进一步简化了各类公司发债融资的审核程序，监管权力前移到了深沪交易所。

第三，加快发展交易所多层次债券市场，形成对银行间债券市场的有益补充。通过差异化竞争，以市场竞价撮合辅助做市商制度，通过投资者分层设计，满足个人投资者和机构投资者，同时债券承销商不局限于证券公司，可扩大到商业银行等金融机构。大力培育债券基金等长期的机构投资者和推动交易所债券产品的创新，满足债券投融资者新的需求。

第四，通过借鉴境外债券电子交易平台的成熟运作机制，来完善我国的债券交易平台：首先，以客户需求为导向的微观结构设置是债券电子平台成功的关键。其次，与国际成熟债券平台的对接，有助于新兴债券市场加快国际化进程。再次，微观结构设计对于平台功能实现具有重要影响。最后，注重对合格投资者队伍的建设，着力施行准入的DMA制度，提高平台便利程度。

第五，通过研究境外违约处理机制，并结合国内债券市场风险状况，我们提出以下政策建议：推进公司债券发行定价的市场化；加强投资者教育，大力发展机构投资者，推动债券市场投资者结构合理化；完善信息披露要求，加大信息披露力度；加强信用评级机构管理，减少对信用评级的依赖度；积极采取多种措施，健全投资者保护机制；建立完善司法救济制度和破产制度；建立科学合理的公司债券风险基金；充分发挥综合监管体系在债券市场风险防范中的作用。

关键词：股票增发；银行贷款；公司债券；金融管制；债券违约

Abstract

This report firstly teases out the theoretical venation on corporate financing tool selection, and deeply compares the development characteristics and the institutional arrangement of issue and supervision of bond markets in America, Europe and Japan. It estimates the real demand on debt financing of China's listed companies, and analyzes the debt tools structure in their financing demand. Based on this foundation, through conducting an empirical study, this report dissects the internal mechanism of China's financial deregulation, listed companies' debt financing demand and tool selection, from which it raises the policy proposal of the deregulation in China's corporate bond and the development of the exchange bond market.

Through the detailed statistics analysis of China's listed companies' real and potential refinancing demand and debt financing tool structure, this report finds there are following three problems to explain: One, Does China's listed companies' preference on equity financing gradually return to the classical pecking order theory, which means companies prefer debt financing to equity financing? What actually drives the listed companies' change on the preference between equity and debt? Two, Why the selection of debt tools in China doesn't accord with the classical debt covenant governance theory? In other words, why the bank loans as relational contract is more suitable than corporate bonds as market contract for companies in weak external governance region? What are the reasons of this selection paradox in debt financing? Three, What is the internal mechanism of the listed companies' preference change between corporate bonds and medium term notes?

This report utilizes the three linked empirical studies on the listed companies' selection between equity and debt, between bonds and loans, between corporate bonds and medium term notes to solve the above three puzzles and finds a joint answer. It shows that the transition of debt regulation level, which also brings impact on the regulation levels of stocks and loans, deeply affects the companies' debt financing demand and financial tool selection behavior. The internal mechanism is as following. One, The different regulation levels between bonds and stocks affect the financing decisions of listed companies. Two, Financial regulators' different regulation levels of corporate bonds and bank loans affects the local governments' intervention level on corporate debt financing decisions, resulting in that companies in different regions come out the rational choices facing the different debt financing environment. Three, CSRC's high threshold before 2015 doesn't bring the debt issuer companies higher financial performance. Adversely, companies with larger size and abundant free cash flows prefer medium term notes. Another consequence of strict regulation of corporate bonds is the shrinking of exchange's debt market share, whichs decreases the liquidity of corporate bonds and in order to make up the lost of liquidity, the coupon rate of corporate bonds is higher than the medium term note, which forces the listed companies to prefer medium term note issuance.

Through analyzing bond market construction and institutional design experiences from America, Europe and Japan, we find the following three points. One, Experience from the success of American bond market includes the flexible free issue system, adequate information disclosure, perfect creditor protection mechanism and the severe law on the issuer companies' executives. Two, Japan's regulators gradually deregulated the issuance of corporate bonds, abolished corporate bond's bank trusteeship system step-by-step, and reduced the cost of corporate bond issuance until canceling the original harsh conditions on corporate bond issuance and protecting the interests of creditors. The deregulation of issuance and the cultivating of market are the core factors in the rise of Japan's bond market. Three, European bond market's development experience is to focus on the regulation of credit default risk and market transparency and to promote steady development of corporate bond market on the basis of keeping the market investors and issuers' sufficient confidence upon credit agency and market regulators.

Though analyzing the private placement bond market construction and institutional design experiences from America, England and Taiwan, China, we find that the fectures are almost the same with different release mechanism in different countries. One, Only qualified investor can invest, who generally are institutional investor and individual with high wealth. Two, Regulator plays a limit role in market, so it's necessary to cancle the submission of complete prospectus. Three, It's good to lower initial and continuous disclosure requirements. Four, Professional investors can enter the secondary market without limitation usually for over-the-counter market. Five, It's necessary to have the protection for antifraud provisions especially for false or misleading statements. To sum them up, it's an important factor, in the private bond market, to have a flexible issuing mechanism and a path fitted for national development.

Bond default events happen frequently, which makes people pay more attention to how to effectively protect the interests of creditors. In this respect, the Chinese bond market has little historical experience to which we can refer, so we discuss foreign experience in dealing with bond default events in order to obtain enlightenment on Chinese credit debt default processing.

Finally, we have the inspiration and recommendation for China's corporate bond market development.

1. For the situation of multi-sectoral regulation and different issue criteria for same type bonds in corporate bond market, it is

necessary to propose the way to unify regulations on corporate bonds. First, we need to have uniform standards, including standards about qualified investor, information disclosure and default processing mechanism of corporate bonds. In 2015, CSRC simplified the verification procedures of corporate bonds further, changing from approval system to registration system. Besides, CSRC gave great impetus to the private issuing system. Issuer of corporate bond can be any corporation, meaning that the issuing standards of corporate bonds and mid－term notes become uniform. National Development and Reform Commission needs to stop auditing corporate bonds gradually, focusing on issuing of quasi－municipal bonds. Second, Regulators need to be uniform. If the autonomy in issuing is given to corporate and market, regulators will not have opportunity to seek rent, making power reorganization easier.

2. Since the stricter vetted process, CSRC has missed the previous high－speed growth period of bond market, which makes the corporate issuance increase slowly and the peripheralization of exchange's bond market. So, CSRC deregulates the issuance regulation further in 2015, draws close to registration basis from corporate bond vetting, narrows down the disparity with the medium term note issuance system of association of securities dealers and at the same time promotes the private placement of corporate bonds, constructs the private placement issue system including non－listed medium－sized and small enterprises, growth enterprise market, SME board market and main board market. This can satisfy the investment and financing demand of different companies and institutions.

3. Accelerate the development of exchange's bond market complementing interbank bond market. The exchange can combine the market auction system and market maker system, through the hierarchical design, to satisfy the individual investors and instit－utional investors, avoiding the risk. Cultivates energetically the long－term institutional investors such as bond fund, makes the fund

management companies can have the capacity to allocate more corporate bonds, increases the exchange's corporate bonds' liqui – dity, lower the issuance and trading cost of corporate bonds. Promotes the innovation of exchange bond products, launches the SME high yield bonds as soon as possible, develops some corporate bond products and debt bond products with derivative characteristics, to satisfy the new demand of bond investors and issuers.

4. To follow the international trend and prepare for integration into the international bond market, we also make an analysis about overseas bonds electronic trading platform and give the following suggestion to composite trading platform of Shenzhen Stock Exchange. One, It's a key feature to be customer demand – oriented platform. Two, It can help accerate the international process to gear itself to the international platform. Three, Microstructure design is very important to achieve the function of platform. Four, It should pay more attention to construction of qualified investors and focus on the implementation of the DMA access system, thus improving the platform's convenience. Five, By studying abroad default processing mechanism and combining with the development of domestic bond market, we make following policy suggestions: make corporate bond maket pricing more market– based; strengthen investor education, strive to develop institutional investors and promote rationalization of investor structure; improve information disclosure requirements and shed more light on information; strengthen the management of credit rating agencies and reduce reliance on credit rating; actively take various measures to improve investor protection mechanisms; establish and improve the judicial relief system and bankruptcy system; establish a scientific and reasonable corporate bond risk fund; bring comprehensive regulatory system into full play in bond market risk prevention.

Key words: Stock Refinancing; Bank Loans; Corporate Bond; Financial Regulation; Bond Default

目　录

Contents

第一章　导言

经过 20 多年的金融体系改革，虽然中国的金融结构依然由银行主导，但资本市场的发展使得企业直接融资规模占比接近 1/3。2015 年企业债券净融资 28249 亿元[①]，非金融企业股票融资 7604 亿元，新增贷款 112693 亿元，债券和股票成为继贷款之后的企业重要融资渠道，尤其是企业债券已经成为第二大融资平台。银行贷款在企业融资中占比正逐步下降，中国正在经历"金融结构"的转型，"金融脱媒"的现象初现端倪，这引起了理论界和实务界的广泛关注，只有发现这一重大历史进程的动力源泉，才能理解其转型路径，并把握中国金融结构演变的规律。

先看我国上市公司再融资对债券和股票的选择[②]。2009 年上市公司发行各类债券 6655.56 亿元，增发和配售的总额为 3127.56 亿元，债券融资额超过了股票融资额。而且潜在发债的融资需求更大，2008~2015 年上市公司董事会提出发债预案的总金额为 116118.10 亿元，而同时期提出股权再融资预案的金额只有 26173.82 亿元。2015 年上市公司股票再融资 13880.73 亿元，而发行各类债券 54270.39 亿元，上市公司日益显现出偏好债券融资的趋势。这似乎不符合中国上市公司存在股权融资偏好的理论解释（黄少安、张岗，2001；陆正飞、叶康涛，2004；刘星等，2004；林伟，2006；肖泽忠、邹宏，2008）。中国上市公司对股票和债券融资偏好改变的原因是什么？苏东蔚、曾海舰（2009，2011）从宏观经济因素的角

[①] 本书所指的企业债券是指中国非金融企业发行的各类债券，包括发改委审核的企业债、中国人民银行和交易商协会监管的短期融资券和中期票据、证监会审核的公司债和可转换债券。文中一般表述为企业债券或者企业发行债券，如果仅指发改委审核的债券我们简称为企业债。债券净融资就是新发行量扣除到期量，数据来自 Wind 资讯、中国人民银行与证监会官方网站，以下数据出处相同。

[②] 因为上市公司的财务和融资数据可以公开获得，同时上市公司融资具有典型意义，为了研究的精确，本书聚焦于上市公司各类融资工具的选择。

度分析得出我国上市公司不存在单一的股权融资偏好。

我国上市公司首选股票融资的特殊偏好是否正向经典的优序融资理论回归？即企业首先偏好内部融资，其次是债务融资，最后才是股权融资。中国上市公司对股票和债券融资偏好改变的内在原因和外在约束是什么？

再看上市公司发债对公司债和中期票据的选择，2008 年后上市公司中长期债券发行主要是公司债和中期票据，公司债 2007 年推出后有较快的增长，但中期票据增长更快，2008~2010 年的融资规模超过了公司债发行规模。2011 年这种情况又开始反转，上市公司发行公司债的需求大幅增长，2011 年公司债发行额为 1291 亿元，超过了上市公司中期票据 1089 亿元的融资额。2012 年上市公司发行公司债 2520 亿元，远超中期票据 960亿元的发行额。2015 年上市公司发行公司债 2598 亿元，接近上市公司中期票据 2924 亿元的融资额。中期票据和公司债显然形成了竞争的关系。上市公司对公司债和中期票据偏好改变的内在机理是什么？

本书通过严谨的理论和实证研究来依次解答上述三个问题，解开谜底。以下内容依次为：文献评述、国际债券市场发行交易制度的启示和比较、上市公司融资需求的分析、上市公司融资工具选择和违约处理机制的系列研究和政策建议。

第二章　国内外文献评述

第一节　融资工具选择和融资结构

企业融资工具选择、市场反应及融资结构问题一直是资本结构理论研究的核心，迄今已形成的资本结构理论主要包括权衡理论、代理成本理论、信号理论、优序融资理论、市场择机理论和市场微观结构的融资决策理论。Joshua D. Rauh 和 Amir Sufi（2010）指出传统的资本结构理论忽视了债务异质性，实际上债务融资工具种类繁多，银行贷款和企业债券是最重要的。债务工具选择理论从资本结构到债务结构，重点关注企业选择发债还是选择贷款的影响因素，以及银行贷款和公司债券的各自比较优势和治理机制。本书将基于信息不对称的代理成本理论、优序融资理论、信号理论和金融契约理论展开分析。

对上述理论的实证研究中，大多数文献基于企业资产负债表中的股权和各类债务的比率来衡量企业融资结构，如资产负债率、长期负债率等，这是对企业已有的资本结构的分析，是一种存量分析方法。而本书基于增量法即通过企业对新增融资工具的选择来验证企业动态的资本结构。增量法对于研究企业融资工具的选择更直接，它更为强调的是企业融资选择的"决策行为"，而融资结构是每次融资选择的"结果"。融资工具选择首先是发行股票和举债的选择，形成企业的资本结构；其次是不同债务、股权工具的选择，形成企业的债务结构和股权结构。

一、股票债务的选择和资本结构

1. 代理成本理论与股权债务的选择

由于管理者、股东以及债权人、权益投资者之间呈现出不同的利益格局，外部融资中权益资本和债务会带来不同的代理成本。最优的资本结构就是这些代理成本最小化的债务股权比率（Jensen 和 Meckling，1976）。Myers（1997）指出债务的一种代理成本表现为：如果存在债务的违约风险，作为企业股东的权益投资者可以牺牲债权人的获益。权益具有剩余索取权，因此，如果债务价值下降，股东可以获益。债务的另一种代理成本表现为：当企业的财务杠杆很高时，股东没有激励对新资本进行投资，这会导致投资不足的问题。João 和 Andrew（2008）指出外部股权的代理成本包括：不发行债务的机会成本，以及发行股权时，内部股东对企业的剩余索取权得到了稀释，所有者—经理人的效用水平会减少。

Parrino 和 Weisbach（1999）为规模投资越大的企业具有的债务增加成本也越大提供了证据。他们对股东与债券持有人之间的利益冲突对投资决策的影响做出了预测，并考察了在何种程度上这些利益冲突可以解释现实中观察到的资本结构的跨时期变动。除了发现杠杆化程度最高的企业投资不足的问题最严重以外，他们还为债券的期限成本提供了数据上的支持。企业债券的期限越短，企业中就越不容易出现股东—债券持有人扭曲。Xueping Wu 和 Jun Yao（2007）通过日本 1983~1997 年的数据实证表明，高增长公司比低增长公司使用更多的股权融资，而并非发行更多的债券。因此他们认为，当高增长公司的估值增加时，发债对银行贷款的竞争虽然减轻了，但新增股权融资对贷款的竞争约束了银行的租金提取。

2. 优序融资理论与股权债务的选择

传统的优序融资理论认为，在外部投资者与内部人存在不对称信息的情况下，为了降低外部融资的成本，公司会首先选择内部融资，其次是债务融资，最后才是股权融资（Myers，1977）。Anton Miglo（2006）考虑到动态的信息不对称，如果企业质量的信息不对称程度高于企业发展的信息不对称程度，为达到均衡状态，高品质企业就不会发行股票，这一点与优序融资理论相符；如果企业质量的信息不对称程度非常低，此时只需要考虑企业的发展，企业行为就会有悖于优序融资理论，所以增长型企业的资本结构与优序融资理论相悖，是因为其未来发展存在很多的不确定性。

优序融资行为虽然常被认为是逆向选择的后果，但是其实也可以由其他因素引起，包括代理成本（Myers，1977）和税收（Hennessy 和 Whited，2005）。那么，企业在多大程度上按照优序融资来做决策？

这个问题受到极大关注，但鲜有共识。Autore 和 Kovacs（2010），Mayer 和 Sussman（2005），Suchard 和 Singh（2006）发现支持优序融资行为的证据，而 Frank 和 Goyal（2004），Fama 和 French（2005）得到了相反结论的证据。此外，Frank 和 Goyal（2004）提出实证研究中信息不对称与优先融资顺序间的关系尚未得到验证。如果逆向选择成本有异质性（Gomes 和 Phillips，2007）或公司选择一种避免这样的成本（Fama 和 French，2005）的证券发行方式，那么这种行为会影响优序融资理论的验证。

3. 信号理论与股权债务的选择

优序融资理论认为，高品质的企业会采用内部融资来规避逆向选择和价值损失，但该理论没有考虑企业通过资本结构决策可能会向外界传递关于企业品质的信号。Ross（1977）据此提出了资本结构信号理论：债务融资与市场反应正相关。

Hennessy 和 Whited（2005）等通过构建一个企业长期对外披露信息的动态模型研究得出：企业股权代替债权的消息会向外界传递一个积极信号，而向外传递消极信号的企业负债水平一般较低。Inderst 和 Mueller（2007）认为投资者比内部人拥有更多知情权，企业中那些比较容易达到盈亏平衡的安全项目一般采用负债融资，那些较难达到盈亏平衡的风险项目一般采用权益融资，这也是高增长企业偏好权益融资的原因。

Eckbo 和 Masulis（2000）对美国资本市场证券发行进行总结：上市公司公开发行债券不会对公司的股票价格产生显著的影响，公开发行股票会对公司的股票价格产生较大的负向影响，发行可转债也会产生负向的影响，该影响介于发行股票和发行公司债之间；Ashhari（2009）的研究发现，在马来西亚，公司债的发行会产生显著正的异常收益率；Christensen 等（1996）对日本证券市场公司融资的宣告效应进行研究后发现，公司债公告会产生并不显著的正的异常收益率，可转债公告的异常收益率并不显著；Chang 等（2004）发现中国台湾地区可转债公告会产生显著的正的异常收益率；付雷鸣等（2011）通过事件研究方法对我国上市公司发布公司债、可转债和增发融资公告所产生的宣告效应进行研究，检验信号理论在我国资本市场的表现形式。

4. 市场时机理论与股权债务的选择

市场时机理论认为，企业发行股票依市场表现而定（Deborah Lucas 和 Robert McDonald，1990）。股票发行与经济周期正相关，当经济状况欠佳时，企业不会发行股票；当经济情况一般时，有些企业会发行股票；而当经济繁荣时，股票发行规模较大。Butler A. W.（2005）认为，市场时机取决于发行前的股票市场表现，一般股票在发行前股价存在相应的上涨空间，如果发展机会与历史价格无关，则价值高估的企业在发行股票前业绩平平，而价值低估的企业业绩会高于平均水平。April M. Knill 和 Bong-Soo Lee（2012）在市场时机理论中还考虑了市场有效性问题。

上述研究多数集中在对债务融资与股票融资的比较来探讨最优资本结构的形成及其对企业价值与治理的影响等问题，我们下面梳理选择不同债务工具进行研究的成果。

二、债券贷款的选择和债务结构

债务工具的选择研究是公司资本结构理论在债务领域的深化发展，债务融资的选择主要是银行贷款和公司债券，最后形成企业的债务结构，基于信息不对称的理论框架，相关的文献归纳为如下三类。

1. 债务融资选择理论与债务结构

由 Diamond（1984，1991a，1991b），Rajan（1992），Boot（1994）等发展起来的债务融资选择理论强调企业对银行贷款和公开发债的选择主要取决于信息不对称程度、再谈判的效率和债务的代理成本。他们的研究表明银行能够有效地处理信息和监管企业，从而降低代理人问题的发生。而公开发债可以降低成本和提供流动性。如果"资产替代"道德风险严重，则企业倾向于选择银行贷款来增加监督；当道德风险很低时，企业可以通过公开发行债券来利用价格信息优势。随着信息不对称程度的降低，对安全的考虑不再那么重要，这时企业对债务工具的选择就取决于其他因素。

2. 债务契约理论和债券贷款的选择

Greenbaum 等（1995）实证表明银行贷款比公募发行的企业债券的期限要短得多。Joachim Schuhmacher（1998）解释了企业对不同期限债务的融资选择，而融资期限的选择主要取决于融资项目在每个时期可能实现的现金流。Allen N. Berger 等（2005）采用美国 53 家大银行 6000 笔商业贷款的数据做实证研究，发现高风险的企业和中度风险的企业在债务期限上并没有显著的不同，高风险企业融资期限或许反映在银行贷款和企业债券的不同融资方式上。Joshua D. Rauh 和 Amir Sufi（2010）实证研究表明：相对于高信用评级的公司，低信用评级的公司更可能有一个多层次的债务结构，包括有担保并附加了严格条款的银行贷款以及相对宽松的非银行次级债。只有这种多重债务的契约治理才能达到企业的激励相容。

3. 外部制度环境与债券贷款的选择

由于每个国家的金融体系、法律制度和金融市场的发展阶段不同，债务契约的执行和债务工具的选择亦有所不同。

国内有关企业对贷款和公开发债选择的理论研究很少，多局限于对国外理论的介绍和述评。本书通过对企业债务融资的两种主要方式——银行贷款和企业债券的比较，分析和梳理了国外关于影响企业债务工具选择的文献（郭斌，2005；胡援成等，2010）。何佳和夏辉（2005）比较了普通公司债、银行贷款和可转换公司债三种债务融资中道德风险和过度投资问题形成的成本，发现可转换公司债在解决道德风险和过度投资问题中效果最差。近几年国内学者对企业债务结构的研究逐渐增加，主要关注长短期债务的内部治理机制和外部治理环境（孙铮等，2005；肖作平和廖理，2007，2008；谢德仁和陈运森，2009），不过基本上是用资产负债表的长期债务比率来表示债务期限，没有运用增量法来研究。

第二节　金融管制与融资结构

一、金融管制对宏观金融结构的影响

LLSV（1997，1998，1999，2000）是法律与金融研究的代表，主要研究法律制度、法律起源对金融市场和金融结构的长期影响。La Porta 等（1998）发现法国法系的国家所有权的集中程度比其他国家高出很多，由此推论一些对投资者保护比较弱的体系会出现替代性的机制。成熟的证券市场主要靠法律来治理，新兴国家的证券市场由于法律环境的缺乏，政府管制是一个次优的选择和良好的替代（Glaeser 和 Shleifer，2003）。Pistor 等（2005）提出了不完备法律下的执法，通过理论模型探讨不完备法律对法庭或监管者执法的影响，后来进一步分析了中国股票市场的治理，他们提出行政治理能够替代正式的法律治理。

La Porta 等（1997），Djankov 和 Shleifer（2008）研究了不同国家的证券法对股票市场发展的影响，发现强制信息披露和通过责任规则促进私人执法的法律对股票市场发展有益。而 Howell E. Jackson 和 Mark J. Roe（2009）研究表明，公开执法在解释世界各地金融市场成果的时候和披露一样重要，甚至比私人责任条约更重要。因此，他们提醒世界银行不要低估强有力的公开执法与资本市场发展的关联程度。Hans B. 等（2011）通过分析欧盟有关加强监管"滥用市场和透明度"的两个重要指令，利用同一监管变化的不同执行时机来确定其资本市场效应。研究发现，市场流动性随着欧盟国家加强"滥用市场和透明度"监管而增加，这些效应在严格执行指令的国家更显著。

在银行主导的金融体系中，对企业债券的管制尤其严格。然而随着金融体系的市场化、管制政策的逐渐放松，企业对银行贷款和发债又将如何选择？Yoko Shirasu 和 Peng Xu（2007）对日本进行了研究，日本从 20 世纪 80 年代中后期开始放松金融管制，到 1993 年彻底取消了债券发行的法规约束。他们发现管制放松后优质的日本企业离开主银行转而发行债券，而低质量企业更多求助于银行贷款。虽然日本银行倾向于贷款给高质量的公司，但由于优质大企业更多选择公开发债，这迫使银行更多贷款给中小企业。Peng Xu（2008）进一步指出企业债券的发展主要依靠放松管制。管制造成东亚企业对短期银行债务过度依赖，这加剧了银行资产负债的期限错配。为避免金融危机，取消债券发行管制、发展企业债券市场是有效办法。当国内市场基础设施比较薄弱或者监管过严时，企业进入欧美等离岸债券市场也许是降低金融危机的一个途径。

二、金融管制对微观企业融资的影响

金融管制对微观企业的融资结构和选择行为有何影响？Luzi Hail 和 Christian Leuz（2006）探讨不同国家的法制和证券监管效率与股权资本成

本的相关性。他们研究了 40 个国家公司股权资本成本的差异，发现即使控制各种风险和国家因素后，证券监管和信息披露较多以及法制执行机制较强国家的资本成本要比法制较弱的国家低。Daouk，Lee 和 Ng（2005）从四个和证券市场监管有关的因素（会计披露透明度、内部交易、卖空限制和公共机构腐败）出发，研究发现，在这四个监管方面做得好的国家的上市公司融资成本比做得不好的国家的上市公司低。

Qian 和 Strahan（2008）研究了 43 个国家的法律制度环境对债务期限的影响，研究发现，在债权人法律保护越好的国家，债务契约的期限越长；Bae 和 Goyal（2008）研究了 48 个国家债权人法律保护和法律契约执行力的差异对债务契约的影响，结果显示，更好的债权人保护和契约执行力可以导致更长的债务期限；Joseph P. H. Fan 等（2010）通过 39 个发达和发展中国家的公司横截面数据来探讨制度环境对资本结构和债务期限选择的影响，研究发现，一个国家的法律和税收制度腐败可以很好地解释杠杆和债务到期比率的变化。

祝继高和陆正飞（2009，2011），王正位等（2007），张新和朱武祥（2008），朱武祥等（2007），王良成等（2010，2011），田利辉（2010）分析了证券发行管制政策对公司各种股权融资行为的影响，发现对股票的发行审核制度最终对股票市场发展所起的作用褒贬不一。

三、金融管制指标的量化研究

谢平和陆磊（2005）以 6000 份问卷调研为基础来分析金融腐败对中国金融资源配置、资本形成和经济产出的影响，编制了包括银行业腐败指数和证券业腐败指数的中国金融腐败指数。冯兴元（2008）构造了中国各地区企业资本自由度指数。沈艺峰等（2009）从抗董事权、信息披露和投资者保护实施三个方面对中国投资者保护执行情况的现状和存在的问题进行分析，构建了投资者保护执行指数。叶永刚和张培（2009）建立了我国的金融监管指标体系，为系统性定量分析框架的建立奠定了基础；赵峰和高明华（2010）通过借鉴国际经验并融入独立设计的指标，针对我国银行业构建了金融监管治理评估指标体系。

第三节　国内外研究的局限性

从金融管制、融资工具选择和融资结构三方面丰富的研究文献可以看出，这些问题是学界和业界关注的热点问题，又是存在争议的领域，具有较高的研究价值。已有文献尚存在一些重要但尚未得到充分关注的领域，这为本书的研究提供了切入点。从以上研究现状可以看出，现有文献在以下三方面还存在不足。

一、缺乏融资工具选择与融资结构的系统研究

中国上市公司再融资可选择发行股票（增发、配股）、发债（公司债、中期票据、短期融资券和可转债等）和贷款，不同融资工具的治理机制和契约属性存在很大差异，因此会形成不同的融资结构。但现有关于融资工具选择的研究主要集中在股票和可转债上，可转债大多是"必转债"，最终是一种股权融资。目前，少有普通债和股票的选择研究，对债券和贷款这两种债务工具的选择研究就更少了。关于融资结构的研究主要是探讨影响股权和债务比率的因素，没有从融资工具选择的角度系统研究融资结构的形成。

二、缺乏从金融管制的角度对融资工具的选择和对融资结构的探讨

现有关于融资工具选择和融资结构的文献大多从信息不对称及代理成本的角度出发，也有研究涉及法律等外部制度环境的影响，但很少从金融管制的角度来研究。对金融管制的分析则主要是针对中国宏观金融市场的理论分析，很少有对金融管制效应的实证研究，缺乏从证券业和银行业的管制强弱的视野来研究微观企业融资工具的选择，更没有深入研究金融管制在企业债务融资工具选择上的治理机制。而且，现有文献很少分别研究金融管制程度对微观层面和宏观层面融资结构的影响。

三、缺乏对证券管制分行业进行研究的文献

我国是典型的分业监管模式，同属证券业的债券和股票的管制程度也不同。债券的多头监管导致企业债、公司债和中期票据的管制强度有较大差别。这种不同部门的监管规则使得分行业分析金融管制强度具有重要意义。然而，国内相关的文献大多只关注整个金融业的发展程度和治理环境，通过宏观经济变量来测度全国和地区的金融监管治理水平，缺乏对债券和股票发行管制政策的量化研究。

第三章 美日公司债券市场的发展启示

本章通过债券市场的国际比较，归纳和总结我国公司债券市场的优势和不足，并分析我国公司债券市场未来的发展空间。

第一节 从国际比较看我国债券市场的发展潜力

从国际经验来看，债券市场在资本市场中一直占据着重要的地位，不论市场规模还是融资金额均高于股票市场。国际清算银行的数据显示，2015年第三季度，美国、日本的债券市场规模分别为36.7万亿美元和11.2万亿美元，上述国家的债市规模已远远超过自身GDP。和发达国家有所不同，新兴国家由于管制等原因，债市相对不够发达。但是，近几年一些国家重股轻债的格局也正在改变。以韩国为例，通过实施多元化战略，韩国债券市场近年来发展迅速，2015年第三季度，国内债券托管量达到1.4万亿美元，债市规模已超过股市总市值。

目前，我国资本市场正处在"新兴与转轨"的阶段。一方面，债券市场正处在快速发展的黄金时期，债券存量已经从2000年的2000多亿美元迅速增加到2015年第三季度的7.3万亿美元，总体规模跃居全球第3位，和发达国家的差距正在不断缩小。另一方面，从我国的经济总量和股市规模来衡量，我国债市规模仍然偏小，未来还有很大的发展空间。截至2015年末，我国债券市场余额为47万亿元，股市总市值为53万亿元，GDP为67万亿元，债市市值/股市市值、债市市值/GDP两项指标分别为88%和70%，不但远低于美、日、欧等发达国家，即使和韩国、巴西等国相比也存在不小的差距，如表3-1所示。

表 3-1　全球债券与股票市场规模

市场	债券		股票		债券/股票 (%)	债券/GDP (%)
	金额 (十亿美元)	全球比重 (%)	金额 (十亿美元)	全球比重 (%)		
美国	35869	39	26331	39	136	206
欧元区	19907	21	5897	9	338	149
日本	11047	12	4378	6	252	240
英国	6154	7	4013	6	153	206
中国	5780	6	6005	9	96	56
加拿大	2168	2	2094	3	104	121
巴西	1977	2	844	1	234	82
韩国	1425	2	1213	2	118	101
澳大利亚	1906	2	1289	2	148	131
其他	6811	7	15976	23	43	31
合计	93044	100	68039	100	137	119

资料来源：股票数据来源于 WFE 统计，债券数据来源于 BIS 统计，GDP 数据来源于 WDI 统计。

第二节　从美国公司债券市场经验看我国公司债券市场的发展方向

一、美国公司债券市场规模

债券市场是美国公司融资的主渠道。从发行人角度分析，主要有以下两方面原因：一是在股东利益最大化的驱动下，公司更倾向于通过债券融资。通过股票增发进行再融资，会稀释现有股东的权益，而通过债券融资，不但可以改善资本结构，有效降低公司税收支出，而且由于债券对发行人有诸多的硬性约束，债券融资有利于提高公司治理水平和维护中小股东的权益。二是债券结构灵活，能够满足发行人不同的需求。债券和股票的一大区别是债券并非标准化产品，债券的发行方式、利率结构、期限等要素都可以根据发行人的融资需求量身定做，这为发行人在不同的宏观经济环境下进行融资提供了极大的便利。

美国公司债券市场的规模近年一直稳定增长，公司债是仅次于国债、抵押债的第三大债券品种。2015 年公司债市场规模为 8.16 万亿美元，占美国债市的比例为 20.4%，如图 3-1 所示。2007 年美国公司债券发行规模创纪录地达到了 11275 亿美元，在整个美国债券市场中成为除了住房抵押债券这类资产证券化衍生金融工具之外的第二大子市场，如图 3-2 所示。在过去的 11 年里，美国公司债券发行规模在整个债券市场中的比重大致保持在 17%~20%，如表 3-2 和表 3-3 所示。从每年的募资金额来分析，公司债的募资额远大于股票市场，在 1996 年到 2015 年期间，公司债募资额和股票募资额之比稳定在 3∶1 至 6∶1 之间，如图 3-2 所示。2015 年公司债券募资规模超过 1.4 万亿美元，而股票市场包括 IPO 和增发的总募资额仅为 2559 亿美元，公司债和股票的募资额之比接近 6∶1。

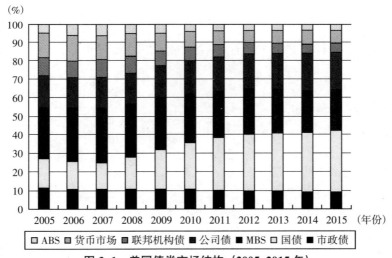

图 3-1　美国债券市场结构（2005~2015 年）

资料来源：SIFMA。

二、美国公司债券市场结构

美国公司债品种丰富，从信用等级来看，美国公司债市场形成了以投资级债券为主，高收益债券为辅的格局。在标准普尔的评级中，BB 级以

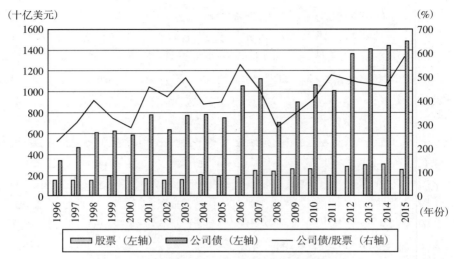

图 3-2　美国公司债和股票历年融资规模（1996~2015 年）

资料来源：SIFMA。

表 3-2　2000~2015 年美国债券市场年度发行规模一览表

单位：十亿美元

年份	市政债	国债	MBS	公司债	联邦机构债	ABS	总发行额
2000	198.3	312.4	771.8	587.5	446.6	190.2	2506.8
2001	286.2	380.7	1812.6	776.1	941.0	205.4	4402.1
2002	355.8	571.6	2493.2	636.7	1041.5	215.6	5314.4
2003	380.2	745.2	3402.0	775.8	1219.5	231.2	6753.9
2004	358.1	853.3	2341.7	780.7	877.8	222.7	5434.3
2005	407.2	746.2	2691.5	752.8	635.0	289.1	5521.8
2006	386.0	788.5	2593.3	1058.9	691.8	268.2	5786.7
2007	429.2	752.3	2419.1	1127.5	831.2	289.0	5848.3
2008	389.3	1037.3	1436.4	707.2	984.9	268.6	4823.7
2009	409.6	2074.9	2103.3	901.8	1086.7	151.8	6728.1
2010	433.1	2304.0	1978.1	1062.7	1203.7	106.6	7088.2
2011	295.2	2103.1	1700.2	1012.1	838.4	124.1	6035.5
2012	382.4	2304.5	2157.2	1364.9	720.7	201.1	7130.9
2013	334.9	2140.0	2087.8	1413.8	419.5	188.9	6585.0
2014	337.5	2215.4	1347.7	1440.9	377.4	225.4	5944.3
2015	403.1	2122.5	1714.9	1489.4	513.5	193.2	6436.4

资料来源：SIFMA。

表 3-3　2005~2015 年美国债券市场存量一览表

单位：十亿美元

年份	市政债	国债	MBS	公司债	联邦机构债	货币市场	ABS	总计
2005	3019.3	4165.9	7206.4	4604.2	2616.0	3536.6	1281.9	26430.3
2006	3189.3	4322.9	8376.0	4842.2	2634.0	4140.0	1654.5	29158.8
2007	3424.8	4516.7	9372.6	5254.1	2906.2	4310.8	1956.6	31741.8
2008	3517.2	5783.6	9457.6	5417.6	3210.6	3939.3	1823.0	33148.9
2009	3672.5	7260.6	9341.6	5934.2	2727.5	3243.9	1707.1	33887.3
2010	3772.1	8853.0	9221.4	6542.3	2538.8	2980.8	1498.7	35407.2
2011	3719.4	9928.4	9043.8	6616.3	2326.9	2719.3	1351.5	35705.6
2012	3714.4	11046.1	8814.9	7046.6	2095.8	2612.3	1272.3	36602.4
2013	3671.2	11854.4	8720.1	7454.1	2056.9	2713.7	1270.5	37740.9
2014	3652.4	12504.8	8746.0	7822.3	2028.7	2903.3	1352.6	39010.2
2015	3714.8	13191.6	8728.0	8158.0	1995.4	2806.9	1326.5	39921.1

资料来源：SIFMA。

表 3-4　美国历年投资级公司债和高收益公司债募资金额及占比（2000~2015 年）

单位：十亿美元

年份	投资级	高收益债	高收益债占比（%）	发行总额	平均年限（年）
2000	541.9	32.2	0.06	574.1	7.2
2001	694.2	77.7	0.10	771.9	8.9
2002	578.8	57.2	0.09	636.0	8.3
2003	645.1	128.5	0.17	773.6	8.0
2004	640.6	134.9	0.17	775.6	7.4
2005	654.4	95.5	0.13	749.9	8.6
2006	911.7	146.1	0.14	1057.7	10.1
2007	1002.6	135.0	0.12	1137.7	13.5
2008	671.8	41.7	0.06	713.4	13.7
2009	792.7	147.4	0.16	940.1	12.0
2010	792.2	261.0	0.25	1053.3	12.9
2011	796.9	224.1	0.22	1021.1	13.0
2012	1035.0	332.8	0.24	1367.9	13.7
2013	1043.9	333.6	0.24	1377.5	13.7
2014	1125.2	311.4	0.22	1436.6	14.7
2015	1232.8	260.5	0.17	1493.2	16.9

资料来源：SIFMA。

上至 AAA 级属于投资级债券，通常具有较高的安全性；BB 级以下（具有投机倾向）至 D 级（具有无法支付利息或破产申请及违约特征）属于高收益债券（垃圾债券），虽然投资风险会高一些，但是对投资者来说其潜在的回报率也是可观的。美国历年投资级公司债券和高收益公司债券的融资比例大致维持在 85：15。不过，随着宏观经济环境的变化，上述比例也会出现一定的变化。在经济衰退时期，高收益债券受冲击最大，违约风险大增，投资者避险情绪高涨，导致高收益债券发行停滞，规模不断缩水。表 3-4 中高收益债券募资的低谷期——2000 年和 2008 年，也正是美国经济处于衰退状态的时期。美国的高收益债券的违约风险并没有预期的那么高，如表 3-5 所示，宏观经济好的年份高收益债券违约率不到 1%，次贷危机期间的 2009 年达到最高 16.284%。2015 年高收益债券违约率为 3.415%。

表 3-5　2000~2015 年美国公司债券信用违约率

单位：%

年份	投资级	投机级	全部
2000	0.137	5.655	1.307
2001	0.545	15.843	3.049
2002	1.758	21.533	4.816
2003	0.000	5.911	1.033
2004	0.000	1.879	0.328
2005	0.073	3.787	0.754
2006	0.000	1.050	0.212
2007	0.000	0.796	0.155
2008	1.466	5.802	2.220
2009	0.217	16.284	2.758
2010	0.077	1.662	0.342
2011	0.152	1.411	0.390
2012	0.007	2.076	0.404
2013	0.039	1.162	0.273
2014	0.010	1.737	0.388
2015	0.000	3.415	0.777

资料来源："Moody's Investors Service, Annual Default Study: Corporate Default and Recovery Rates", 1920-2015.

三、美国公司债投资者结构

投资者多元化是美国公司债市场的一大特色。图 3-3 显示，各类基金、保险公司、境内外合格投资者是公司债券市场的主要投资者，其持有比例高达 90%；而商业银行并不是公司债券的主要投资者，其持有比例仅为 7.2%，这是因为债券市场直接融资功能的发展本身就是对传统商业银行间接融资业务的一种替代，如果银行大量持有公司债券，显然会导致直接融资变相信贷化，不利于大力发展直接融资、分散和降低金融体系风险。

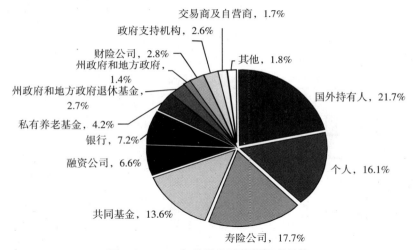

图 3-3　2010 年美国公司债投资者结构

资料来源：Fund Flows Account of Federal Reserve。数据截止到 2010 年末。

四、美国公司债券市场发展的历程

在美国资本市场上，公司债变得举足轻重是从 20 世纪 80 年代后期开始的。20 世纪 80 年代初期，公司债的发行规模基本与银行对法人贷款规模持平，但随后公司债的发展速度大大超过了银行对法人贷款的发展速度。2015 年公司债发行 14932 亿美元，银行对法人贷款规模才达到 4000

亿美元左右，而股票融资金额不到 3000 亿美元，如图 3-4 所示。

进入 20 世纪 80 年代，美国企业的财务战略进入了提高杠杆率的时代，而这也促进了美国公司债券市场（而不是法人贷款）的扩大。20 世纪 70 年代后期到 90 年代中期发生的"美国银行资金中介功能降低"也可算是其主要原因之一。20 世纪 70 年代后期到 80 年代初期，通货膨胀引起利率飙升。在这一时期，银行因受到存款利率上限的约束，无法通过提高存款利率来追随这一变化，从而导致银行存款作为投资产品的魅力相对下降。同时，银行的不良债权问题（与拉美银行危机有关）及其引起的信用级别下降以及 1981 年出台的对银行的资本充足率管制，都限制了银行的授信能力。另外，企业扩大了公司债融资，而债券基金的规模也开始扩大，这形成了公司债供给与需求的良性循环。20 世纪 80 年代后期到 90 年代中期，由于不良债权问题再次发生、资本充足率的管制进一步加强，以及信用级别下降等原因，银行对法人贷款的余额没有增长。同时，银行为提高收益，开始自行销售投资信托产品，银行销售的投资信托产品起初也以债券基金为主，这扩大了债券投资人基础。

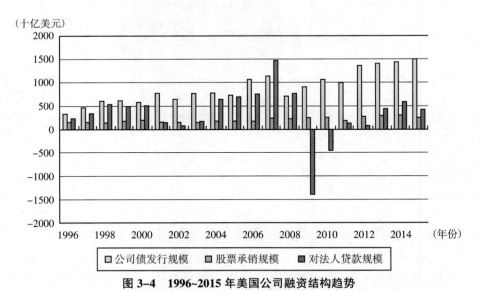

图 3-4 1996~2015 年美国公司融资结构趋势

资料来源：公司债和股票数据来源于 SIFMA 统计，贷款数据来源于 FRB Z.1。

美国公司债券市场能发展到如此庞大的规模归因于其稳定的发行额度。从发行市场来看，2000 年至次贷危机发生前这段时间，发行市场的规模达到每年 0.6 万亿~1.2 万亿美元的水平，如表 3-2 所示，是同期日本公司债券发行额的 10 倍以上。

美国发行的公司债券，其特征是首先持续发行 BB 级以下的，也就是高收益的债券。后来，由于次级贷款问题和金融危机，发行额一度缩小。进入 2009 年后，包括高收益债券在内，公司债发行额又逐渐恢复。到 2009年下半年，高收益债券的比例占到 35%，竟达到了近年来的最高水平，2010~2014 年高收益债券的发行占到所有公司债的 20% 以上，如表 3-4所示。

五、对中国公司债券发展的启示

我国企业债券市场近几年取得了长足的进步，但是和美国公司债券市场比较，在发行规模、发行主体、产品种类等方面均存在不小的差距。

从托管量来看，截至 2015 年底，我国债券市场余额为 47.93 万亿元，其中，非金融企业债券余额为 13.31 万亿元，占比 27.8%；企业债券余额为 3.16 万亿元；公司债券余额为 1.56 万亿元；非金融企业债务融资工具余额为 8.59 万亿元。

从信用等级来看，我国几乎所有的信用债均集中在高评级上。以上市公司债为例，信用等级为 AAA 的债券在所有公司债中的募资占比为 56.6%，AA+占比为 24.2%，并且所有公司债的信用评级均在 AA-以上。事实上，不论是银行间市场还是交易所市场，主要还是为国有大中型企业的融资服务，真正意义上为民营企业、中小高科技企业服务的高收益债券市场还未得到有效开发。

美国公司债券市场为我国公司债券市场的发展提供了参照系。从市场规模分析，公司债券市场还有巨大的发展空间。2015 年，我国企业融资75%以上靠以银行信贷为主的间接融资解决，而从股市、债市进行直接融资的比例不到 25%。同期我国非金融企业发行债券净融资 2.94 万亿元，占社会融资规模增量的比重为 19.1%，与境外成熟资本市场相比偏低。2015 年，美国发行公司债券融资 1.51 万亿美元，占其社会融资总规模的比重约为 60%。根据时任中国人民银行行长周小川的估计，2020 年我国债券市场余额占 GDP 的比例将提高到 100%左右（2015 年底为 70.8%），如果按照年均 7%的 GDP 增速测算，2020 年我国债券市场余额将接近 100 万亿元，年均增速约为 16%。从发展路径来分析，借鉴美国公司债券市场的产品结构，未来市场应从高信用、无违约风险的债券逐步向高收益、有违约风险的债券扩展，从单一产品向多元化产品发展，从而不断提高公司债券融资在直接融资中所占比重。

与美国的情况恰恰相反，我国企业债和中期票据的投资者仍以银行和基金类机构为主。广义的基金类机构（公募基金、社保基金、企业年金、商业银行理财等）占比最高，为 37%；其次是商业银行，达到 26%；而个人投资者直接持有的企业债券比例基本上可以忽略不计。在目前我国利率仍存在管制的条件下，商业银行通过在银行间债券市场投资企业债券，会导致直接融资变相信贷化，这和大力发展直接融资比重的初衷可谓背道而驰。

比较中、美两国投资者结构，扩大公司债的需求应大力发展多元化机构投资者。我国目前人均 GDP 水平在 4000 美元左右，但是资产管理规模仅约为 GDP 的 30%，该比例只相当于美国 20 世纪六七十年代的水平。根据国际经验，人均 GDP 达到 4000 美元意味着完成了居民财富的原始积累，社会财富的理财需求加速增长，资产管理规模将以大幅超过 GDP 的增速快速发展。因此，在挖掘公司债券市场的需求上，不能仅局限于引导商业银行进入交易所债券市场，而是应以个人投资者的潜在投资需求为重点，积极引导和鼓励个人投资者通过债券类基金、社保基金、年金等方式参与公司债券市场，实现财富的保值和增值。

第三节 日本公司债券市场的发展概括

一、日本公司债券市场的现状

日本是银行主导型的典型国家。长期以来，银企关系一直都处于主办银行制度的约束下，日本的企业债务融资主要依赖于银行放款。与美国这类市场化程度很高并拥有成熟债券市场的国家相比，日本的公司债券市场发展相对滞后。

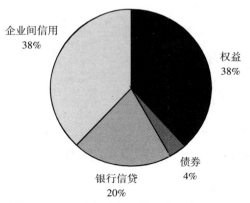

图3-5 日本非金融企业的融资结构（2015年）

资料来源：日本财政厅。

但是，间接融资目前在日本仍然处于重要地位，这些年来日本企业依靠银行贷款的融资比重平均仍保持较高比例。相对于美国而言，日本的直接和间接融资发展相对更均衡一些。2015年底企业融资中银行信贷占20%，如图3-5所示。考虑到多数日本企业与有交易关系的其他企业及银行互持股份的情况，实际借贷占负债的比例将达到58%，可以说企业融资对借贷的依存度非常高，如表3-6所示。

表3-6 日本各类债券的发行金额

单位：亿日元

年份	国债	地方债	财投机构债	政府保证债	普通公司债	ABS	可转债	金融债
2000	1059961	22000	—	48547	79751	3010	2750	209798
2001	1339704	22990	5460	48152	82724	3376	2480	186979
2002	1478320	25825	24085	42160	71512	5849	2800	129916
2003	1546865	42649	24570	64766	73808	3480	565	96934
2004	1752681	52515	31886	82439	57665	1126	2110	81677
2005	1861557	61527	41870	78211	68515	2375	650	84549
2006	1756839	60311	44933	44342	65445	3135	5530	72276
2007	1404551	57038	45566	44615	91863	724	350	65332
2008	1257518	58736	44720	44944	88428	2830	1500	58620
2009	1456601	74395	45990	49256	113931	1006	2035	44066

续表

年份	国债	地方债	财投机构债	政府保证债	普通公司债	ABS	可转债	金融债
2010	1658235	76081	49989	45401	95589	1200	1225	39024
2011	1640644	66549	56474	31535	82835	2000	325	34995
2012	1722489	67716	54398	47000	82099	2000	85	31725
2013	1810322	70796	48112	48731	86588	500	755	26347
2014	1758489	68808	41346	46007	83970	600	440	24827
2015	1745088	68499	42988	31347	68482	500	1600	24701

资料来源：日本证券行业协会网站。

二、日本公司债以高信用级别为主、公司债投资者分布不均

如表 3-7 所示，日本的公司债市场绝大部分集中在 BBB 级以上，投机级债券很少，以投资级降级（堕落天使）为主。普通公司债中，2006~2010 年，未发行过 BB 级的债券，就连 BBB 级的发行规模都要远远小于 AA 级和 A 级，与美国的公司债市场情况大不相同。同时，从投资者的结构来看，日本的公司债投资者主要是银行，截至 2010 年底其持有的份额约为 50%。而在美国的公司债市场，投资者分散在海外、家庭、投资信托等各个领域，由多样化的投资者撑起公司债市场。

表 3-7　日本公司债等各信用等级债券的发行金额

单位：亿日元

评级	2006 年	2007 年	2008 年	2009 年	2010 年
AAA	27418	36390	41674	22420	22772
AA	20448	32803	39099	43812	34955
A	13745	20120	8040	20190	24498
BBB	7790	6810	1100	3640	7275
合计	69401	96123	89913	90062	90500

注：统计了事业债以及财投机构债。事业债中除去了银行债自身的公司债。财投机构债中除去了高速道路机构的竞价购入。按照发行金额统计。

三、日本大企业逐步摆脱对银行的依赖，转向公司债券市场

经过高速发展期，日本大企业的自有资本不断积累，信用度也不断增强，于 20 世纪 70 年代后开始重新审视其与主要银行之间的关系。一方面，由于大企业在资本市场中地位的提高，作为主要信息制造人的银行开始逐渐丧失其作用。日本的企业为了最大限度地利用自己的信用及企业价值实现低成本融资，开始转向直接融资。比起银行贷款，更多企业开始进入竞争更为充分的债券和股票市场。另一方面，日本国内的债券市场为确保银行的优先地位，对市场施加了诸多限制：①商法上对公司债发行额度的限制（1990 年的净资产一体化于 1993 年废除）；②承销委托业务的进场规定；③对商品性的规定（不能发行变动利率债、零息债券、连动式债券、居住者外币债券等）；④起债标准的限制；⑤手续费体系卡特尔；⑥证券公司的外汇业务上的限制等。为回避日本国内的诸多限制，公司债券发行交易纷纷流向了限制较少的海外市场，20 世纪 80 年代欧洲日元债券市场增长很快，而国内的公司债券市场无法满足上述需求，市场增长反而较慢。

日本大企业的融资手段变化见表 3-8，20 世纪 80 年代到 90 年代中期，公司债券有较快的发展，银行贷款的增长率明显放缓，20 世纪 90 年代末至 21 世纪初，大企业的股票融资大幅增长，而由于大企业去杠杆的过程，公司债和银行贷款出现负增长，尤其是银行贷款出现萎缩。

表 3-8　日本大公司融资手段的变化

时间	融资金额（万亿日元）	比例（%）					
		发行证券			借款	内部准备金	折旧
		合计	增资	公司债			
1961~1965	20	17	13	3	41	42	22
1966~1970	40	9	6	3	41	50	23
1971~1975	58	9	4	5	41	50	29
1976~1980	73	15	8	6	21	64	35
1981~1985	97	19	12	7	17	64	44
1986~1990	219	25	14	11	18	57	33
1991~1995	149	9	7	2	3	88	69

续表

时间	融资金额（万亿日元）	比例（%）					
		发行证券			借款	内部准备金	折旧
		合计	增资	公司债			
1996~2000	150	10	11	−1	−7	97	75
2001~2004	90	−5	4	−9	−24	129	105

注：资本金在 10 亿日元以上的企业。
资料来源：财务省《法人企业统计》。

第四节 中国企业债券市场的发展现状

一、国内外企业债券市场的对比

美国和日本是不同金融体系的代表，都拥有发达的债券市场。通过对比美国、日本和中国的企业融资工具结构，可以看出中国企业债券融资的落后，如表 3-9 所示。

美国是典型的资本市场主导型的金融体系，其股票市场筹资额占 GDP 的比重最高，比率基本在 1 以上，多数年份接近 1.5。企业债券占比也最高，而且呈现出直线增长的趋势，在 2014 年达到 GDP 的 45%，而银行贷款额占 GDP 的比重一直稳定在 40% 左右。日本是主银行金融制度，银行贷款融资曾是企业融资的首选，但最近 10 年银行贷款的市场份额逐渐减少，占 GDP 的比重从 2000 年的 75% 降到 2014 年的 56%。其资本市场却得以飞速发展，股票市场总市值已和 GDP 相当，企业债券的发行近年来有下降趋势，2014 年企业债券的余额占 GDP 的比率为 15%。中国银行贷款一直占主导地位，每年的银行贷款余额都超过当年的 GDP，远超美国和日本的银行融资比率。不过近 10 年股票市场也有较快的发展，2014 年股票市场总市值达到 GDP 的 58%，企业债券市场占比最低，即使经过了快速的增长，到 2014 年底企业债券余额占 GDP 的比率也只有 18%，远远落后于美国和日本的水平。由此可以看出我国企业债券市场起点低，发展空间大。

表 3-9　2000~2014 年美国、日本与中国企业融资结构（金融资产占 GDP 比重）

单位：%

年份	美国			日本			中国		
	企业债券	股票	银行贷款	企业债券	股票	银行贷款	企业债券	股票	银行贷款
2000	0.34	1.47	0.34	0.22	0.67	0.75	0.01	0.48	1.00
2001	0.37	1.32	0.37	0.21	0.54	0.72	0.00	0.40	1.02
2002	0.38	1.01	0.38	0.23	0.52	0.78	0.00	0.32	1.09
2003	0.39	1.24	0.39	0.21	0.69	0.71	0.01	0.31	1.16
2004	0.38	1.33	0.38	0.19	0.76	0.69	0.01	0.23	1.10
2005	0.37	1.30	0.37	0.16	1.00	0.56	0.02	0.18	1.05
2006	0.35	1.41	0.35	0.16	1.06	0.60	0.03	0.42	1.04
2007	0.36	1.38	0.36	0.18	0.99	0.63	0.03	1.27	0.98
2008	0.37	0.79	0.37	0.20	0.64	0.74	0.04	0.39	0.96
2009	0.41	1.05	0.41	0.19	0.66	0.74	0.07	0.71	1.16
2010	0.44	1.16	0.44	0.20	0.70	0.72	0.09	0.67	1.17
2011	0.43	1.01	0.43	0.20	0.56	0.68	0.10	0.46	1.13
2012	0.44	1.16	0.44	0.17	0.58	0.59	0.15	0.44	1.18
2013	0.44	1.43	0.44	0.16	0.92	0.59	0.16	0.42	1.22
2014	0.45	1.51	0.45	0.15	0.95	0.56	0.18	0.58	1.28

资料来源：股票数据来源于 WDI 数据库，美国企业债券数据来源于 SIFMA，美国银行贷款数据来源于 FRB Z.1，日本债券和信贷数据来源于日本财政厅统计，中国企业债券和银行贷款数据来源于 Wind 统计。

美国和日本是发达国家的代表，债券市场规模居全球前 2 位，而我国作为发展中国家，有必要比较一下包括新兴市场国家特别是东亚各国的金融市场格局，可以更清晰地看出这些发展程度类似的国家金融结构和债券市场的发展程度的差别。从图 3-6 可知，截至 2014 年 12 月底，和亚洲邻国相比，我国间接融资的比率是比较高的，对私人部门信贷余额占总金融资产（包括对私人部门信贷余额、股票市值和公司债券余额）的比率达到 46%。我国的公司债券融资占比 13%，仅次于韩国的 35%。

日本的公司债券融资仅有 5%，日本国内正在鼓励企业通过发行债券融资。菲律宾、马来西亚和泰国的公司债券占比分别是 5%、13% 和 7%，可以看出我国公司债券市场和大多数东盟国家相比都有不小的进步。我国的股票市场发展较缓慢，国内企业的市值占比为 41%，仅高于中国香港地区和日本。

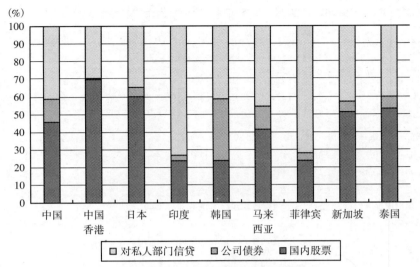

图 3–6　2014 年东亚各国融资结构

资料来源：www.AsianBondsOnline，信贷数据和股票数据来源于 WDI 数据库。

二、中国企业融资结构的变迁

　　虽然我国总体上仍是银行主导的金融市场格局，不过 20 多年来资本市场得到长足的发展，我国的金融市场在不断地演变，直接融资比例显著提高，企业发债增长较快，企业债券市场也经历了曲折的成长历程。从图 3–7 可清楚看出 2005~2015 年我国每年实际新增的融资金额，包括金融机构新增贷款、各类债券和股票的融资额。其中每年新增贷款额一直都遥遥领先，2009 年接近 10 万亿元，达到最高值。随后其发展势头有所减弱，2010 年和 2011 年新增贷款均在 7.5 万亿元左右徘徊。而自 2011 年以来，债券类以及股票筹资的发展速度有所提高。尤其是债券市场，2000年以后一直保持着大幅度的增长，2007 年企业全部信用债发行额突破4000 亿元，之后持续增长，2015 年企业全部信用债发行额超过 6 万亿元；国债、地方债和金融债的发行总额早在 1994 年就超过了 1000 亿元，2003年突破了 1 万亿元大关，2015 年国债、地方债和金融债发行总额超过 10万亿元。同时，股票市场近十多年也是突飞猛进，2000 年融资额突破1000 亿元，且增速明显，尽管 2007 年爆发了全球性金融危机，但其融资总额也超过了 8000 亿元，2010 年股票融资额达到近 1 万亿元，2015 年股票融资额达到 1.5 万亿元，创历史新高。

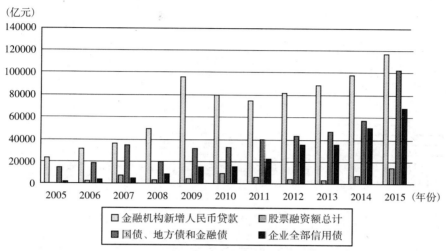

图 3-7　2005~2015 年我国金融市场融资状况

资料来源：Wind 数据库，金融机构新增贷款指新增人民币贷款。

　　图 3-8 显示了 2005~2015 年企业债券和银行贷款、国债和金融债比率的变化趋势。在过去 10 年的发展历程中，我国企业信用债不断发展壮大，从图 3-8 可以看出，企业信用债与国债、地方债和金融债之和的比率总体呈曲折上升趋势，2015 年该比率出现较大幅度下滑的主要原因是：地方债当年发行 3.8 万亿元，发行规模远超 2014 年 4000 亿元的水平，导致国债、地方债和金融债这些利率债 2015 年突破 10 万亿元。企业信用债与新增贷款比重平稳上升。

三、中国企业债券结构

　　中国企业债券包括上市公司和非上市企业的全部信用类债券，其具体分类和年度数据如表 3-10 所示，从中可见短期融资券和中期票据占大部分，公司债和企业债居中，可分离转债和可转债最少。

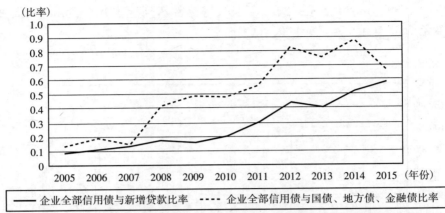

图3-8　2005~2015年我国企业全部信用债券发行额和其他融资手段的比率

资料来源：原始数据来自Wind数据库，比率通过计算得出。

表3-10　2005~2015年全国非金融企业发行各类债券情况

单位：亿元

年份	短期融资券	企业债	公司债	中期票据	可分离转债	可转债
2015	32806.3	3421.0	10334.1	12759.5	—	98.0
2014	21849.5	6972.0	1445.6	9780.7	—	321.0
2013	16134.8	4752.3	1719.5	6978.6	—	544.8
2012	14222.5	6499.3	2626.3	8559.3	—	163.6
2011	10122.3	2485.5	1291.2	7335.9	—	413.2
2010	6892.4	2827.0	511.5	4970.6	30.0	717.3
2009	4612.1	3252.3	734.9	6912.7	632.9	46.6
2008	4338.5	1566.9	288.0	1737.0	171.8	77.2
2007	3349.1	1109.4	112.0	—	99.0	106.5

资料来源：Wind数据库。

第四章 公司债券公募制度的 国际比较

第一节 美国公司债券灵活丰富的发行制度

一、美国公司债券公募发行制度

由于债券被视为证券的一部分，美国很少对债券单独立法，债券立法融合在所有证券的统一立法中，相关立法包括联邦立法和州立法。根据 1933 年《证券法》的规定，美国证券市场形成了公募发行和私募发行两种方式。

1. 公募发行实行注册制

根据美国 1933 年《证券法》第 5 条的规定，任何人不得销售或推销任何证券，除非该次销售或推销已在 SEC 注册或者得到相应豁免。公募发行注册的标的是该注册涵盖的特定证券销售和推销行为，该行为一结束，注册就失效，任何新的同一证券的销售和推销行为必须再次注册，或者得到豁免。

从《证券法》的注册程序来看，首先，涉及证券发行的企业须向 SEC 递交一份注册说明书，说明书中应当披露有关该企业及证券的若干规定信息。其次，SEC 按照一定的内部标准决定是否审查该注册，是全面审查还是有限审查①。对于 SEC 决定不审查的注册，会在企业规定的时间点宣布注册说明书生效。对于决定审查的注册，SEC 将会根据审查标准提出修改意见，并在注册说明书达到标准后宣布其生效。注册说明书生效表明整个注册基本结束。之后，注册人可合法开始证券销售行为。

2. 信息披露制度是公募发行和交易监管的核心

从 1933 年《证券法》和 1934 年《证券交易法》出台至今，美国证券市场已经形成了一套成熟的信息披露制度，充分体现了信息披露制度真实性、准确性、完整性、及时性和公平性的原则，在保护投资者合法权益和促进证券市场发展过程中发挥了重要作用。

美国证券市场的核心就是建立信息披露制度的市场监管体系。

1933 年《证券法》规定，证券发行时需公开的文件主要是募集说明书，证券交易时要披露年度财务报告、中期财务报告、季度财务报告、临时报告等信息，如图 4-1 所示。

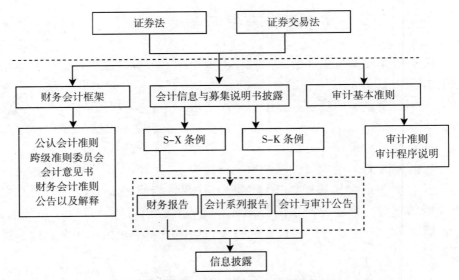

图 4-1 美国证券公开发行的信息披露体系

① 全面审查即从法律披露和会计披露角度全面审查注册说明书，而有限审查只审查注册说明书的某个方面，例如只从会计披露角度审查。一般而言，基本上所有的注册都会被 SEC 全面审查。

1933 年《证券法》确立的信息披露制度，主要对证券发行阶段信息披露进行了规定。在证券法律框架下，SEC 制定了多项表格以直接对监管对象的信息披露进行规范。

一是 S–X 规则与 S–K 规则。S–X 规则与 S–K 规则内容十分翔实，不仅涵盖了财务信息披露与非财务信息披露的全部内容，并且对每一个内容板块都进行了细致的描述，使得这两项规则具有很强的操作性，如表 4–1 所示。

表 4–1 S–X 规则与 S–K 规则主要内容

S–X 规则主要内容（财务信息披露）	S–K 规则主要内容（非财务信息披露）
该规则的适用性	概要信息
会计师的资格和声誉	业务
财务报表的一般指引	注册证券
合并财务报表	与财务信息相关的而非财务信息
规则的一般适用性	公司治理与管理相关信息
商业和工业公司	注册申请和募集说明书内容
注册为投资公司	附件
雇员购买股票、存储和类似计划	杂项
保险公司	滚动交易
银行持股公司	资产支持证券非财务信息
中期财务报告	
预估财务信息	
表格和附件内容	
再保险公司	

二是 SEC 注册表格。除 S–X 规则、S–K 规则及其他同层次规则外，SEC 还针对不同证券种类制定了各种表格，规定证券发行企业在信息披露时须选择和填写特定表格，并按照信息披露规则的详细规定填写表格，以此规范披露信息格式。对于表格具体内容，以表格 F–1 为例，发行企业需根据《证券法》及 S–X 规则、S–K 规则的相关规定以规范格式填写以下信息：发行企业注册信息、募集说明书要求信息、非募集说明书要求信息、发行企业及相关责任人签字。

此外，信用评级也是债券公募发行必不可少的一个环节。信用评级在增强信息披露透明度、有效缓解投资者与公募发行人之间信息不对称的问题上发挥着重要的作用。虽然《证券法》对于债券信用评级没有强制要求，但是债券投资者均将信用评级作为债券重要的定价指标和信用风险管理指标。因此，几乎所有公募发行的债券均获得了信用评级。根据 1975年 SEC 的规定，在监管金融机构的投资风险时，应依据市场公认的、具有公信力的信用评级机构提供的评级，并定义了"全国认可的统计评级机构（Nationally Recognized Statistical Rating Organization，NRSRO）"。穆迪、标准普尔和惠誉是首批获得 NRSRO 资质的信用评级机构。根据上述三家机构的信用评级标准，一般将获得 BBB 及以上信用等级的债券归为投资级债券，将获得 BBB 以下信用等级的债券归为高收益债券。

二、公司债券债权人利益保护制度

美国公司债券市场发达的另一个基石是严格的投资者保护制度。按照美国《证券交易法》规定，在市场中必须建立起一个公司债券发行的信用约束和偿付保障体系，给投资者提供可接受的信用支持并保护投资者利益。

1. 债券发行的指定受托人制度

1939 年美国出台了《信托契约法》，该法律要求，凡是企业大规模发行债券均需要专门指定一个受托人，负责代表企业债券的投资者参与债券发行的各项事宜，监督发行过程中的各个程序是否合规，检查发行企业的行为是否与契约条款所约定的相符。如果发现问题，受托人有权依法代表投资者对违规企业提出诉讼及赔偿，以维护投资者权益。

2. 建立偿债基金制度

为了降低企业债券的信用风险，美国 SEC 要求企业债券的发行人每年按照一定比例赎回自己的债券，这种债券的发行结构可以被设计成到期所有债券都得以清偿或者是部分得到清偿。一般做法是，企业债券的发行人可以通过将相当于欲赎回债券面额的现金支付给专门的受托机构，然后由它随机选择出等量债券予以赎回；企业债券的发行人也可以选择在市场中购买相当于欲赎回债券面额的债券交回给受托机构来履行偿债要求。

3. 偿债担保追索制度

按照规定，企业债券应由发行公司担保偿债的，如果发行主体为控股公司，则担保者也将包括其旗下的子公司。所以如果控股公司有任何的拖欠行为，企业债券的投资人可以选择控股公司母公司也可以选择负有共同担保责任的所有子公司执行其债务追索权。

4. 初期利息支付保证制度

这是要求部分特定的企业债券发行人要做到债券发行后 1 至 2 年内，企业的收益必须保证按照契约预定的时间和金额优先支付利息以维护投资者的权益。

灵活自由的债券发行制度、充分的信息披露、完善的债权人保护机制和对发债公司高管违法行为的严刑峻法是美国公司债券市场成功的经验。

第二节　日本公司债券市场的制度变迁

一、日本公司债发行制度的演进：从管制到放松管制

20 世纪 80 年代前，公司债券在日本一直都处于高度监管的状态。日本公司债市场的真正发展始于 90 年代后半期，在此之前，日本的公司债券市场曾经长期处于金融监管部门和银行的管理下，并且在 20 世纪 90 年代中期以前一直被作为银行金融的补充性融资手段。20 世纪 90 年代初期，由于无法适应企业融资行为的变化，日本国内市场出现衰退和萎缩。直到 1996 年取消发债条件限制、债券市场完全放开后，国内市场才真正发展壮大起来。其监管制度的改革历程如图 4-2 所示。

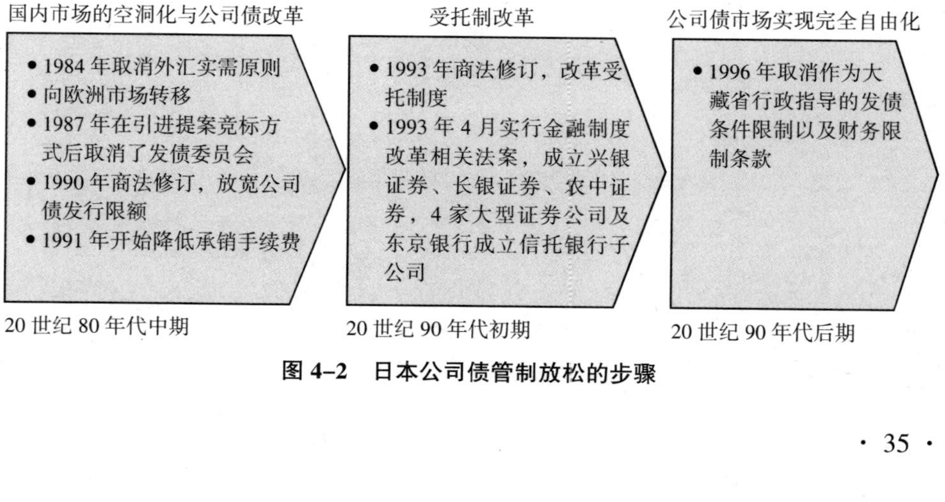

国内市场的空洞化与公司债改革

- 1984 年取消外汇实需原则向欧洲市场转移
- 1987 年在引进提案竞标方式后取消了发债委员会
- 1990 年商法修订，放宽公司债发行限额
- 1991 年开始降低承销手续费

20 世纪 80 年代中期

受托制改革

- 1993 年商法修订，改革受托制度
- 1993 年 4 月实行金融制度改革相关法案，成立兴银证券、长银证券、农中证券，4 家大型证券公司及东京银行成立信托银行子公司

20 世纪 90 年代初期

公司债市场实现完全自由化

- 1996 年取消作为大藏省行政指导的发债条件限制以及财务限制条款

20 世纪 90 年代后期

图 4-2　日本公司债管制放松的步骤

1. 1977 年证券交易审议会报告

1977 年，证券交易审议会基本问题委员会提交《关于公司债市场理想的发展方向报告》，提出了公司债市场自由化和国际化的建议。公司债市场的改革思路为：①取消以大型受托银行为中心的发债会，实现自由发债；②阻止承销业务向 4 家证券公司集中的倾向，促进竞争；③丰富债券种类，满足投资者的需求；④在探讨对购买无担保公司债的投资者也实施保护等问题的同时，将其作为拓展债券种类的一个环节；⑤发展由第三方机构进行的评级业务，帮助投资者甄别债券质量。受此影响，债券种类的多样化有所提高，发债标准有所放宽，但仍非常有限，改革并不彻底。

2. 1986 年证券交易审议会报告

1984 年后，在日美间日元美元委员会报告的影响之下管制得以放宽，从欧洲债券市场融资的成本降低，融资手段由国内银行贷款和发行公司债转向了发行欧洲债券。日本企业中投资欧洲债券的投资者多为日本国内投资者，因此欧洲债券市场扩大的原因就是规避国内市场管制。为了避免国内市场空洞化，1986 年证券交易审议会公司债特别分会报告《公司债市场发展方向》提出了修改担保原则、改进发债机制等建议。依次实施的改革措施包括：①1987 年，引入提案竞标方式；②1988 年，实施对象扩大到所有债券，取消债券发行协议会，引入发行登记制度；③1990 年，放宽公司债发行限额，统一实行净资产标准；④1991 年，为防止进一步出现证券公司竞争过度导致债券价格在流通市场暴跌的现象，大藏省对证券公司规范普通公司债承销条件进行了指导；⑤1991 年，公正交易委员会对证券公司在受托手续费上可能存在的"卡特尔联盟"现象做出提醒。

然而，公司债受托管理制度依然存在。公司债受托管理制度的彻底改革，是通过 1993 年的商法修订来实现的。

3. 1993 年的金融制度改革与商法修订

为了使存在意义不断降低的长期信用银行转变为投资银行，允许银行从事证券业务。银行为此将取消公司债受托制度作为与证券公司交涉的筹码。

1993 年商法修订的内容包括：①取消"公司债募集受托公司"；②增设"公司债管理公司"，原则上强制设立；③公司债管理公司包括银行、信托公司、依据有担保公司债信托法取得营业资格的公司，公司债管理公司只能从事发行后的公司债的管理业务；④取消公司债发行限额。

4. 公司债券监管权力的集中

第二次世界大战以后很长一段时间里，日本公司债券市场的监管由日本财政部、证券交易委员会和日本银行等监管主体构成。1998年，日本成立金融监督厅，行使金融机构检查、监督功能；证券交易监督委员会划入到金融监督厅，2000年7月，成立金融厅，统一了对公司债券市场的检查、监督和公司债发行备案等全部职能。

二、日本公司债券发行上市与投资人保护制度

1. 日本公司债券发行审核制度

日本《证券交易法》的规定类似于美国1933年的《证券法》，日本证券发行的主管机关是大藏省。日本的证券发行制度与美国如出一辙，日本1948年4月13日制定的《证券交易法》是日本在第二次世界大战后，由典型的大陆法向英美法转变的又一例证。

2. 日本公司债券发行信息披露制度

日本《证券交易法》是以美国《证券法》为蓝本的，吸收了美国信息披露制度的核心内容。日本《证券交易法》专设"企业内容等的披露"一章，其中就证券发行的信息披露作了详细规定，要求"有价证券的募集或推销，在发行人未向大藏大臣就该证券的募集或推销进行呈报时，不得进行"。

3. 日本公司债券债权人保护制度的安排

日本公司债券发行的投资者保护制度是在其《商法》、《公司法》、《证券交易法》的制度规范下构建起企业债券发行的信用约束及偿债保障机制。此外，日本借鉴了美国1939年的《信托契约法》为附担保企业债券发行专门制定了《附担保企业债信托法》，来保障债券投资者的权益，在日本企业债券市场发展中，依据该法律发行的附担保企业债券成为日本企业债券的主要形式。

日本监管部门对债券发行的管制持续放松，逐步废除了企业债券银行托管制度，降低了企业债券发行费用，直至取消公司债券发行原有的严苛条件，保护债权人利益。以此为契机，可转换债券和附认股证债券得到了飞速发展，整个公司债券市场规模迅速扩大。发行管制的放松和市场的培育是日本公司债券市场崛起的关键因素，也是对我国发展公司债券市场的最好启示。

第三节 欧元区公司债券市场及发行
上市监管制度分析

一、欧元问世前欧洲公司债券市场的发展

欧元地区公司债券市场是在欧洲货币市场的基础上发展起来的，发展历程与日本有着相似之处，直到 20 世纪 90 年代末，才有了快速的发展，成为世界上主要的公司债券市场之一。从传统的融资结构上看，欧元地区各国家银行贷款占企业融资规模的比重都很大，股票市场及债券市场的市值在 GDP 中占的比重较低，银行贷款对于国内经济增长率的影响是十分明显的，如图 4-3 所示。

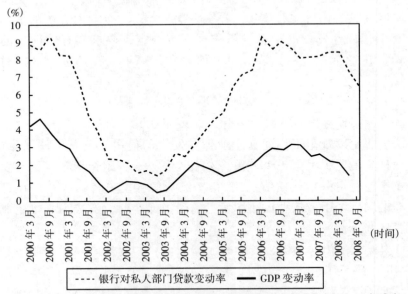

图 4-3 2000~2008 年欧元地区银行对私人部门的贷款变动率与 GDP 变动率

资料来源：IMF Working Paper "From Subprime Loans to Subprime Growth? Evidence for the Euro Area".

从图 4-3 显示的欧元地区各国银行对私人部门的贷款变动率曲线和 GDP 变动率曲线的走势来看，两者呈较为一致的起伏变化。2000 年，欧元地区银行对私人部门的贷款增长率达到 9.5%，当年 GDP 增长率也保持在近 8 年来的最高值 4%以上，而 2002~2003 年欧元地区 GDP 增长率处于最低点的时候，欧元地区银行对私人部门的贷款增长率也正处于最低点 1.5%左右。

以欧元地区公司债券市场中的主要代表德国为例，在经济发展过程中，企业以债券形式融资曾经受到了很多制度约束。早在德国工业化初期，为了迅速推进工业化进程，德国政府鼓励银行与企业紧密联系，鼓励银行积极为企业提供生产扩张所需要的资金，客观上造成了德国企业对银行信贷支持的依赖度较大，这与日本主银行制度下的银企关系颇为类似。

20 世纪 60 年代后，众多德国大银行以"全能银行"的身份被允许同时涉足商业银行及证券经营业务，可以同时握有企业的股权和企业的债权，银行既可以为企业提供信贷放款，也可以协助企业发行债券，但是从自身利益考虑，德国银行更愿意向企业发放贷款，而对企业发行债券不太积极。对企业来说，接受银行贷款既方便，成本也更低。此外，德国的企业如果要公开发行债券，政府往往有诸多的条件限制，手续也十分烦琐，这造成了德国企业债券市场的低迷。然而即使是到了 20 世纪 80 年代，金融自由化席卷全球的情况下，德国的企业债券融资地位虽然有所提高，但是依然没有改变德国银行间接融资占主导地位的格局，这也正是欧元地区公司债券市场发展状况的一个缩影。

表 4-2　1991~2008 年德国非金融企业负债与所有者权益规模一览表

单位：十亿欧元

年份	股票	公司债券	银行贷款	负债与权益合计
1991	420.7	32.7	726.8	1701.8
1992	393.8	52.6	765.3	1736.6
1993	558.9	109.5	802.0	2023.7
1994	596.8	129.9	799.5	2122.1
1995	640.4	53.8	854.1	2153.7
1996	793.6	49.2	909.8	2379.9
1997	998.5	44.2	966.8	2684.1
1998	1243.8	42.8	1032.1	3029.9
1999	1619.9	35.8	1090.4	3540.3

年份	股票	公司债券	银行贷款	负债与权益合计
2000	1395.7	38.4	1278.1	3699.1
2001	1312.1	42.1	1359.1	3742.3
2002	759.1	50.7	1383.5	3263.4
2003	928.8	67.6	1350.5	3740.1
2004	979.2	79.4	1274.2	3506.5
2005	1137.4	89.6	1277.4	3690.0
2006	1336.7	91.1	1348.3	4033.6
2007	1564.3	82.2	1405.9	4400.5
2008	963.5	96.8	1485.2	3949.5

资料来源：根据德国联邦银行网站（www.bundesbank.de）数据整理而成。

表4-2显示，1991~2008年，德国企业融资结构中企业债券融资平均占各种资金来源比例仅为2.3%，银行贷款占各种资金来源比例接近40%。而1993~1994年连续两年德国企业债券发行规模由1992年的526亿欧元（由当时的货币德国马克折算而成）迅速扩大至1000亿欧元规模以上，随后又恢复到原有水平，这期间正是欧元地区各国公司重组浪潮的高涨时期。此外，在德国统一之后的两三年中，前东德的银行被前联邦德国银行接管，大量的不良贷款需要重新整合，因此银行贷款在此期间有所控制，而不少企业靠发行企业债券获得资金。

二、欧元问世后一体化公司债券市场迅速发展

欧元区公司债券市场在20世纪90年代末有一个较快的发展，主要原因有以下几方面：

（1）在1999年之前，欧洲各国发行的企业债券的收益率标准差存在着较大差异，资本在各成员国之间流动的结算成本也很高。随着欧元问世后的统一使用，各国债券的承销商原来在承销本币企业债券市场上的优势被进一步削减，使得企业债券发行者的成本费用也间接地降低了，债券融资更加具有吸引力。

（2）欧元的问世，使各国投资者对以本国货币计价的债券的偏好发生了变化，欧元地区货币汇率波动及结算的风险消除了，增大了市场的透明

度，有利于统一定价机制的形成，各国债券市场的关联度也进一步增强，这对欧元地区企业债券市场的一体化进程起到了很大的促进作用。

（3）欧元地区企业债券通常是以"离岸"为特点发行的，也就是企业债券的发行不受控制该种货币的外国债券发行的规则和条例的管制，现在则更接近于统一的企业债券市场了。欧元区内不同国家的发行企业可以利用管制较少的市场绕开金融壁垒的种种限制，委托辛迪加集团代理发行债券，跨国界的债券投资壁垒进一步减少，企业债券投资活动增长迅速。

（4）欧元地区经济因素的变化，也影响着该地区企业债券市场的发展。伴随着世界互联网、IT业在20世纪90年代末出现的衰退和经济紧缩，市场中对权益类金融工具的需求进一步下降，人们更倾向于选择能够到期还本付息的债券作为更稳妥的融资方式，而此时欧洲银行业也纷纷缩紧了信贷政策，对企业的放款减少了许多，于是企业靠发债来融入资金的需求得到了迅速扩大，如图4-4所示。

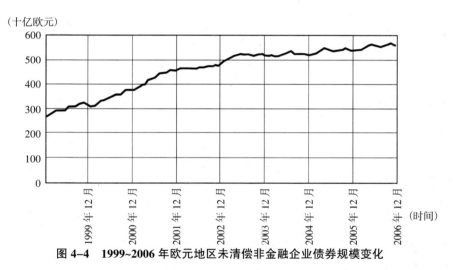

图4-4　1999~2006年欧元地区未清偿非金融企业债券规模变化

图4-4显示，欧元地区1999~2006年间非金融企业所发行的欧元债券总额从2710亿欧元扩大到了5610亿欧元，增加了96%。其中1999~2003年的增速最快，而这几年正是欧元地区统一货币后企业债券市场发展势头最好的阶段。欧元地区所在国的企业逐渐改变了单一依靠银行贷款的间接融资形式，企业债券发行规模有了较大增长，同时高收益债券也开始崭露头角，进一步完善了欧元地区企业债券市场的结构。

2009~2010 年，欧元区公司债券发展迅速，年增长率超过 10%，股票发行略有增长，而金融机构的贷款出现负增长，整个外部融资的增长率出现下滑，可见公司债券市场对信贷市场产生了一定的替代作用，如图 4-5 所示。

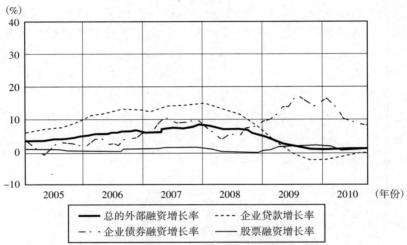

图 4-5　2005~2010 年欧元地区非金融企业外部融资增长率变化

资料来源：欧洲中央银行（ECB）。

欧元企业债券的持有人主要是银行、机构基金和保险公司等机构投资者，持有量占企业债券市场的七成以上，这与美国、日本等世界主要企业债券市场的持有人结构是一致的。然而与日本不同的是，这些机构投资者对于非投资级的企业债券也表现出很大的兴趣，持有比例占市场中非投资级企业债券的九成以上，成为这些高风险和高收益企业债券的绝对投资主力。在欧元面世前，投资者比较注意企业债券发行的国别和不同货币的计价，这在一定程度上会影响投资者对高收益债券的兴趣选择，而统一后的市场促进了对高收益债券的市场需求。

三、欧元区公司债券监管主体

当前欧元区公司债券市场监管的主体证券领域的多边监管委员会包括：①欧洲证券监管委员会（Committee of European Securities Regulators，

CESR），成立于 2001 年 9 月，为独立的咨询机构，其任务在于准备技术执行措施，并通过增强监管合作确保共同体法规在证券领域里的有效执行；②欧洲证券委员会（the European Securities Committee，ESC），成立于 2001 年，其职责是向欧盟委员会提出关于资本市场监管的政策性建议，保证成员国之间更好地进行合作，并通过加强监督合作促进欧盟相关法律的规范实施。此外，国际证券市场协会（the International Securities Markets Association，ISMA）作为市场的自律机构设立了企业债券交易的程序化规则，对市场交易进行约束。

从具体情况看，欧元地区各国的企业债券市场监管主体也呈多样化趋势。以德国为例：证券交易委员会和市场准入委员会负责企业债券发行的审核；证券交易委员会和各地方交易所监管机构负责交易所交易；财政部负责企业债券的柜台交易监管；各地方交易所监管机构、交易所监管小组和德国银监局负责交易清算体系支持。

四、欧盟债券公开发行规制的形成与发展

一般而言，证券发行是证券上市交易的前提，但欧共体在对证券市场进行统一规制的过程中，长期将证券上市作为规制重点，在制定相关的证券发行指令之前，规制证券上市的《准入指令》和《上市说明书指令》已获通过。随着时间推移，《公开发售指令》及《上市说明书指令》等证券信息披露指令所建构的发行人信息披露体制在欧盟资本市场整合中越来越难以发挥作用，投资者的需求不能得到满足。欧洲议会与欧盟理事会于 2003 年 11 月 4 日通过《证券公开发售或交易公开招股说明书》及《修改第 2001/34 号指令的指令》（简称《修改说明书指令》），该指令统一了证券公开发行招股说明书及交易说明书，对上市说明书不再单独立法。其建立了一个新的统一信息披露体制，该信息披露体制是对现行信息披露体制的革新，一旦该指令被成员国转化实施，成员国原有的信息披露体制将失效。

五、《修改说明书指令》

《修改说明书指令》的目的在于规范同一证券在受管制市场上公开发行说明书或交易说明书的起草、审查及分发，该指令对公开发行的证券不

再进行申请正式上市和未申请正式上市的划分，而是对发行说明书与交易说明书一并做出统一要求，不再另行规制上市说明书。同时，《修改说明书指令》还将"欧洲证券"列入豁免规制范围。

《修改说明书指令》的一项引人注目的改革措施是引入发行人"护照"制度，这项制度的建立以核准制兼具登记制的审核制度为基础。

《修改说明书指令》建立了一个统一信息披露体系，发行人基于同一信息披露文件即可进入欧盟领域内的证券发行市场和证券交易市场，大大简化了融资程序，加速了资本有序流动。但是《修改说明书指令》体现的理念缺乏市场导向性。《修改说明书指令》虽然对规制重点有所改变，但仍未给市场力量的发挥留下应有空间。

六、债券及其发行人上市条件

《准入指令》规定债券发行主体有两类：一类是企业，该指令要求其组织及经营管理必须符合法律、条例的规定；另一类是公共机构，包括国家、地方政府和国际性公共机构。《准入指令》对企业债券设置的上市准入条件明显比公共机构债券上市准入条件严格。申请上市的债券必须符合其所要依据的法律、条例，此外，拟上市债券还必须满足其他条件。

七、欧元区公司债券市场监管特点的总结

保护投资者利益、鼓励金融竞争与创新、增强市场的稳定性及突出监管效率是欧元地区公司债券市场监管特点的基本特征，体现在以下方面：

1. 体现出国际化统一标准金融监管的特点

近年来，欧洲金融市场的交易规模几乎是 20 世纪 90 年代末期的两倍，欧元地区企业债券市场作为一体化欧洲金融市场的重要组成部分，在这些年中为地区经济的发展发挥着重要作用。在当今的欧元地区，企业债券市场已经很难分清国内和国外的交易区域了。因此，在全区域一体化市场条件下，制定统一的监管标准与执行规则，对市场的债券发行、交易、结算及信息披露进行统一约束，就成为欧元地区企业债券市场监管的必然要求，这也是推进市场健康发展的重要保证。

2. 注重保持对市场监管立法的正确性与可接受性

近些年以来，欧元地区企业债券市场监管立法或指令的出台，通常都会经过以下这些程序：①提前公开在社会中发布相关监管立法或指令的基本内容，接受社会各界（包括监管机构人员与受控主体）的反馈意见作为法令调整及修正的依据，确保法令制定的有效性与正确性；②聘请专家针对监管立法或指令的推出可能对经济形势产生何种影响进行效果论证；③相关监管立法或指令出台后，尽可能加大对这些法令的政策目的、操作要求等重点内容的宣传力度，让市场的投融资主体短时间内更清晰地理解措施的操作意图，提高监管法令的实施效率。

这一点与美国的企业债券市场监管理念较为类似，即监管部门通过提供一种利益协调、诉求表达机制，鼓励调控社会公众能够参与到监管机构政策制定中来。这个理念的核心价值在于，监管机构与社会公众之间能够形成良性互动关系，实现共同的利益，也能够通过公开对话与意见反馈来产生和交换更多的信息，以减少政策制定者因有限理性所带来的问题，减少人为的政策失误。

通过社会公众的积极参与，来了解监管机构所采用的政策被大众所接受的程度，并以此作为政策选择的一个参考依据，这是监管效率化的重要保证。

3. 重视适时进行市场监管策略的调整

2008年6月，欧盟委员会针对美国次贷危机在全球开始蔓延并冲击欧元地区金融市场的情况，决定在金融市场的监管策略上做出转变，同样也对欧元地区企业债券市场监管做出了转变。应当说，这些措施的推出有很强的时效性和针对性。鉴于次贷危机所引致的危害在金融市场中对金融工具的违约率及安全性影响较大，因此欧盟委员会新的监管要求侧重于四个方面：①进一步提高市场交易结算的透明度；②严格规范对信用工具风险的估价标准；③加强对金融机构与市场审慎监管的力度；④加强对信用评级机构工作规范性的检查。

总体而言，欧洲公司债券市场发展的经验就是将欧元地区公司债券市场的监管重点放在信用违约风险和市场的透明度这两个方向，在保持市场中的投资者、融资者对于信用中介机构和市场监管机构有充分信心的基础上，促进公司债券市场的平稳发展。

第四节　中国企业信用债券市场的监管体系

一、中国企业债券监管格局

中国企业信用类债券的监管是典型的多头监管，基于现行的发行监管机关的不同，可将信用债分为三大类：第一类是企业债和中小企业集合债，由发改委核准发行，其中企业债包括中央企业债和地方企业债（含城投债），是非上市公司发行的中长期债券；第二类是公司债、可转债和中小企业私募债，由证监会核准发行，其中公司债一般期限在1年以上，由上市公司发行（2015年公司债券新规出台后非上市公司也可发行公司债），中小企业私募债由非上市公司发行；第三类是短期融资券（CP）、超短期融资券、定向票据、中期票据（MTN）和中小企业集合票据（SMECN），由中国银行间市场交易商协会（以下简称"交易商协会"）注册发行。

二、企业类债券监管部门发行审核的比较

1. 发改委对企业债发行采取"审批制"

目前的审批流程是：①中央企业向国家发改委财金司上报申请，地方企业向地方发改委上报申请并转报国家发改委财金司；②财金司直接将相关文件转专业司局征求意见，无异议后返回财金司进行初审并经复核后向委主任上报审批（30亿元发行规模以上报委主任办公会审批）；③委主任签署同意后，会签中国人民银行、证监会后发行。发改委最新的监管原则是进行同意或否决的合规性审查，只要企业财务报表支持，募投项目符合国家产业政策即批准发行，并不像以前那样调减企业发行规模。发改委定期调集少数券商参与初步审核，提高了审核速度。据正在征求意见的《关于企业债有关具体事项的说明》，拟开展商业银行承销企业债券的试点工作。

2. 银行间市场采用"注册制"

中期票据和短期融资券的发行由银行间市场交易商协会自律性监管。其发布了一系列监管规则和指引，细化了中期票据信息披露等方面的监管要求。具体有：发行注册规则、信息披露规则、中介服务规则；中期票据业务指引、尽职调查指引和募集说明书指引等。

交易商协会实行"自律管理"：发行人必须成为协会特别会员，并承诺自愿接受自律管理；主承销商必须是具有债务融资工具主承销资格的金融机构；评级机构、律师事务所、审计机构必须在协会登记备案。发行在银行间市场以向承销团成员簿记建档、集中配售的方式进行。

3. 证监会对公司债的公开发行采用"核准制"，非公开发行采用"事后备案制"

2007 年证监会《公司债券发行试点办法》建立了以公司债券公募发行为主的规则体系和发行审核制度。引入股票发行审核中已经比较成熟的发审委制度和保荐制度，以核准制的方式对发行人的质量和信用进行把关，建立了强制性的信息披露制度，规范了资信评级业务，建立了公司债券受托管理人制度。

2015 年 1 月，证监会正式公布实施新的《公司债券发行与交易管理办法》，取代了施行 7 年多的《公司债券发行试点办法》，坚持市场化为导向，取消原有公司债券的保荐制和发审委制度，根据是否公开发行采用不同监管制度。公开发行的公司债券实行核准制，可以一次核准，分期发行，证监会在受理申请文件后依法做出是否核准的决定。针对仅面向合格投资者公开发行的公司债券，证监会简化了核准程序。非公开发行的公司债券实行事后备案制，发行前不需事前核准，只需发行人在每次发行完成后 5 个工作日内向中国证券业协会备案。新的发行审核制度简化了公司债券的发行审核流程，与扩大公司债券市场、丰富公司债券品种的目标相适应。

在市场发展方面，证监会进一步优化了债券投资者分类和债券产品，巩固了债券市场进一步发展的基础。引入合格投资者的划分，将公司债发行细化为面向公众投资者公开发行、面向合格投资者公开发行、非公开发行三类方式，根据投资者不同的风险承受能力，制定不同的发行人要求。在符合公开发行要求的情况下，发行人也可灵活选择投资者；适应市场要求，不断扩大公司债范围，推出债券新品种；将公司债发行人范围拓展至除融资平台外的全部公司制企业，债券期限可为任意期限；在单一可转换公司债券的基础上推出了分离交易的可转换公司债券和上市公司股东发行的可交换公司债券，对完善资本市场结构、促进股票市场和债券市场的协调发展发挥了重要作用。

4. 审核标准不统一容易引起监管套利

企业债基本上是纯粹的行政审批。目前主要的发行人是地方政府下属的市政建设公司或者控股的资产经营公司，通常存在地方政府的隐性财政担保，容易引发道德风险；企业债的发行人在发行时的信息披露不充分、不透明，审计、评估以及财务数据缺乏公信力，影响了机构投资者的风险判断；企业债在银行间市场缺乏强制性、持续性和规范化的信息披露约束。

中期票据审核并不是实质意义上的注册制。其业务流程基本参照核准程序，所谓的注册制只是放松了的核准制；注册专家库成员基本上全部来自业界，由利益相关方进行同业审核，巨大的利益冲突将使审核过程形同虚设；与企业债券相似，在短期融资券和中期票据出现违约风险时，中国人民银行会要求商业银行用银行贷款进行转贷处理，相当于存在银行的隐性担保。例如，2006 年 3 月，福禧投资控股有限公司发行了 1 年期短期融资券 10 亿元。四个月后，其实际控制人张荣坤受上海社保案牵连，违约的短期融资券由相关商业银行代为偿付。

相比而言，2015 年证监会对公司债券的发行管理的新规更加市场化，在规则的统一上做了如下尝试：①规则上统一，将适用证券公司债券发行的规定也纳入统一适用，将发行范围扩大至所有公司制法人。《公司债券发行与交易管理办法》规定的非公开发行公司债券，将原有的中小企业私募债券也纳入监管范围，实际上是将原来分散的针对不同主体的各类公司信用债券发行规则进行了统一。②丰富债券发行方式，对债券公开发行与交易、非公开发行与转让做出专门规定，全面建立非公开发行制度。③加强债券市场监管，强化了信息披露、承销、评级、募集资金使用等重点环节监管要求。同时强化债券持有人权益保护，规定债券受托管理人和债券持有人会议制度，并对契约条款、增信措施做出引导性规定。

如上所述，审核标准不统一所导致的债券监管竞争，容易引发发行主体的监管套利行为，监管标准较低的产品和市场能够在一定时期内获得较快发展，但同时也会形成风险洼地，导致风险的集中积聚。这种情况不利于公司信用债券的长期稳定健康发展。

第五章 公司债券私募制度的国际比较[①]

第一节 各地区私募公司债券的监管框架与发展概况

不同国家和地区的债券市场由于发展路径不同、所处制度环境和法律体系不同，私募债券的监管体系及历史演变存在很大的差异。本章以美国、英国、印度、中国台湾为主要研究对象，详细比较私募公司债券监管框架和债券发行特征，其中债券发行特征主要从发债主体、债券评级、发债期限等方面进行详细比较。

一、美国

1. 监管框架

美国私募债券市场的演进伴随着三大法规，即 1933 年的《证券法》、1982 年的《D 条例》（Regulation D）与 1990 年的《144A 规则》（Rule 144A）。从开始的豁免注册到允许转让，三个规范互相独立，又互相衔接，分别调整了美国的私募发行市场，引导美国债券市场走向成熟。1933 年《证券法》第 4（2）条规定了私募发行可以豁免注册，由此打开了私募发行的一个口子，但是对什么是私募发行等问题缺乏明确的定义，这使得美国在很长一段时间内都是依靠联邦法院的判例和 SEC 的有关解释来界定私

---

① 本章感谢深圳证券交易所王一萱主任研究员的指导和宝贵建议。

募发行。1972 年 SEC 出台的《144 规则》解决了非公开发行证券转售所涉及的问题，例如是否一律需要注册登记，购买者出售受限制证券的"安全港"（Safe Harbor）等。为了进一步建立私募发行的具体规范，将私募发行的标准加以明文规定，1982 年 SEC 颁布了《D 条例》，该条例中的"506 规则"为《证券法》第 4(2) 条的豁免规定了一个非排他性的安全港，确立了私募发行的证券属于受限制的证券，没有经过注册或者援引其他豁免条件不能转售流通。为了进一步解决私募证券的流动性问题，SEC 于 1990 年在《144 规则》的基础上出台了《144A 规则》，进一步减少了对受限制证券在合格机构投资者之间流通的限制，正是《144A 规则》促成了美国私募发行市场的迅猛发展。

2. 发展概况

（1）美国 144A 债券的融资规模迅速扩大，发行金额和存量余额占比达到 90% 以上，成为私募债券的主要形式。《144A 规则》于 1990 年 4 月生效，最初 3 年发行规模很小，到 1993 年 1 月底，一共只发行了 178 亿美元债券。之后 10 多年，发行规模迅速扩大，2006 年达到顶峰。2006 年基于《144A 规则》的债券发行了 3321 只，融资金额 8760 亿美元，当年私募债券共发行 4267 只，发行金额 9060 亿美元，144A 债券发行数量和金额分别占当年私募债券的 77.8%、96.7%，如表 5-1 和图 5-1 所示。

表 5-1　2006~2015 年私募债券及 144A 债券发行情况

发行年份	发行数量（只）			发行金额（千亿美元）		
	私募债券	144A	144A 占比（%）	私募债券	144A	144A 占比（%）
2006	4267	3321	77.83	9.06	8.76	96.68
2007	3342	3010	90.07	8.61	8.31	96.48
2008	1346	1136	84.40	4.81	4.67	97.02
2009	1266	1063	83.97	6.17	5.98	96.85
2010	1776	1468	82.66	7.85	7.53	95.96
2011	1632	1391	85.23	7.13	6.89	96.60
2012	1803	1439	79.81	7.74	7.45	96.25
2013	1800	1584	88.00	8.01	7.84	97.87
2014	1613	1387	85.99	7.89	7.71	97.72
2015	1431	1197	83.65	7.51	7.34	97.73
总计	20276	16996	83.82	74.78	72.48	96.92

资料来源：Bloomberg。

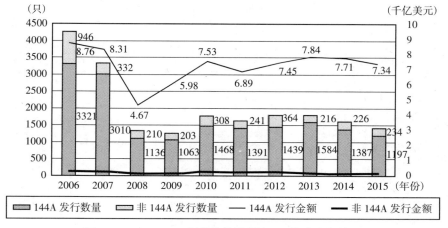

图 5-1 2006~2015 年私募债券及 144A 债券发行情况

从 2016 年 5 月私募债券存量规模来看，未到期债券共计有 10309 只，金额达到 38290 亿美元；其中 144A 债券有 8306 只，约 36810 亿美元。从数量上看，144A 债券占据私募债券存量规模的 80.57%，而其金额占比达 96.13%。144A 债券已占据私募债券的主导地位，如表 5-2 所示。

表 5-2 私募债券市场存量构成（截至 2016 年 5 月底）

私募债券总数（只）	144A 数量（只）	144A 占比	私募债券总额（千亿美元）	144A 金额（千亿美元）	144A 占比
10309	8306	80.57%	38.29	36.81	96.13%

资料来源：Bloomberg。

（2）美国 144A 债券登记的交易场所广泛，交易也相对活跃。从挂牌登记和交易场所地点分布来看，美国 TRACE 占据最大比例，占全部 144A 债券数量的 50.07% 和总金额的 54.57%，此外还有伦敦、卢森堡、都柏林、欧洲多边交易系统、新加坡证券交易所、美国 PORTAL 等交易场所。此外，还有数量上约占 22.15% 的 144A 债券未在交易场所交易，如表 5-3 所示。

表 5-3　2016 年 5 月 144A 债券交易场所分布情况

交易场所	发行数量（只）	数量占比（%）	发行金额（千亿美元）	金额占比（%）
美国 TRACE	4564	50.07	23.52	54.57
伦敦（LONDON）	324	3.55	2.84	6.59
卢森堡（LUXEMBOURG）	727	7.98	4.78	11.09
都柏林（DUBLIN）	484	5.31	2.79	6.47
新加坡 SGX-ST	317	3.48	2.22	5.15
欧洲多边交易系统（Euro MTF）	186	2.04	1.16	2.69
美国 PORTAL	66	0.72	0.16	0.37
未挂牌（Not Listed）	2019	22.15	2.75	6.38
其他	428	4.70	2.88	6.68
总计	9115	100	43.10	100

注：TRACE 系统的全称是"the Trade Reporting and Compliance Engine"（交易报告和合规性检查工具）。由于债券可以在多个交易所同时挂牌，将各个交易所挂牌的债券加总数量为 9115 只，大于之前的 8306 只。

从 TRACE 系统登记的 144A 债券交易情况来看，2009~2011 年交易金额由 7050 亿美元增加到 10470 亿美元，年度交易额呈大幅上升的趋势，2009~2011 年的平均年度换手率达到 67.12%。《144A 规则》对增加市场流动性起到重要作用，如表 5-4 所示。

表 5-4　2009~2011 年 TRACE 登记 144A 债券交易情况

年份	2009	2010	2011
年交易金额（千亿美元）	7.05	9.05	10.47
存量金额（千亿美元）	9.52	13.24	17.73
换手率（%）	74.01	68.33	59.03

注：存量金额由彭博计算而来，选取向 TRACE 报告且符合《144A 规则》的公司债券作为样本。

3. 美国 144A 债券市场的发行特征

（1）发行主体以美国企业为主，美国企业占比 49.5%，其他如欧盟等外国企业数量合计占比为 50.5%。虽然美国企业仍然是《144A 规则》的债券发行主体，但国外企业在美国资本市场发行私募债券的速度在加快。之前，只有实力雄厚的外国企业才有资格在美国资本市场上发行公募债券。在《144A 规则》出台后，美国私募债券市场上的国外发行者开始增多，国别也逐步开始分化，如表 5-5 所示。事实上，便利外国发行人私募债券的转售，正是 SEC 颁布实施《144A 规则》的直接动因之一。

表 5-5　144A 债券发行主体的国别构成（截至 2016 年 5 月）

国家	数量（只）	数量占比（%）	金额（千亿美元）	金额占比（%）
美国（United States）	4109	49 47	14.72	39.99
开曼群岛（Cayman Islands）	564	6.79	1.37	3.72
英国（Britain）	491	5.91	2.35	6.38
澳大利亚（Australia）	253	3.05	1.16	3.15
荷兰（Netherlands）	313	3.77	2.06	5.59
加拿大（Canada）	292	3.52	1.44	3.91
卢森堡（Luxembourg）	256	3.08	1.67	4.54
爱尔兰（Ireland）	142	1.71	0.86	2.34
巴西（Brazil）	87	1.05	0.51	1.39
墨西哥（Mexico）	148	1.78	0.96	2.61
法国（France）	145	1.75	1.21	3.29
德国（Germany）	63	0.76	0.29	0.79
其他（Others）	1443	17.36	8.21	22.30
总计	8306	1C0	36.81	100

（2）从发行主体行业分布看，金融机构、消费品、能源排名前三位，接下来就是原材料、通信、公共设施、工业等，如表 5-6 所示。

表 5-6　144A 债券发行主体行业类别（截至 2016 年 5 月）

行业	数量（只）	数量占比（%）	金额（千亿美元）	金额占比（%）
金融机构（Financials）	3879	46.70	12.2	33.14
消费品（Consumer Discretionary）	851	10.25	3.54	9.62
能源（Energy）	660	7.95	4.21	11.44
原材料（Material）	548	6.60	2.96	8.04
通信（Communications）	506	6.09	3.69	10.02
公共设施（Utilities）	472	5.68	2.08	5.65
工业（Industrials）	450	5.42	2.12	5.76
健康（Health Care）	242	2.91	1.58	4.29
科技（Technology）	183	2.20	1.07	2.91

行业	数量（只）	数量占比（%）	金额（千亿美元）	金额占比（%）
政府（Government）	178	2.14	1.49	4.05
其他（Others）	337	4.06	1.87	5.08
总计	8306	100.00	36.81	100.00

（3）发行期限和剩余期限集中在 3~12 年和 1~6 年两个时间段，如表 5-7 和表 5-8 所示。

表 5-7　144A 债券发行期限结构（截至 2016 年 5 月）

期限构成	数量（只）	数量占比（%）	金额（千亿美元）	金额占比（%）
3 年以下	471	5.67	1.08	2.93
3~6 年	1881	22.65	9.61	26.11
6~9 年	1520	18.30	7.87	21.38
9~12 年	1893	22.79	11.09	30.13
12~15 年	208	2.50	0.39	1.06
15~18 年	182	2.19	0.36	0.98
18~21 年	334	4.02	0.74	2.01
21 年以上	1817	21.88	5.67	15.40
总计	8306	100	36.81	100

从发行期限来看，144A 债券的时间跨度很大，遍布短、中、长期，整体以中长期债券为主，如表 5-7 所示。3~12 年内到期的债券占据大多数，数量占比为 63.74%；金额为 28570 亿美元，金额占比为 77.62%。

从剩余期限看，144A 债券集中在 1~6 年时间段，如表 5-8 所示。1~6 年到期的 144A 债券数量为 4237 只，占比为 51.01%；发行金额为 20630 亿美元，金额占比为 56.10%。

表 5-8　144A 债券剩余期限结构（截至 2016 年 5 月底）

剩余期限	数量（只）	数量占比（%）	金额（千亿美元）	金额占比（%）
1 年以下	660	7.94	1.09	2.96
1~3 年	2174	26.17	9.51	25.86
3~6 年	2063	24.84	11.12	30.24
6~9 年	1162	13.99	7.13	19.39

剩余期限	数量（只）	数量占比（%）	金额（千亿美元）	金额占比（%）
9~12 年	450	5.42	2.08	5.65
12~15 年	152	1.83	0.35	0.95
15~18 年	288	3.47	0.51	1.39
18 年以上	1353	16.29	4.97	13.52
N.A	4	0.05	0.0135	0.04
总计	8306	100	36.77	100

（4）投机级债券数量和金额占比分别为 24.63% 和 37.08%，加上未评级的债券，高收益债券数量占 69.51%，金额占 56.64%。按照标准普尔对 144A 债券的评级情况，截至 2016 年 5 月，AAA 级至 BBB 级的投资级债券数量为 2532 只，金额为 15960 亿美元，数量和金额占比分别为 30.48% 和 43.36%；BB 级以下的投机级债券数量为 2046 只，金额为 13650 亿美元，数量和金额占比分别为 24.63% 和 37.08%；未评级债券共 3728 只，金额达到 7200 亿美元，数量和金额占比分别为 44.88% 和 19.56%。由于未评级债券主要是高收益债，加上 BB 级以下的投机级债，高收益债数量占 69.51%，金额占 56.64%，是 144A 债券的主要组成部分，如表 5-9 和图 5-2 所示。

表 5-9　144A 债券评级情况（截至 2016 年 5 月底）

评级	数量（只）	数量占比（%）	金额（千亿美元）	金额占比（%）	分类	数量（只）	数量占比（%）	金额（千亿美元）	金额占比（%）
AAA	101	1.22	0.98	2.66	投资级	2532	30.48	15.96	43.35
AA	514	6.19	2.36	6.41					
A	864	10.40	5.53	15.02					
BBB	1053	12.68	7.09	19.26					
BB	842	10.14	5.56	15.11	投机级	2046	24.64	13.65	37.09
B	828	9.97	4.57	12.42					
C	318	3.83	3.11	8.45					
D	58	0.70	0.41	1.11					
未评级	3728	44.88	7.2	19.56	未评级	3728	44.88	7.2	19.56
总计	8306	100.00	36.81	100.00		8306	100	36.81	100

注：标准普尔 AA 级包括 AA+、AA、AA-，A 级包括 A+、A、A-；BBB 级包括 BBB+、BBB、BBB-；BB 级包括 BB+、BB、BB-；B 级包括 B+、B、B-；C 级包括 CCC+、CCC、CCC-、CC、C。

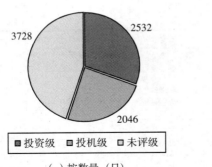

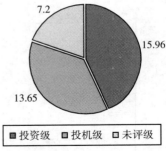

| （a）按数量（只） | （b）按金额（千亿美元） |

图 5-2　144A 不同评级债券的构成

（5）发债规模集中在 1 亿～10 亿美元，而 1 千万美元到 1 亿美元规模的发债数量也占到 23%，对小企业的支持力度较大。144A 债券发行规模不限，小额债券发行甚至低于 1 百万美元，大额债券可超过 10 亿美元。从表 5-10 可以看出，发债规模集中在 1 亿～10 亿美元，共有债券 4941只，发行金额 22700 亿美元，数量和金额的占比分别达到 59% 和 62%；1千万美元到 1 亿美元的小额债券发行数量不少，共有 1932 只，占总数量的 23%，不过总金额偏小；此外 10 亿美元以上大额债券也占据相当比例，数量只有 785 只，仅占 9.45%，但金额达到 13130 亿美元，占总金额的36%，如表 5-10 所示。

表 5-10　2016 年 5 月底 144A 债券发行规模

发行规模	数量（只）	数量占比（%）	金额（千亿美元）	金额占比（%）
1 百万美元以下	62	0.75	0.00	0.00
1 百万～1 千万美元	564	6.79	0.03	0.08
1 千万～1 亿美元	1932	23.26	0.95	2.58
1 亿～10 亿美元	4941	59.49	22.70	61.67
10 亿～20 亿美元	671	8.08	9.78	26.57
20 亿美元以上	114	1.37	3.35	9.10
N/A	22	0.26	0.00	0.00
总计	8306	100.00	36.81	100.00

（6）采用优先级抵押、抵押、公司担保等多种增信方式，在没有抵押和担保的情况下，设置了优先求偿级别，以此保护投资人利益。从债券的信用类别来看，优先级抵押债券、抵押债券和公司担保债券是 144A 债券

的主体，这三类债券共有 3756 只，融资金额为 18940 亿元，金额占比为 51.45%。大部分 144A 债券要么采用抵押担保方式，要么设置优先级条款，以保护投资人的利益，如表 5-11 所示。

表 5-11　144A 抵押担保方式（截至 2016 年 5 月底）

方式	数量（只）	数量占比（%）	金额（千亿美元）	金额占比（%）
无抵押优先级（SR Unsecured）	2243	26.95	11.43	31.05
公司担保（Company Guarnt）	1957	23.52	12.49	33.93
优先级抵押（SR Secured）	1230	14.78	5.02	13.64
抵押（Secured）	569	6.84	1.43	3.88
次级债券（JR Subordinated）	354	4.25	1.96	5.32
无担保债券	354	4.25	0.43	1.17
中期债券（Notes）	343	4.12	0.36	0.98
限制保证债券	191	2.30	0.11	0.30
其他	1081	12.99	3.69	9.73
总计	8322	100	36.81	100.00

4. 小结

美国拥有全球最发达的多层次私募债券市场，其债券私募发行法律经历了 70 多年的演进，尤其是《144A 规则》的出台，体现了美国证券监管"与时俱进"的特征，有力推动了美国私募债券市场的发展。通过对美国 114A 私募公司债券发展特征的分析，我们可以得出如下两点：

第一，《144A 规则》解决了美国私募发债转售问题，遵照《144A 规则》的发债规模迅速扩大。截至 2011 年底发行金额和存量余额占比达到 90% 以上，144A 债券交易场所广泛，交易相对活跃，成为美国私募债券的主要形式。

第二，144A 私募债券的发行特征如下：发债主体广泛，包括美国企业和其他多个国家企业；144A 债券涵盖了投资级和投机级债券，其中高收益债是重要组成部分；债券的发行期限和剩余期限集中在 3~12 年和 1~6 年两个时间段，以中长期为主；发债行业集中在金融机构、消费品和能源，发债规模集中在 1 亿~10 亿美元，1 千万美元到 1 亿美元规模的发债数量也占到 23%，对小企业的支持力度较大；144A 债券采用优先级抵押、抵押、公司担保等多种增信方式，在没有抵押和担保的情况下，设置了优先求偿级别，以此保护投资人利益。

二、英国

1. 监管框架

英国公司债券市场实行"三位一体"监管体制，由欧盟层面的立法规范、英国金融监管局（FSA）统一管理、伦敦证券交易所上市管理及行业自律组成。目前，伦敦证券交易所主板 LSE 和 PSM 是英国重要的私募债市场。

2. 发展概况

英国没有专门的私募债券法规，其私募债的特点是豁免公开发行，即免于提交欧盟募集说明书指令（PD）规定的完整募集说明书，包括 5 个豁免条件，最常用的是发行最小单位面额 5 万欧元或以上的债券免于提交募集说明书。伦敦证券交易所作为欧洲最大和世界上最国际化的证券市场，为私募债券的发行者和投资者提供高效和多层次的零售和批发市场。伦敦证券交易所与英国上市监管局（UKLA）、债券发行人及其顾问密切合作，确保发行程序尽可能快捷、高效。

2003~2007 年，英国伦敦证券交易所私募公司债发行呈现上升的趋势，尤其是 2005 年欧盟募集说明书指令（PD）在英国实施后，很多公司借用了 PD 的公开发行豁免条件，发行了大量的私募债，连续两年发行量增长率达到 100% 以上，并且在 2007 年达到了高峰，当年发行量为 609 亿美元，如图 5-3 所示。2008 年开始，受美国次贷危机的影响，发行量有所回落，但是依然在此后两年连续增长，2010 年达到历史新高 817 亿美元。2011 年开始，由于受到欧债危机对欧洲和英国商业银行等金融机构的冲击，伦敦证券交易所私募债的发行量开始下滑。截至 2016 年 5 月，伦敦证券交易所市场上有 327 只私募公司债券，总金额为 2843 亿美元，发行债券的公司以英国公司为主。

3. 英国伦敦证券交易所私募债的发行特征

（1）发行主体英国企业接近一半，外国企业数量达 57.19%。截至 2016 年 5 月，英国伦敦证券交易所共存续 327 只私募公司债，其中英国企业发行的私募债有 140 只，金额 1173.59 亿美元，分别占英国市场总数的 42.81% 和总金额的 41.27%。加拿大的企业发债规模占据较高比例，约为 7.34%。荷兰、哈萨克斯坦、美国企业发行的私募债占据一定比例，百慕大、开曼群岛也有一定程度的发行量，其他国家非常分散，如表 5-12 所示。

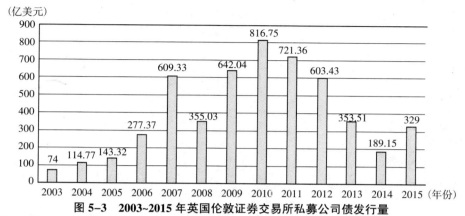

图 5-3　2003~2015 年英国伦敦证券交易所私募公司债发行量

资料来源：发行量数据来自 Bloomberg，汇率数据来自 Datastream。

表 5-12　伦敦证券交易所私募债券发行主体的国别构成

国家	数量（只）	数量占比（%）	金额（亿美元）	金额占比（%）
澳大利亚（Australia）	11	3.36	121.69	4.28
英国（Britain）	140	42.81	1173.59	41.27
加拿大（Canada）	24	7.34	362.19	12.74
开曼群岛（Cayman Islands）	12	3.67	76.11	2.68
哈萨克斯坦（Kazakhstan）	15	4.59	133.75	4.70
荷兰（Netherlands）	19	5.81	152.50	5.36
瑞典（Sweden）	10	3.06	105.39	3.71
土耳其（Turkey）	18	5.50	108.40	3.81
阿联酋（UAE）	14	4.28	132.50	4.66
美国（United States）	19	5.81	158.75	5.58
其他（Others）	45	13.76	318.55	11.20
总计	327	100.00	2843.42	100.00

资料来源：Bloomberg。

（2）从发行主体行业分布看，金融机构、工业、政府排名前三位。表 5-13 给出了 2016 年 5 月发行主体的主要类型，金融机构共有 174 只债券，金额为 1607 亿美元，数量和金额占比分别为 53% 和 56%，位居第一。工业企业紧随其后，发行金额为 231 亿元，占比 8.14%；然后是政府，政府发行数量占比 6.7%、金额占比 7.1%。除了金融机构在发债数量和金额上遥遥领先外，工业、政府与在其之后的主要消费品、能源、原材料等行业差距较小。

表 5-13 伦敦证券交易所私募债发行主体行业分布（截至 2016 年 5 月）

行业	数量（只）	数量占比（%）	金额（亿美元）	金额占比（%）
金融机构（Financials）	174	53.21	1607.53	56.54
主要消费品（Consumer Staples）	21	6.42	179.50	6.31
能源（Energy）	21	6.42	196.50	6.91
原材料（Material）	19	5.81	136.69	4.81
通信（Communications）	17	5.20	111.09	3.91
公共设施（Utilities）	17	5.20	134.90	4.74
工业（Industrials）	27	8.26	231.53	8.14
政府（Government）	22	6.73	202.63	7.13
其他（Others）	9	2.75	43.07	1.51
总计	327	100.00	2843.44	100.00

资料来源：Bloomberg。

（3）发行期限和剩余期限集中在 3~12 年和 1~9 年两个时间段。从发行期限来看，伦敦证券交易所私募债券时间跨度大，12 年以下的中短期债券占比最高。其中，9~12 年的数量占比最大，达到 35.47%；同时金额占比也最大，达到 36.32%。紧随其后的是 3~6 年的债券，共有 103 只，数量占比 31.50%，金额占比 35.88%。21 年以上长期债券的数量和金额占比分别为 17.13% 和 17.31%；发行期限在 3 年以下的债券很少，数量和金额占比均未达到 2%，如表 5-14 所示。从剩余期限来看，1~3 年的债券占大多数，数量和金额占比分别为 39.14%、38.14%，表明 3 年内到期债券数量最高，其次是 3~6 年内到期债券，如表 5-15 所示。

表 5-14 伦敦证券交易所私募债券发行期限结构（截至 2016 年 5 月）

期限构成	数量（只）	数量占比（%）	金额（亿美元）	金额占比（%）
3 年以下	6	1.84	27.30	0.96
3~6 年	103	31.50	1020.28	35.88
6~9 年	32	9.79	211.25	7.43
9~12 年	116	35.47	1032.60	36.32
12~15 年	4	1.22	36.68	1.29
15~18 年	6	1.83	17.64	0.62
18~21 年	4	1.22	5.43	0.19
21 年以上	56	17.13	492.24	17.31
总计	327	100.00	2843.42	100.00

资料来源：Bloomberg。

表 5-15　伦敦证券交易所私募债券剩余期限结构（截至 2016 年 5 月）

剩余期限	数量（只）	数量占比（%）	金额（亿美元）	金额占比（%）
1 年以下	4	1.23	56.55	1.99
1~3 年	128	39.14	1084.50	38.14
3~6 年	83	25.38	772.57	27.17
6~9 年	44	13.46	328.17	11.54
9~12 年	9	2.75	86.55	3.04
12~15 年	4	1.22	21.03	0.74
15~18 年	5	1.53	35.25	1.24
18 年以上	49	14.98	441.29	15.52
N/A	1	0.31	17.50	0.62
总计	327	100.00	2843.42	100.00

资料来源：Bloomberg。

（4）按照标普的评级情况，截至 2016 年 5 月，伦敦证券交易所 AAA 级至 BBB 级的投资级债券数量为 163 只，金额为 1413.74 亿美元，数量和金额占比分别为 49.85% 和 49.72%；BB 级以下的投机级债券数量为 68 只，金额为 536.77 亿美元，数量和金额占比分别为 20.79% 和 18.88%；未评级债券共 96 只，金额达到 850.71 亿美元，数量和金额占比分别为 29.36% 和 31.4%。可以看出，投资级债券是英国私募市场的主要组成部分，如表 5-16 所示。

表 5-16　伦敦证券交易所私募债券的评级情况（截至 2016 年 5 月）

评级	数量（只）	数量占比（%）	金额（亿美元）	金额占比（%）	分类	数量（只）	数量占比（%）	金额（亿美元）	金额占比（%）
AAA	17	5.20	169.62	5.96	投资级	163	49.85	1413.74	49.72
AA	27	8.26	246.15	8.66					
A	46	14.07	414.15	14.57					
BBB	73	22.32	583.82	20.53					
BB	54	16.51	460.27	16.19	投机级	68	20.79	536.77	18.88
B	11	3.36	63.00	2.22					
C	3	0.92	13.50	0.47					
未评级	96	29.36	850.71	31.40	未评级	96	29.36	850.71	31.40
总计	327	100.00	2843.42	100.00	总计	327	100.00	2843.42	100.00

注：标准普尔 AA 级包括 AA+、AA、AA−，A 级包括 A+、A、A−；BBB 级包括 BBB+、BBB、BBB−；BB 级包括 BB+、BB、BB−；B 级包括 B+、B、B−；C 级包括 CCC+、CCC、CCC−、CC、C。
资料来源：Bloomberg。

（5）私募债发行规模集中在 1 亿~10 亿美元，10 亿美元以上的债券占比也较大。从表 5-17 可以看出，从数量上来看，伦敦证券交易所私募债发行规模在 1 亿美元到 10 亿美元的占比最高，达到 66.67%，其次是 10 亿美元到 20 亿美元，达到 22.94%，反映出英国私募债市场主要是为规模较大企业提供融资。

表 5-17　2016 年 5 月底伦敦证券交易所私募债券存量规模分布

发行规模	数量（只）	数量占比（%）	金额（亿美元）	金额占比（%）
1 百万美元以下	0	0.00	0	0.00
1 百万~1 千万美元	4	1.22	0.24	0.01
1 千万~1 亿美元	18	5.50	10.82	0.38
1 亿~10 亿美元	218	66.67	1383.44	48.65
10 亿~20 亿美元	75	22.94	1131.35	39.79
20 亿美元以上	12	3.67	317.58	11.17
总计	327	100.00	2843.42	100.00

资料来源：Bloomberg。

（6）私募债采用无抵押优先级、公司担保、优先级抵押等多种增信方式。从伦敦证券交易所私募债券的信用类别来看，无抵押优先级债券、公司担保债券和担保债券构成私募债的主体，这三类债券共有 243 只，存量金额为 2076 亿美元，数量和金额占比分别约为 74% 和 73%。其中，无抵押优先级债券有 116 只，数量和金额占比分别约为 35% 和 29%，如表 5-18 所示。

表 5-18　伦敦证券交易所私募债券抵押担保方式（截至 2016 年 5 月）

方式	数量（只）	数量占比（%）	金额（亿美元）	金额占比（%）
无抵押优先级	116	35.47	821.55	28.89
公司担保债	89	27.22	696.07	24.48
政府担保债	19	5.81	133.68	4.70
担保债	38	11.62	558.39	19.63
次级债	23	7.03	274.30	9.65
次低级债	13	3.98	139.00	4.89
资产抵押债券	6	1.84	15.67	0.55
优先级抵押债	6	1.84	59.13	2.08
限制保证债	4	1.22	21.24	0.75
抵押担保	4	1.22	19.49	0.69

续表

方式	数量（只）	数量占比（%）	金额（亿美元）	金额占比（%）
中期债券	2	0.61	55.00	1.93
转付凭证	2	0.61	5.88	0.21
其他	5	1.53	44.04	1.55
总计	327	100.00	2843.42	100.00

资料来源：Bloomberg。

4. 小结

通过对英国伦敦证券交易所私募公司债券发展特征的分析，我们可以得出如下两点：

第一，英国私募债券市场是欧洲债券市场的重要组成部分，它的演进和发展体现了欧盟监管框架下原则性和灵活性的统一，突出地反映在伦敦证券交易所私募债券市场的结构设计上。这种设计丰富了私募债券市场的层次，增强了交易所的作用。截至 2016 年 5 月，伦敦证券交易所市场上有 327 只私募公司债券，主要在伦敦证券交易所主板市场上市，只有少数在 PSM 上市。

第二，英国伦敦证券交易所私募债的发行特征：发债主体广泛，以英国企业为主；涵盖了投资级和投机级债券，其中高收益债是重要组成部分；债券发行期限和剩余期限集中在 3~12 年和 1~9 年两个时间段；发行主体行业集中在金融机构与工业等行业，发债规模集中在 1 亿~10 亿美元，10 亿美元以上的债券也占有较大比例；债券采用了无抵押优先级、公司担保、优先级抵押等多种增信方式。

三、印度

1. 监管框架

印度公司债券市场主要是由印度证券交易委员会（SEBI）进行监管。SEBI 正式成立于 1992 年 2 月，具体负责对印度国内公司债券、股票、权益类资本市场衍生工具和投资基金等市场进行监管。在公司债券的发行过程中 SEBI 承担着注册登记、组织及协调管理的职责，它被印度国会授权具有对公司债券发行主体进行检查、质询和审计并受理申诉、对争议进行仲裁以及处罚市场违规者的权力，是印度公司债券市场的直接监管主体。

2. 发展概况

私募公司债是印度公共部门和私人部门融资的一个非常重要的途径。在印度公司债市场上，公开发行的比例非常小，大部分公司债的发行都是通过私募进行的。根据印度央行的统计数据，如表 5-19 所示，私募债发行囊括了公共部门和私人部门，在 2013 年 4 月到 2014 年 3 月私募债的发行数量达到 1372 只，发行金额达到 39918 亿卢比，发行主体以金融企业和公共部门为主；而在 2014 年 4 月至 2015 年 3 月私募债的发行数量增加到 2656 只，发行金额增加到 44648 亿卢比，非金融企业私募债融资增长近 3 倍，达到 9318 亿卢比。

表 5-19　印度公司债券私募发行市场特征

单位：只，十亿卢比

	2013 年 4 月至 2014 年 3 月		2014 年 4 月至 2015 年 3 月	
	数量	额度	数量	额度
1. 私人部门（a+b）	1012	1213.27	2436	2770.18
a）金融	862	875.29	1901	1838.42
b）非金融	150	337.97	535	931.76
2. 公共部门	360	2778.52	220	1694.66
3. 总和（1+2）	1372	3991.79	2656	4464.84

资料来源：印度央行，Reserve Bank of India，RBI。

印度私募债由来已久，从 1990 年开始已经在印度债券市场上占据主导地位。2007~2015 年，印度私募债市场呈现明显的上升趋势。根据印度央行的统计数据，2007~2008 年，发行的私募债券为 744 只（118485 千万卢比），而 2015~2016 年，发行的私募债券为 2975 只（458073 千万卢比），如图 5-4 所示。

3. 印度上市私募债发行与交易特征

（1）印度私募债的发行上市主要集中在国家证券交易所（NSE）和孟买证券交易所（BSE），发行数量和金额增长很快。根据 SEBI 的披露，2007~2015 年，私募公司债的发行如表 5-20 所示。2007~2015 年，除了 2013 年短暂回调外，印度私募债发行数量不断上升。2012 年前 NSE 上市的私募债数量和发行金额都高出 BSE，2013 年 BSE 上市的私募债数量开始反超，发行金额也开始逐渐逼近。而在两个交易所同时上市的私募债数量占比较低，但发行金额较大。

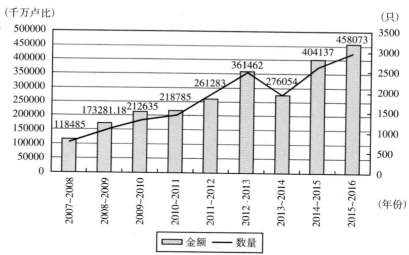

图 5-4 2007~2016 年印度私募债发行数量与发行额

资料来源：印度央行，Reserve Bank of India，RBI。

表 5-20 2007~2015 年印度私募债发行数量和金额

单位：只，千万卢比

年份	只在 NSE 上市		只在 BSE 上市		在 NSE 和 BSE 同时上市		总数	
	数量	金额	数量	金额	数量	金额	数量	金额
2007	583	80148.35	98	9557.17	50	15988.4	731	105693.9
2008	680	113083.6	228	15457.8	56	14545.5	964	143086.9
2009	599	132024	471	32282.9	45	38245.2	1115	202552.2
2010	781	168389	639	58821.7	40	10615.9	1460	237826.5
2011	1009	168163.3	753	60330.4	16	14611.7	1778	243105.5
2012	1305	203946	956	67443	77	65007	2338	336396
2013	914	157162.6	1059	79567.5	100	62926	2073	299656.1
2014	1049	158244.6	1323	97863.1	108	87354.1	2480	343461.8
2015	1309	203836.5	1532	150113.3	112	122362	2953	476311.8

注：NSE 表示印度国家证券交易所；BSE 表示孟买证券交易所。1 千万卢比约等于 20 万美元左右。

（2）上市私募债的发行期限以中长期为主。由表 5-21 可见，孟买证券交易所私募债的发行期限主要集中在 1~5 年和 5~10 年的中长期债券，分别占到发行数量的 45% 和 25%，1 年以内的短期私募债很少，数量占比为 3%，而 15 年以上的超长期债券也不到 8%。

表 5-21 孟买证券交易所私募债的发行期限特征

发行期限	数量（只）	占比（%）
1 年以下	68	3.11
1~5 年	994	45.39
5~10 年	537	24.52
10~15 年	422	19.27
15~20 年	125	5.71
20~25 年	15	0.68
25~30 年	12	0.55
30 年以上	11	0.50
N/A	6	0.27
总计	2190	100

（3）上市私募债以投资级为主，尤其集中于 AA 级，超过了 60%，而高收益债券只有 2% 左右。从表 5-22 可以看出，孟买证券交易所私募债的信用评级主要集中在 AAA 级和 AA 级，分别占到发行数量的 19% 和 61%，信用评级在 BB 级以下的高收益债不超过 1%。可见印度的私募债仍以投资级债券为主。

表 5-22 孟买证券交易所私募债的信用评级特征

评级结果	数量（只）	占比（%）
AAA	402	18.36
AAA-	1	0.05
AA+	581	26.53
AA	424	19.36
AA-	322	14.70
A+	195	8.90
A	122	5.57
A-	53	2.42
BBB+	18	0.82
BBB	20	0.91
BBB-	8	0.37
BB+	3	0.14
BB	9	0.41
BB-	4	0.18
C	1	0.05

续表

评级结果	数量（只）	占比（%）
无	27	1.23
总计	2190	100.00

注：参与孟买交易所债券评级的公司有 Fitch，Crisil，Care，ICRA，BWR。有的公司被多个评级公司评级，有的出现了不同的评级结果，对此，处理方式采取了一定的优先顺序，Fitch 优先，其次 Crisil，再次 Care（因为考虑到 Fitch 在全球的地位，发生重复评级的 Crisil 与 Fitch 更接近，所以它第二优先；剩下 3 个，Care 评级的公司最多，所以它是第三优先）。

（4）印度私募公司债券场内外交易比较均衡，交易所债券市场非常重要。印度的私募公司债主要在印度国家证券交易所、孟买证券交易所和场外市场进行。交易所上市私募公司债在二级市场仍具有重要地位。2014年，印度国家交易所和孟买证券交易所私募债的交易额为 88983 亿卢比，超过了场外市场 FIMMDA 的私募债交易量，如表 5-23 所示。

表 5-23　2007~2015 年印度公司债交易市场结构

单位：只，千万卢比

年份	BSE		NSE		FIMMDA[①]		总额	
	交易数量	交易金额	交易数量	交易金额	交易数量	交易金额	交易数量	交易金额
2007	14040	50733	3029	24670	1774	10943	18843	86345
2008	7618	31301	3468	34316	8920	49922	19959	115345
2009	8316	52030	12247	132456	13259	116985	33822	301472
2010	4794	44186	9493	165541	33134	434115	47438	643896
2011	6039	47166	7422	154042	31807	341833	45268	543040
2012	8008	44882.5	20753	242333.3	33621	392122.4	62382	679338.2
2013	9654	94331.48	22067	293590.6	41303	601154	73024	989706.1
2014	16110	178670.7	46829	711155.8	9297	131119	72236	1020946
2015	16771	214641.9	55499	835739.2	—	—	72272	1050381

注：2012 年为 1~8 月的数据，FIMMDA 是印度公司债券场外市场的报告平台。此表交易量绝大部分是指私募公司债券，含有很少量的公募债券。
资料来源：SEBI。

---

① 印度固定收益金融市场与衍生品协会（FIMMDA）成立于 1998 年，是由商业银行、公共金融机构、主要交易商及保险公司自发成立的一个针对债券、货币及衍生品的市场主体。FIMMDA 为其成员提供了一个公司债券的报告平台，成员可以在这个平台上报告公司债券的交易量、收益、价格等信息。

4. 小结

通过对印度私募公司债券发展特征的分析，我们可以得出如下两点：

第一，印度公司债券市场的监管主体主要由印度证券交易委员会（SEBI）、印度国家证券交易所和孟买证券交易所等机构组成。在印度公司债市场上，公开发行比例非常小，几乎所有公司债券都是通过私募发行的。因此，私募债券是印度公司债券市场的主体。

第二，印度私募债的发行与交易特征：发行数量与金额不断上升，占全部所发公司债券的 99%；发行期限主要集中在 1~5 年和 5~10 年的中长期债券；交易所挂牌私募债的信用评级主要集中在 AAA 级和 AA 级；交易所上市私募债的交易在公司债二级市场具有重要地位。

四、中国台湾地区①

1. 监管框架

长期以来，中国台湾地区的证券法律对私募发行都未予明确规范，在证券业界、学界等多方推动下，经过持续数年的努力，中国台湾地区于 2001 年10 月通过并颁布了"公司法"修订案，又于 2002 年 1 月通过了"证券交易法"修订案，并于 2002 年 2 月起公布实施。"公司法"中增订有关公司债私募的规定，"证券交易法"中增订的私募条款更不限于普通公司债。

2. 发展概况

依据中国台湾地区金管会证券期货局网站所披露的信息，截至 2012年 4 月底，尚在存续期间的私募普通公司债，共计有 38 期，总额为新台币 723.59 亿元。表 5-24 列示了 2007~2012 年上半年中国台湾地区私募公司债发行的基本情况。

3. 中国台湾地区私募公司债的发行特征

（1）发行主体以大型上市公司、公营企业为主。如图 5-5 所示，2007年，中国台湾地区电力公司发行两期私募债，合计达 150 亿新台币，占全年发行总量的 91.7%；其他如东凯、致恩科技、敬得科技、国巨、樱花建设、崴宇、得利影视、系微、东森电 9 家公司发行的 17 期私募债总额只有 13.6 亿新台币，占比仅为 8.3%。其他年份亦与此类似。

---

① 此部分感谢深圳证券交易所戴益文经理数据和资料的整理。

表 5-24 2007~2012 年上半年各年份中国台湾地区发行私募公司债基本情况统计①

年份	发行企业数量（家）	发行期数	发行总额（万元新台币）
2007	11	19	1636050
2008	8	16	2981000②
2009	5	8	1347859
2010	4	7	539090
2011	4	5	83000
2012	2	5	1567900③
合计	24	60	8154899

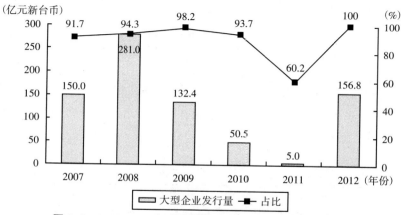

图 5-5 2007~2012 年中国台湾地区私募公司债发行结构

　　大型上市公司如华航、阳明海运以及公营非上市公司台湾电力、输出入银行、中油等多次发行私募债，而中小企业发行期数较少。如华航分别于 2009 年、2010 年、2012 年发行 4 期、3 期与 1 期私募债，台湾电力分别于 2007 年、2008 年、2011 年发行 2 期、4 期与 1 期私募债；而中小型

① 此表中数据由中国台湾地区柜买中心债券组提供。柜买中心提供的统计资料，限于 2007 年后的发行数据，2001~2007 年的数据无法获得。
② 2008 年的统计数据中因输出入银行发行的 1 期私募公司债数额不详，总发行金额应大于现有的统计数字。不过，2008 年输出入银行共发行 4 期私募债，其中 3 期的发行金额分别为 10 亿元新台币、10 亿元新台币与 7 亿元新台币，第 4 期的金额估计亦不会过大，因此，预计 2008 年的总发行金额约为 300 亿元新台币。
③ 2012 年数据截至 2012 年 5 月底。

企业除东森电于 2007 年发行 7 期共 2.46 亿元新台币私募债，其他则基本只发行 1~2 期，且很少在其他年份再次发行。

另外，非上市（柜）中小企业仅有 4 家，共发行 4 期，合计不足 7 亿元新台币，在总体中占比不足 1%。

（2）发行企业中，电子、机械、材料、电力器材等制造业企业占比较高。2006~2012 年 4 月发行私募公司债的 24 家企业中，有 14 家企业主要从事电子、机械、材料等制造方面的业务，其余 10 家企业，分属于电力（1 家）、运输（2 家）、油气（1 家）、文化与软件服务业（2 家）、金融（2家）、租赁（1 家）、房地产（1 家）行业。这与中国台湾经济中企业的行业结构大致是一致的，在中国台湾地区，制造业占比较大，电子与机械制造企业数量众多，其产值在总产出中占比较高。

（3）大型企业与中小企业发行的私募债在期限结构与利率方面分化显著。表 5–25 显示，私募公司债的发行期限多集中在 1~5 年，但大型企业与中小企业发行的私募债分化显著。大型上市公司、公营企业发行的私募债年限较长，都在 3 年以上，多数超过 5 年，7~10 年期的也为数不少；中小企业发行的私募债期限多为 2 年以下。

表 5–25　中国台湾地区私募债发行期限结构分布

期限结构	只数
1 年及以下	9
1~3 年	20
3~5 年	20
5~10 年	11

（4）私募公司债不存在有组织的转让市场，且基本处于无监管的境地。在中国台湾地区，私募公司债不在台交所或柜买中心进行挂牌交易；因规模有限，也没有类似于美国的 PORTAL 市场、券商柜台交易市场等成形的转让市场[1]。

---

[1] 就私募公司债转让市场的问题，笔者曾详细询问过中国台湾地区柜买中心固定收益组专业人士，首先可以肯定私募公司债不在台交所或柜买中心挂牌交易；另外，他们也未听说过有其他成形、具有一定规模的私募公司债转让市场存在。

4. 小结

通过对中国台湾地区私募公司债券发展特征的分析，可以得出如下两点：

第一，发行主体以大型上市公司、公营企业为主，发行企业中，电子、机械、材料、电力器材等制造业企业占比较高；大型企业与中小企业发行的私募债在期限结构与利率方面分化显著。

第二，总体来看，中国台湾地区私募公司债市场发展较为有限。经过10余年发展，与公募市场相比，私募公司债市场的发行规模与存量仍然有限。

第二节　各地区私募公司债券发行制度安排比较

一、私募债券混合发行体制的界定

1. 债券混合发行机制的属性

债券的发行体制依据是否向公众发行分为私募发行与公开发行。而私募发行依据不同的要素又分为纯私募发行与混合发行。混合发行具有公开发售及私募发行的混合特征，如有二级市场交易的私募发行。虽然各国（或地区）在具体条件和要求上差异很大，但混合发行制度必须有以下两个属性：①豁免提交一个完整的募集说明书；②尽管有投资者资格的限制，但可获准进入二级市场交易。

2. 债券混合发行体制的关键要素

混合发行制度的界定包含 6 个关键要素：投资者、向监管者提供发行文件、监管部门的批准、二级市场交易、持续披露和反欺诈条款。表 5-26 比较了混合发行制度、纯公开和纯私募发行制度的主要特点。

（1）投资主体的要求。混合发行制度下的投资主体通常仅限于合格投资者，其中包括机构投资者，或者了解证券市场知识的高净值投资者。相比之下，纯私募发行通常限制投资者的人数（例如低于 50)，而不是投资者的类型。而纯公募发行没有投资者人数的限制。

（2）提交发行文件以及监管部门的批准。有些混合发行制度已取消所有向监管者提交发行文件的要求并且无须监管部门的批准，这已经很接近纯私募发行制度。还有一些要提交一个简化的发行文件或通知监管者，这不需要任何批准（或者获自动批准）。另外一些需要提交一些文件，只有发行人决定债券在交易场所挂牌的时候才需要批准。相比之下，纯私募发行制度通常并不需要任何文件提交给监管机构，在极少数情况下，可能要求一个基本的信息公告，但并非为获得批准，只是向监管机构提供信息。纯公募发行制度要求提交全面的募集说明书，还需要彻底的审查和监管机构的批准。

（3）二级市场交易。混合发行制度的另一个重要特点是可以方便地进入二级市场交易。虽然交易通常被限定在符合一级市场初次购买债券的同等级投资者之间，即合格投资者，如机构投资者或高净值投资者，但二级市场比较活跃。相比而言，纯私募发行制度一般高度限制交易，而纯公开发行制度允许不受限制的交易。混合发行和纯私募发行制度的交易多在场外市场（OTC）进行，纯公开发行通常在交易所交易。

表 5-26　纯私募、纯公募和混合发行债券制度的比较

特征	纯私募	纯公募	混合发行
投资者	通常有数量的限制 有时候根据专业程度受到限制	在数量上没有限制 对机构、专业和零售投资者都公开	通常根据专业程度受到限制 通常只有合格或机构投资者才有资格 有时候也有数量的限制
向监管者提供的发行文件	通常没有[2]	提交全面的募集说明书	免于提交全面的募集说明书 有时候要求一个简化的，或简单募集说明书，或者一个基本的信息公告
监管部门的批准	不需要	需要 批准的时间不一，但需要由监管机构进行彻底审查	通常不需要 如果需要，通常是自动的或者只有几天
二级市场交易	高度受限制 如果有交易的话在场外市场	不受限制 交易所和场外市场	通常仅限于合格投资者，但在这群投资者之间可自由交易 经常在场外市场
持续披露要求	没有	全面要求	通常是简化的要求
反欺诈条款[1]	通常不适用	适用	通常适用

① 反欺诈条款由监管机构执行，指发行人和中介机构的责任，来确保在发行过程和发行文件中提供准确和真实的信息，不误导投资者。
② 尽管私募发行的发行人通常不要求向证券监管机构提交任何材料，他们却要向目标投资者提供发行文件。文件的内容基于市场惯例，通常在发行人和投资人之间达成一致，而不是由监管机构强制规定。

（4）信息披露的要求。混合发行机制的发行人通常需要遵从简化的持续披露要求，公开挂牌则需要符合绝大部分要求，类似于公募发行条件。纯私募发行通常不需要任何持续披露。

（5）反欺诈条款。混合发行制度和公开发行制度一样，通常保持反欺诈条款，关于在发行文件或发行过程中做出虚假或误导性陈述（如美国证券交易委员会规则 10b-5）的具体惩罚规定由证券监管机构执行，使发行人及中介机构对提供的发行材料的准确性和真实性负责。这些规定提供了重要的保护，对机构投资者尤为宝贵。

总而言之，纯公募发行制度，体现了最广泛的分销和最大程度的投资者保护，但其初始门槛和持续的信息披露要求对于发行人来说繁重且昂贵，尤其是对于规模较小、不够成熟的企业，影响了其债券融资的积极性。纯私募发行制度有着最小范围的分销，对投资者提供了最少的保护。虽然它授予发行人最快捷的债券融资方式，但其有限信息披露和受限制交易降低了投资吸引力。混合发行制度最大限度地减少了监管负担和发债成本，同时通过一定程度的投资者保护来促进二级市场交易，尽可能吸引目标投资者。

二、发行条件

在美国、英国、印度和中国台湾地区，主管部门对私募公司债券的发行条件都有不同程度的规定。目前美国、英国和印度实行的是以混合发行制度为主，而不是纯粹的私募制度。这样的发行制度包括了公开发行和私募发行的要素，但是豁免提交一个完整的招股说明书。各个地区对私募公司债的发行金额、发行对象和人数有不同的具体规定，具体如表 5-27 所示。下面分别对各地区进行具体阐述。

表 5-27　各地区私募公司债券发行条件对比

	发行金额	发行对象和人数
美国	《D 条例》无限制	获许投资者无人数限制+具有风险识别能力的非获许投资者不超过 35 名
英国	无限制	除合格投资者之外，每个成员地区，发行证券只涉及少于 100 个自然人和法人
	最小面额至少为 50000 欧元	无人数限制

续表

	发行金额	发行对象和人数
印度	无限制	除金融机构和非银行金融机构外，最多向 50 个自然人发行
中国台湾地区	无限制	①经主管机关核准的法人或组织；②符合主管机关所规定条件的自然人、法人或基金；③该公司或其相关企业的董事、监察人及经理人。后两类合计人数不多于 35 人

1. 美国的私募发行条件主要体现于《证券法》第 4(2) 条和《D 条例》506 规则

美国目前的混合私募债券制度由《证券法》第 4(2) 条和《D 条例》506 规则构成的"发行豁免"，以及引入了规则 144 和 144A 的"交易豁免"制度共同组成，其明细的发行条件主要遵从《D 条例》506 和 144 部分规则。

美国私募发行最早在 1933 年的《证券法》中体现，规定了非公开发行的招股说明书豁免。后来在 1982 年《D 条例》中，采用了一个针对私募发行的非排他性的"安全港"规则，对私募发行豁免证券提出了明确要求。如果证券出售给无限数量的获许投资者和不超过 35 个有经验的投资者，《D 条例》的第 506 条规则允许公司筹集无限量的资金，而无须提交招股说明书。但《D 条例》下发行的证券被归类为受限证券，受到持有期 1 年的限制，不能完全自由交易。

2. 英国的私募发行条件遵从欧盟颁布的 PD 指令

英国的私募发行制度主要采用了欧盟框架下的 PD（2003/71/EC），这一指令在 2005 年生效，对发行金额、发行对象等做出了明确的规定。欧盟私募发行制度的有趣之处在于，虽然规定了 5 个豁免募集说明书的条件，但最常用和首选的条件是"最小面额在 50000 欧元或以上的债券免于提交募集说明书"。因为它最容易控制，基本上是硬性规定在了发行中，高面额主要是为了防止证券被零售投资者购买和交易。此外，英国能让发行符合豁免的条件还包括向少于 100 个投资者的发行。

3. 印度证券交易委员会 2008 年的《债券发行和上市规则》规定了私募发行条件

印度早在 1956 的《公司法》第 67 条（3A）中提到债券如果只对特定对象发行，且特定对象的人数不超过 50 个自然人，那么该债券发行不构成公开发行，但是非银行金融机构及 1956 年公司法案条款（4A）规定的公共金融机构不受 50 人条款的限制。此外，发行人必须从已在 SEBI 登记的信用评级机构获得一个信用评级。印度 2008 年推出公司债券的上市私募，发行条件体现在《债券发行和上市规则》中。这种制度有私募发行的相对灵活性，但仍能向投资者和监管机构提供一定程度的保护。这同时也是增加整个公司债券市场透明度的一个尝试，这个市场推出后非常成功，已经在私募发行市场占据大部分份额。

4. 中国台湾地区"证券交易法"规定私募对象、人数和金额

中国台湾地区"证券交易法"规定了三类发行对象，即银行业、票券业、信托业、保险业、证券业等金融机构；符合主管机关所规定条件的自然人、法人或基金；该公司或其相关企业的董事、监察人及经理人。除金融机构外，后两类特定人控制在 35 人以内。另外，还对普通公司债的私募金额上限做了相关规定，即全部资产减去全部负债余额的 400%。

三、合格投资者

美国、印度和中国台湾地区的合格投资者大致都分为两大类：金融机构投资者和高净值个人。而英国除了上述两大类合格投资者之外，还有一部分中小企业也可以投资私募债券。各地区合格投资者的具体规定如表 5-28 所示。

1. 美国私募债根据发行和转售的投资人范围不同分为"获许投资者"和"合格机构购买者"

在美国，依据私募债券发行和转售的环节不同，对合格投资者规定了不同的门槛。《D 条例》主要从私募债的发行销售上认定了"获许投资者"（Accredited Investors），它列于证券法，侧重于强调购买人的资质问题；而《144A 规则》针对私募债的转让和交易，主要是为了进一步放宽私募证券的转售限制，活跃私募交易市场，因此对合格投资者有着更高的要求，对于符合要求的投资人确定为合格机构购买者（Qualified Institutional Buyers），具体如表 5-28 所示。

2. 英国私募债的合格投资者除金融机构和高净值个人外还包括中小企业

在英国，私募发行中涉及的合格投资者包括以下两类，并且对合格投资者无人数限制。第一类为根据 2003 指令中 Article 2.1（e）（i），（ii）或

(iii) 规定的机构或个人。第二类为在 FSA 87R 下登记的投资者，包括满足 2003 指令中相关条件的个人和在英国境内注册的中小企业。

3. 印度上市私募债券的合格投资者为机构投资者和高净值个人

在印度，私募债券的发行和交易只能在合格的机构投资者（Qualified Institutional Investors，QIIs，DIP 第 8 页）和高净值个人（High Networth Individuals，HNIs）之间进行，具体如表 5-28 所示。

4. 中国台湾地区规定私募债券的合格投资者类似美国的"获许投资者"

在中国台湾地区，"证券交易法"规定了私募的合格投资者限于三类"特定人"（见表 5-28）。中国台湾地区"证券交易法"对应募人资格做出明确限制，所规定的资格，相当于美国 506 规则中的获许投资者。另外，中国台湾地区证券交易法严格排除不具备所规定要件的自然人、法人、基金等参与私募的可能。

表 5-28　各地区对合格投资者的规定

各地区法规		对合格投资者的规定
美国	《D 条例》506 规则	《D 条例》① 规定了以下几类投资者为获许投资者（Accredited Investors）： （a）银行、证券经纪商、保险公司、投资基金等金融机构投资者 （b）总资产超过 500 万美元的慈善及教育机构 （c）发行企业的董事、高管及无限责任合伙人（General Partner） （d）任何拥有或与配偶共同拥有资产超过 100 万美元的个人 （e）任何年收入超过 20 万美元的个人及与配偶共同年收入超过 30 万美元的个人 （f）总资产超过 500 万美元的信托等
	《144A 规则》	《144A 规则》② 规定以下几类为合格机构购买者（Qualified Institutional Buyers，QIBs）： （a）任何拥有并自主投资至少 1 亿美元于非关联人证券的保险公司、共同基金、养老基金等机构投资者 （b）任何拥有并自主投资至少 1 千万美元于非关联人证券的证券经纪商 （c）任何拥有并自主投资至少 1 亿美元于非关联人证券，并拥有 2500 万美元净资本的银行等

---

① 对合格投资者的规定也同样见于 1933 年《证券法》，不过其规定过于笼统，《D 条例》与《证券法》并列，但侧重于强调购买人资质问题，本处《D 条例》的中译引用参见卞耀武《美国证券交易法律》。
② 《144A 规则》主要是为了进一步放宽私募证券的转售限制，活跃私募交易市场，因此对合格投资者有着更高的要求。

续表

各地区法规		对合格投资者的规定
英国	根据 2003 指令中 Article 2.1（e）（i）、（ii）或（iii）规定的机构或个人	合格的机构投资者包括：①授权可从事金融活动的机构，例如信贷机构、投资银行、养老基金、保险公司、集合投资计划及其管理公司、商品交易商；②未获得授权但只从事证券投资活动的机构；③各国政府、中央银行、国际组织（例如 IMF、欧洲央行等） 合格的个人投资者需满足下列条件之二：①过去 4 个季度里，平均每个季度都有 10 次以上的证券交易行为；②金融资产总额超过 50 万欧元；③在金融机构的专业职位至少工作 1 年以上，具有丰富的金融专业知识
	在 FSA 87R 下登记的投资者，包括满足 2003 指令中相关条件的个人和在英国境内注册的中小企业	欧盟 2003 指令中规定的中小企业必须满足下列条件之二：①雇员人数不高于 250 人；②总资产不超过 4300 万欧元；③年净收入（Annual Net Turnover）不超过 5000 万欧元
印度		1. 公司法案 Section 4A 中规定的公共金融机构① 2. 印度商业银行（Scheduled Commercial Bank） 3. 共同基金 4. 在 SEBI 登记的外国机构投资者 5. 多边和双边发展金融机构 6. 在 SEBI 登记的风险投资基金 7. 在 SEBI 登记的外国风险投资基金 8. 国有工业发展公司 9. 在保险监管与发展机构（Insurance Regulatory and Development Authority，IRDA）登记的保险公司 10. 最低本金为 25000 万卢比的储备基金 11. 最低本金为 25000 万卢比的养老基金
中国台湾地区		第一类对象：银行、证券、保险、信托、票券等金融机构 第二类对象：①对发行人财务业务有充分了解的中国台湾内外高净值个人，应募或受让时需符合下列条件之一：（a）本人净资产②超过新台币 1000 万元或本人与配偶净资产合计超过新台币 1500 万元；（b）最近两年度，本人年度平均所得③超过新台币 150 万元，或本人与配偶之年度平均所得合计超过新台币 200 万元。②最近一期经会计师审计的财务报表总资产超过新台币 5000 万元的法人或基金，或依信托业法签订信托契约之信托财产超过新台币 5000 万元者 第三类对象：私募有价证券公司或其关系企业④的董事、监察人及经理人

---

① Section 4A of the Companies Act，1956.
② "净资产"指在中国台湾地区的资产市价减负债后的金额。
③ "所得"指依所得税法申报或经核定之综合所得总额，加计其他可具体提出的国内外所得金额。
④ 根据"公司法"的定义，关系企业包括有控制与从属关系的公司及互相投资的公司。

四、提交和批准文件的要求

由表 5-29 可见，所有国家（或地区）都豁免发行人向监管机构或交易所提交完整的募集说明书，并要求向监管者或交易所提交一些有关通知或发行的基本信息。印度上市私募公司债需要提交给交易所一个简化的募集书备案；在美国，一个包含豁免声明和提供有限信息的通知应在第一次发售后向监管者提供；在中国台湾地区，私募公司债公司应于发行后 15 日内检附发行相关资料，向证券管理机关报备。各地区提交和批准的文件对比如下：

表 5-29　各地区提交和批准文件的要求对比

	美国（144A）	英国	印度	中国台湾地区
监管机构批准完整的招股说明书	不需要	不需要	不需要	不需要
向监管机构提交任何种类的发行文件	需要	需要	需要	不需要
需要提交的文件种类	豁免声明的通知必须向监管者备案	不需要	简化募集说明书向交易所备案	发行相关资料
提交时间	第一次发售后	不需要	挂牌前	发行后 15 日内
监管机构批准	不需要	不需要	需要交易所批准	不需要
最长批准时间	不适用	不适用	5 个工作日	不适用

五、发行时信息披露

信息披露制度是最重要的投资者保护制度，因此，各地区对发行时的信息披露都有相关的规定。美国主要是《D 条例》对私募债券发行阶段的信息披露要求进行了规定，依据投资者是否全为合格投资者以及发行人是否为公众公司提出了相应的信息披露要求。英国采用欧盟的市场监管指令 PD 和 TD，二者对于信息披露有不同的规定。而印度和中国台湾地区监管机构主要对发行人的财务信息、公司业务等披露进行了相关规定。各国（或地区）发行时信息披露的比较如表 5-30 所示。

表 5–30 发行时信息披露对比

	披露要求
美国	1. 披露的要求① 若投资者全为获许投资者，发行人在 506 规则安全港内私募证券，无须提供 502 规则要求的任何信息；若有非获许投资者，则必须在证券出售前向投资者提供 502 规则所要求的信息 2. 包含"非获许投资者"的具体要求 对于 500 万美元以上的发行，发行人必须在第一次成交后 15 天内提交"表格 D"，包括纸版和电子版两种，公司必须向非获许投资者按照注册发行证券的要求进行信息披露；公司向获许投资者提供的信息也必须向有经验的投资者披露；该公司必须回答潜在投资者所提出的各种问题 3. 不同性质发行人，不同发行额的披露程度 发行人的信息披露程度因其是否为公众公司②而不同：非公众公司无须向美国证监会申报相关信息，此类发行人的信息披露义务因融资额的大小而不同；公众公司的信息披露义务不因融资额的大小而不同，需要根据不同法律要求进行披露
英国	欧盟制定了 Prospectus Directive（PD）(2003/71/EC) 和 Transparency Directive（TD）(2004/109/EC)，二者针对的是受欧盟指令监管市场（Regulated Market）伦敦证券交易所的债券。PD 对募集说明书做出了规定，制定了说明书的内容和格式，成员国无须在此规定之外制定更多的披露要求；TD 设定了对定期财务报告以及披露发行人主要股东的最低要求
印度	1. 如果拟上市的私募债券是以标准面额 100 万卢比发行，那么信息披露通过在交易所网站公布即可 2. 允许经常发行私募债券的公司提交一个"伞形"文件，形成一个类似公开发行中的"储架募集书" 3. 至于财务披露，发行人原则上要求提供截至发行文件日期 6 个月前的审计记录 4. 由于某种原因不能披露的，应根据 DIP（Disclosure and Investor Protection）Guidelines，2000 第 6.18 条③，披露最近一个财务年度经审计的财务记录以及接下来季度未经审计但由职业注册会计师签字的财务记录
中国台湾地区	"证券交易法"规定私募证券公司于私募完成前，需向第二类特定人（包括符合主管机关所规定条件之自然人、法人或基金）提供与本次有价证券私募有关的公司财务、业务或其他信息。金融机构、私募公司或其关系企业的董事、监察人及经理人等则被排除在外

---

① 此处 3 点规定是《D 条例》下私募发行的信息提供要求。

② 公众公司是指必须履行公开信息披露义务的公司，又称"报告公司"（Reporting Company）。公众公司可以向社会公众发行股份募集资本，故几乎所有的公众公司都是上市公司。公众公司每年必须向 SEC 呈交繁复的汇报，并公开其财务状况。

③ Clause 6.18 of SEBI（DIP）Guidelines，2000.

第三节　各地区私募公司债券上市交易制度安排比较

一、交易（转售）制度

私募发行后转售的规定主要分为两个方面：转让持有时间的限制以及转售数量的限制。

1. 美国《144规则》和《144A规则》对私募债券后续转让的规定由紧到松

在美国，《144规则》和《144A规则》针对不同类型合格投资者，在私募证券持有时间和交易数量等方面均有不同的规定，《144规则》严格规定了私募证券公开转让的限制和条件，包括分类、时间、数量、比例和方式等，而《144A规则》对于合格投资人相互之间转售的数量和持有期间没有做出特别规定，如表5-31所示。

表5-31　美国私募债券的后续转让条件

规则	时间限制	数量限制	交易方式限制
《144规则》	非关联人：公众公司限售期为6个月，非公众公司限售期为1年，期满后无条件转让 关联人：公众公司限售期为6个月，非公众公司限售期为1年，限售期满后有条件转让	关联人期满后的转让数量条件： 1. 转让数量：在任何3个月内，不超过下列两项指标中的较高者：①该债券所有已发行在外数量的10%；②该债券在证券交易所或全国证券交易商自动报价系统中过去4周的周平均交易量 2. 超过一定数量的144表格通知要求：如果转让数量在任何3个月内超过5000股或交易额超过5万美元，则应向SEC提交转让通知	必须通过经纪人交易或是直接与做市商进行交易①
《144A规则》	无	无	合格投资人与证券交易②

①《144规则》(f) 限定不得劝诱购买人，只能按正常标准付款给进行交易的经纪人。
②《144规则》(a) (1)。

《144A 规则》的出台主要是为了进一步放宽私募证券的转售限制，活跃私募证券的交易市场，它允许受限证券在合格机构买方（QIBs）之间转售，QIB 主要由至少有 1 亿美元投资的机构投资者构成，这一定义比获许投资者的定义更严格，其对合格投资人有着很高的要求，因此也满足《D 条例》的要求。《D 条例》和《144A 规则》一起，在本质上代表了美国的债券私募发行制度：《D 条例》提出了私募不需要提交募集说明书，而《144A 规则》是针对私募发行证券的转售。因此，那些愿意利用这个转售选择权的发行人，在发行的时候通常将投资者限于合格机构买方（而不是获许投资者），来确保他们的债券发行符合《144A 规则》。

2. 英国根据转让场所对私募债券的限售期进行规定

英国并没有私募证券限售期的相关规定。根据 2003 年 PD 规定，私募证券的每一笔转售都被视为一个独立的发行行为。即使第一次属于私募发行，但如果随后的转售不满足公开发行的豁免条件，则被视为公开发行，从而必须向 UKLA 补交募集说明书。但是，如果私募证券的转售发生在不受 MIFID 监管而受交易所监管的市场，例如 PSM，则无须遵守上述规定。根据 PSM 的规定，私募证券挂牌后，除了高管及其关联人必须锁定 1 年外，其余持有人可以立即出售，不受任何限制。因此，在不同的转让场所，私募证券的转售适用于不同的规定。

3. 印度根据私募债券的类型及持有人身份对私募债权人转售进行规定

在印度，对于普通私募债券的限售期并没有明确的规定，但是对优先配售私募债券的转售做出了相关的规定。对于发起人，债券的锁定期为 3 年，而对于向其他人发行的优先配售债券，自债券配售日起锁定期为 1 年。另外，面向任何人发行的附有权证和期权的优先配售债券，自债券配售日起锁定期为 1 年。其具体规定如表 5-32 所示。

表 5-32　优先配售债券的转售规定

1. 面向 Chapter VI[①] 定义的发起人/发起人集团的优先配售债券，自债券配售日起锁定期为 3 年；任何情况下，公司不能将超过总资产（包括优先条件下的借入资产）20%的债券用于锁定期为 3 年的配售
2. 面向任何人发行的附有权证和期权的优先配售债券，自债券配售日起锁定期为 1 年
3. 面向非发起人/发起人集团的优先配售债券，自债券配售日起锁定期为 1 年

① Securities and Exchange Board of India（Disclosure and Investor Protection Guidelines），2000：Chapter VI.

4. 在发行优先配售债券前 6 个月出售股票的股东不得参与债券的优先配售
5. 锁定期中的债券工具可以在发行人/ 发行人集团或新的发行人和公司的控制人之间转让，受让人须遵守 SEBI（Substantial Acquisition of Shares and Takeovers Regulations，1997）条款并继续锁定剩下的期限

4. 中国台湾地区主要根据持有人和受让人身份对私募债券转售进行规定

私募公司债应募人原则上须持有 3 年以上；如该私募公司债无其他同种类有价证券在证券集中交易市场或证券商营业场所买卖，则金融机构之间的转让不受限制；其他则多限于小额转让，并须遵守严格限制，如表 5-33 所示。

表 5-33　中国台湾地区"证券交易法"对应募人转售私募公司债的规定

具体条款
1. 金融机构持有私募有价证券，且不存在与该私募证券同种类的有价证券在证券集中交易市场或证券商营业场所买卖，金融机构可将持有的私募有价证券转让于其他金融机构（即金融机构之间可以自由转让）
2. 自该私募有价证券交付日起满 1 年后至第 3 年期间，依主管机关规定的持有期间及交易数量的限制，转让于第一类特定人（金融机构）或第二类特定人（符合主管机关所规定条件的自然人、法人或基金）；该次拟转让的私募有价证券加上其最近两个月内已转让的同次证券数量，不得超过所取得的同次证券总数量的 15%[①]
3. 自该私募有价证券交付日起满 3 年
4. 基于法律规定所生效力的转移
5. 私人间的直接让受，其数量不超过该证券一个交易单位，前后两次的让受行为相隔不少于 3 个月
6. 其他经主管机关核准者

总而言之，首先，不同地区对私募债券规定了长短不一的限售期。中国台湾地区与印度私募债券的锁定期最长可达 3 年，英国的限售期最长为 1 年，而美国 144A 债券没有限售期。其次，不同地区从不同的角度对于私募转售条件进行规定。其中美国 144A 债券规定只可以在合格投资人之间进行转售，印度只对于特定类型的私募债券规定限售期，而中国台湾地

---

① 中国台湾地区"证期会"函令对"持有期间及交易数量之限制"予以明确：私募有价证券为特别股、公司债或附认股权特别股者，转让符合"不得超过所取得之同次私募有价证券总数量的 15%"的规定。

区则是根据持有人和受让人双方的身份来规定的。再次，限售期内一般不允许公开转让，如果要转让则必须走公开发行程序或者有其他限制。最后，限售期满后，所有地区的持有人无论何种身份都可以无条件转让。各地区私募债券转售对比如表 5-34 所示。

表 5-34　各地区私募公司债券的转售条件对比

	限售期	限售期未满能否转让	限售期满后能否无条件转让
美国	144A 债券无限售期	—	—
	144 债券对公众公司限售期半年，非公众公司限售期 1 年	可以，但需要通过公开发行注册	关联人不可以，非关联人可以
英国	PSM 规定：高管及关联人 1 年	不允许	可以
	其余持有人无限售期		
印度	普通私募债券无限售期		
	优先配售债券发起人及其关联人 3 年，其余为 1 年；如果发行附有权证和期权的私募债券，则其限售期都为 1 年	可以	可以
中国台湾地区	金融机构之间的转让无限售期	—	
	3 年	1 年以内不得转让	可以
		1 年以上 3 年以内，特定持有人可有条件转让	

二、挂牌（上市）制度

1. 美国私募公司债券挂牌制度

美国的私募公司债券主要在场外市场交易，包括债券做市商的柜台市场和 PORTAL 市场，交易所在美国私募公司债券市场中作用很小。私募债在 PORTAL 市场的挂牌标准必须是"144A 债券"。私募债券挂牌后即可以按照相关的转售规定进行转售。

PORTAL（Private Offering Resale and Trade through Automated Linkages）市场通常被称为私募证券转让市场，是 NASDAQ 于 1990 年推出运营的报价系统，旨在为根据《144A 规则》发行的私募证券提供交易平台。1990 年 4 月，美国证监会（SEC）出台《144A 规则》，允许根据《144A 规则》私募发行的证券即刻在合格机构买方（Qualified Institutional Buyers，QIBs）之间进行交易。同年，全国证券交易商协会（the National Association of Securities Dealers，NASD）根据 SEC 的授权建立起一套封闭的电子交易系统（即 PORTAL），为符合《144A 规则》的私募证券提供报价、交易、交易信息披露与 DTCC 簿记交收服务。

《144A 规则》出台后，美国私募债券的发行量、二级市场的交易呈现出快速且稳定增长的局面。但 PORTAL 市场作为一个封闭的交易平台却没能如预期般发展起来，交易量稀少，不成规模。PORTAL Market 的功能基本限于审核私募发行的证券是否符合《144A 规则》的要件，从而使其具备 DTCC 簿记交收服务的资格。2001 年，NASDAQ 中止了 PORTAL 市场的交易功能，仅提供私募证券资格审核与 DTCC 簿记交收服务。

PORTAL 市场不成功的原因在于：①一般而言，在 20 世纪 90 年代，私募证券并未被强制要求进行交易信息披露，且多数经纪商/做市商对 144A 证券的交易信息披露也予以抵制；②PORTAL 市场的电脑系统是一项独立操作的系统，连接 PORTAL 市场电脑系统的技术笨拙烦琐，经纪商/做市商在披露交易信息方面费时费力。

2. 英国私募公司债券上市制度

私募债券在英国伦敦证券交易所既有通过零售制度上市的，也有通过批发制度上市的。因此，伦敦证券交易所私募债券上市衍化出了三种类型：主板零售制度、主板批发制度和 PSM 批发制度，具体见表 5-35。

在监管水平方面：私募债券在伦敦证券交易所主板上市，就必须全面接受欧盟最低标准（PD 和 TD）的监管；债券在 PSM 上市，只接受交易所监管，只需满足交易所指定的规则，这些规则只是 PD 和 TD 的一部分。在主板内部，面额是否在 50000 欧元以上将影响债券的上市、披露等，而在 PSM 内部，面额多少并无影响；在投资者限定方面，主板意味着公开上市，面向公开的个人及机构市场，而 PSM 面向的是专业投资者。

在上市规则方面：伦敦证券交易所制定的上市规则（LR）中，有两章内容分别对应主板债券上市及 PSM 债券上市。主板适用第 17 章[①]，值得一提的是，其中 17.2 关于上市要求及上市申请[②]与 LR 第 2 章和第 3 章一

---

① "Chapter 17 Debt and Debt-like Securities：Standard Listing".
② "Requirements for Listing and Listing Applications".

致；PSM 适用第 4 章[①]。两个市场的上市流程一致，均需要同时报 UKLA 与交易所批准。

表 5-35　伦敦证券交易所主板 LSE 与 PSM 市场私募债券上市规则及信息披露对比

	主板——面额 50000 欧元以下（零售制度）	主板——面额 50000 欧元以上（批发制度）	PSM——任何面额（批发制度）
1. 监管水平	欧盟指令监管的市场（Regulated Market）满足指南最低要求（Directive Minimum Standards）		交易所监管
2. 债券特征	面额 50000 欧元以下	面额 5000C 欧元以上	任何面额
3. 投资者	个人、机构等		专业投资者
4. 上市规则	LR 第 17 章		LR 第 4 章
5. 具体制度	零售制度	完整批发制度	PSM 批发制度
6. 上市申请（1）材料准备	有总结的募集说明书	无总结的募集说明书	上市公告（Listing Particular，无总结）
（2）历史财务信息披露	提供现金流量表；第三国家（the Third Country）发行人[②] 必须采用国际会计准则	无须现金流量表突出说明未遵循国际会计准则说明采用准则与国际会计准则的区别说明采用的或类似的成员国审计规则，否则，必须说明采用了何种审计制度；该制度与国际审计准则的区别	无须遵循国际会计准则无须说明采用准则与国际会计准则的区别
（3）中期及其他财务信息披露	最新经审计的财务报告发布后，还有发布的任何季报或者年报，若已经审计必须附在登记书里；如果未审计，必须说明如果登记文件离最新经审计财务报告超过 9 个月，必须包括涵盖财务年度 6 个月的中期报告	无	无

在具体制度方面：FSA 在 PD 指引下，结合 LR、PR 和 DTR，针对两种债券发行上市制度出台了两个指南，即《伦敦债券零售制度：实践指

[①] "Chapter 4 Listing Particulars for Professional Securities Market and Certain Other Securities: All Securities".
[②] 第三国家发行人，即在欧洲经济区（EEA）没有注册办公地（Registered Office）的发行人。

南》（以下简称零售指南）①与《伦敦债券批发制度：实践指南》（以下简称批发指南）②。债券在主板上市，面额 50000 欧元以下即适用前者，面额 50000 欧元以上适用后者；债券在 PSM 上市，适用《伦敦债券批发制度：实践指南》中专门针对 PSM 的第 19~第 21 章。提交材料和信息披露也不相同：根据两个指南，三种类型债券的上市主要体现在材料提交的不同要求上。主板必须提交募集说明书（Prospectus），PSM 只需要提交上市公告书（Listing Particulars）。不同制度下对申请材料的要求，主要体现在是否需要总结及财务信息披露上：申请主板上市时，面额 50000 欧元以下的债券将面临最为严格的申请材料制作和信息披露要求，面额 50000 欧元以上的债券无须提供总结、无须遵循国际会计准则，但必须说明所选准则与国际会计准则的区别；申请 PSM 上市，无论是何面额都无须说明会计准则间的区别。在披露义务方面，除了期间财务报告的豁免规定之外，零售制度下的债券须在年度结束后 4 个月内公布年报，而批发制度放宽到 6 个月。

3. 印度私募公司债券上市制度

印度的私募公司债券既可以在国家证券交易所也可以在孟买证券交易所上市交易。印度国家证券交易所的 WDM（Wholesale Debt Market）是债券批发交易的场所，包括政府债券、公司债券、商业票据等各种债券工具都在这个市场上交易。所有申请在 WDM 市场上市的债券必须遵守交易所、SEBI 及其他法律法规的条款和要求；每个发行人，依据发行债券的类型必须提交 WDM Annexure I 及交易所规定的支持文件和信息；在得到交易所原则性批准后，发行人须与交易所签订上市协议，必须遵守上市协议中规定的上市后要求及交易所关于相关法律法规的修改条款，如表 5-36 所示。

4. 中国台湾地区私募公司债券不在交易所挂牌交易

中国台湾地区的私募公司债既不在台交所或柜买中心进行挂牌交易，也不存在像美国券商柜台交易市场那样有组织的市场，因此基本没有流动性。

---

① "Chapter 17 Debt and Debt-like Securities: Standard Listing".
② Listing Wholesale Debt in London: A Practitioner's Guide.

表 5-36 印度国家证券交易所与孟买证券交易所公司债券 WDM 市场私募发行上市与公开发行上市的比较

发行人	公开发行	私募发行
公共事业部门及根据国会及各级立法机关制定的特殊法案成立的法定公司	1. 实收资本（Paid up Capital）1亿卢比及以上 2. 市值 1.5 亿卢比及以上（对于非上市公司，净资产 2.5 亿卢比以上） 3. 满足 SEBI 及其他法律规定的公开发行条件	1. 实收资本（Paid up Capital）1亿卢比及以上 2. 市值 1.5 亿卢比及以上（对于非上市公司，净资产 2.5 亿卢比以上） 3. 有评级
1956，u/s 4A of Companies Act，规定下的金融机构，包括工业发展公司	满足 SEBI 及其他法律规定的公开发行条件	有评级
银行	1. 净资产在 5 亿卢比或以上 2. Scheduled Banks	1. 净资产在 5 亿卢比或以上 2. Scheduled Banks 3. 有评级
普通公司	1. 实收资本（Paid up Capital）1亿卢比及以上 2. 市值 1.5 亿卢比及以上（对于非上市公司，净资产 2.5 亿卢比及以上） 3. 满足 SEBI 及其他法律规定的公开发行条件	1. 实收资本（Paid up Capital）1亿卢比及以上 2. 市值 1.5 亿卢比及以上（对于非上市公司，净资产 2.5 亿卢比及以上） 3. 有评级
基础设施公司（税收减免且有关规则下认定的基础设施公司）	满足 SEBI 及其他法律规定的公开发行条件	有评级
任何在 SEBI 备案的共同基金	满足 SEBI 及其他法律规定的公开发行条件	合格

三、持续信息披露

持续信息披露是投资者获得充分信息的保证，各地区在持续信息披露的规定方面存在一些差异。美国《144A 规则》大大减轻了信息披露的负担，其发行人没有主动披露信息的义务。中国台湾地区的情况与美国类似，也未对私募证券发行人的持续披露义务做出规定。英国对于上市私募债券的持续信息披露有一些豁免条款。而印度由于其历史原因，上市私募债券的持续信息披露要求与公开发行基本一致。

1. 美国《144A 规则》降低了持续信息披露要求

美国《144 规则》和《144A 规则》中规定了转售阶段信息披露要求，其具体规定如表 5-37 所示。

表 5-37 《144 规则》及《144A 规则》转售阶段信息披露的规定

公司类别	《144 规则》	《144A 规则》
公众公司	发行人在证券转售前至少90天披露最近年报，披露应及时[1]；持有人转让时，可以相信发行人披露了全部信息	发行人没有主动披露义务，即发行人没有应原持有人要求提供任何信息给受让人的义务；出售人有让受让人知晓是依照《144A 规则》出售的义务[2]
非公众公司	可以选择按照《证券交易法》要求发行人公开有关信息。持有人转让时应有较高的注意义务，确定发行人是否合适、披露信息是否充分、披露信息是否为购买者所知晓	持有人或其指定的受让人有权要求该发行人提供公司经营情况和财务情况信息；出售人有让受让人知晓是依照《144A 规则》出售的义务

2. 英国伦敦证券交易所对上市私募债券持续披露有豁免条款

英国伦敦证券交易所对于私募债券的持续披露也有一些豁免条款，比如若发行人只发行面额至少为 10 万欧元（或类似数量）的债券，则该发行人无须遵守 DTR 中关于年度报告、半年度报告、管理层中期报告的规定，而且半年度报告规定不适用于：①股票未上市并且只发行债券的信贷机构发行人，该机构发行的债券面额总额低于 1 亿欧元，并且未曾公布与 PD 准则一致的募集说明书；②发行人在 2003 年 12 月 31 日前已存在，在受欧盟指令监管市场上只发行债券，且该债券由母国或地方当局无条件担保。对于年度财务报告的披露时间，主板为财务年度结束后 4 个月内公布，而 PSM 为财务年度结束后 6 个月内公布。

总体来看，美国和英国对于私募公司债券的信息披露要求十分有限，不会给发行者造成很大负担。

3. 印度私募债券发行人须向交易所进行持续披露

印度国家证券交易所对于上市私募债券的持续披露要求与公开发行债券是基本一致的。发行人必须定期向交易所提供相关信息，包括每半年向交易所提供经营成果、债券评级、资产担保、前一个付息日及下一个付息

---

① 《144 规则》（C）规定：披露资产负债表截止日为报价日 16 个月前；损益表期间必须为资产负债表截止日前 12 个月。

② 张旭娟：《中国证券私募发行法律制度研究》，法律出版社 2006 年版。

日等。此外，发行人还须向债券受托人提供信息审计报告、年报及其他相关的信息。因此公开发行与私募的主要区别依然存在于发行阶段，而非上市与交易阶段。

第四节　总结与建议

一、私募公司债券市场成功的关键要素

从私募公司债券的发展概况来看，各国（或地区）的情况有很大的差距。从发行数量和金额来看，美国、英国、印度三个国家的私募债券的发行数量与金额都不断增加，而且在公司债券市场中占据了一定的比例。其中美国 144A 私募公司债券发行量占全部公司债的 30%；印度私募公司债券的发行量占到公司债券发行总量的 90% 以上；而中国台湾地区的私募债券市场发展非常有限，截至 2012 年 4 月，发行私募债券的企业总数仅为20 余家。从发行主体来看，美国和英国的私募债券发行主体广泛，包括了各行各业以及国内外的众多企业，并且重点支持中小企业融资，其中美国私募市场的高收益债发行数量和金额分别占到 70% 和 50%，英国伦敦证券交易所市场高收益债发行数量和金额也分别占到 47% 和 38%，而中国台湾地区的私募债券发行主要以大规模国企为主。

美国、英国和印度在发展私募公司债券市场上取得成功，很大程度上是发行管制的放松促进了市场发展，通过简化发行法规、减少债券融资的发行成本和时间来提升公司发债的机会。由于公司债券的流动性相对不足，因此一级市场有效运作的重点是增加债券供应，二级市场有效运作的重点是增加流动性，这是发展公司债券市场最重要的基石。

引入混合发行制度增加了私募债券一级市场的弹性，在两个方面取得了理想的平衡。一方面是发行人有足够的灵活性更多地应用债券融资；另一方面是有足够的投资者保护来刺激目标投资者的兴趣，如养老基金和保险公司。各国（或地区）经验表明，要刺激私募公司债券市场的增长，重要的是引入混合发行制度的灵活性，并提供更自由的一级市场选择，以适

应企业发债的多样化需求，根据其规模、行业、存在时间以及企业是否有周期性或一次性的发行而定。这种灵活的发行与转让制度是保持私募公司债券市场活力的最重要的制度设计。

美国、英国、印度私募债券市场混合发行制度的另一个重要特征是允许私募债券在二级交易市场进行交易，从而大大增加了其流动性。美国《144A规则》调高了合格投资者的门槛，但放宽了债券转售和信息披露要求，在企业债流转的便捷程度与投资者保护上取得了良好的平衡。英国和印度的私募债券通过在交易所上市，有效地解决了债券流动性问题。对于合格投资人来说，在以上三个国家私募债券不再有锁定期，以便于投资者之间进行转售。

虽然不同国家（或地区）的混合发行机制有区别，但其主要特征基本一致：①投资仅限于合格投资者，通常是机构投资者或高净值个人；②降低初始和持续披露的要求；③监管者的作用有限；④不受限制地进入二级市场交易，通常在场外，为专业投资者；⑤针对在初始和持续披露过程中，虚假或误导性陈述的反欺诈条款保护。

二、私募公司债券市场发展的路径选择

美欧私募债券市场最近30多年的发展趋势是从纯粹私募向混合机制过渡。在不同的历史阶段，私募债券市场各具特点，其组织形式、交易产品和交易方式并非一成不变，即使是同一时期的混合私募债券市场也存在较大差异。目前美国、英国、印度和中国台湾地区的私募债券市场根据特性可以划为三类：①美国144A债券是以投资银行柜台交易市场为主的私募发行。②英国的混合发行始于豁免提交一个完整的募集说明书，与印度同属挂牌的私募发行，即私募发行的债券在交易所挂牌以增加其透明度和对机构投资者的吸引力。③缺乏场内外二级市场支持的中国台湾地区私募公司债券更接近纯粹私募市场。

1. 以交易商柜台市场为主的美国144A混合私募债券的路径

美国最初通过限制转售的私募制度设计，此后对《144规则》转售限制的数次修订，加之为机构投资者专门提供的私募证券转售市场而颁布的《144A规则》，使得144A成为私下转售债券给特定机构的避风港。

在美国，交易所市场和PORTAL市场的私募债成交量很低，绝大部分

144A 证券在 Inter-Broker/Dealer Market 中进行交易。究其原因主要是美国证券市场的发展路径是自下而上的，券商设计创新产品、组织柜台交易的实力强大，其主要业务集中在柜台市场和私募产品领域，如高盛集团2011 年柜台和私募债券等业务收入占集团总收入的 60%。

中国台湾地区虽然仿效美国建立私募公司债制度，但经过 10 余年发展，其私募公司债市场仍相对有限，未能蓬勃发展。分析原因主要有三点：①中国台湾地区私募发行的规定更像美国 504 规则，合格投资人有35 人限制；除金融机构之间可转让私募公司债外，原则上应募者须持有三年，其他应募者转让私募债受到严格的限制，是纯粹私募的思路。②私募公司债流动性差，缺乏有组织的转让市场。在中国台湾地区，一般来说，私募公司债应募者多是将其债券持有到期，或利用相关条款使发行人回购或转股，期间难以有效地进行转让。这使得许多机构投资者（包括金融机构①）与高净值个人投资者难以对应募取得的私募债券进行头寸的调整，从而影响到投资者的持有意愿；中国台湾地区的证券市场也并非自下而上的发展路径，其 2001~2002 年修订"公司法"和"证券交易法"增加私募制度时，正值多年清理整顿盘商市场推出集中交易的场外市场兴柜之时，但无论兴柜还是柜买以及中国台湾地区交易所都不提供私募债券的交易平台，私募公司债的流动性存在诸多限制。③私募公司债市场透明度低，且处于基本没有监管的境地。中国台湾地区私募制度对发行人的信息披露要求过低，导致市场信息透明度不足，一则导致市场难以对私募债的信用风险与价值进行合理评估，二则对投资者保护不足。另外，私募公司债市场基本处于没有监管的境地，虽然应坚持市场主导的原则，但缺乏必要的监管，使得私募公司债市场因缺乏监管当局一定意义上的背书而更难获得投资者的认可。在力霸集团舞弊案中，力霸集团虚设一批无实质经营业务的公司，密集发行私募债，掏空集团资产。案件暴露出私募公司债制度的缺陷，也使市场质疑必要监管的缺失。力霸案后，中小企业更难借助

---

① 一般而言，保险机构愿意持有债券的期限相对较长，但对券商、票券机构、银行等机构及基金、自然人而言，其长期持有债券的意愿会弱很多，这些投资者会比较注重债券的流动性。另外，对券商、银行、基金等机构而言，也比较注重债券的评级；而私募公司债因信息透明度低，评级比较困难，也导致其很难获取此部分投资者的青睐。

私募渠道融资，投资者对此市场的信用倾向于更谨慎地应对。①

此外，美国大量融资需求不一的中小企业群体成为私募债券市场源泉，其对国外企业的开放更加丰富了其企业资源。相比之下，由于中国台湾地区私募债券市场的透明度很低，其企业资源很有限，除少数几家大型非上柜企业外，其他发行私募公司债券的均为上市上柜的大型国企。

2. 由交易所挂牌驱动的英国和印度混合私募债券路径

与美国 144A 专门的私募债券"避风港"制度设计不同的是，英国伦敦证券交易所私募债融合了私募发行和挂牌上市的功能，根据不同专业投资者构建了多层次私募债挂牌转让市场。如果公司想使投资者群体更广泛，可以先私募发债，过一段时间后通过提交完整募集说明书在伦敦证券交易所主板挂牌。此举有利之处在于，使得该公司相对较快地筹集到资金（即最初发行时面临有限或没有监管部门的批准），并充分利用有利的发债市场条件，推迟提交完整募集说明书。如果私募债在伦敦证券交易所 PSM 上市，因为 PSM 是专业投资者的市场，采用批发制度，因此通常只要求发债公司遵守简化的信息披露义务。一般情况下，不想受限于金额大小的公司会选择 PSM，来避免遵循零售市场和公开发行制度的额外成本。

伦敦证券交易所私募发行上市制度，通常保持反欺诈条款，对于在发行文件或发行过程中做出的虚假或误导性陈述由证券监管机构执行惩罚，使发行人及中介机构对提供的发行材料的准确性和真实性负责。这些规定提供了重要的保护，对机构投资者尤为宝贵，如养老金和共同基金有最终投资者的受托职责，它们对于不提供某种程度保护的投资工具非常谨慎。

与美国场外私募债券市场的发达相比，英国的交易所私募债券市场显得更为重要。英国伦敦证券交易所私募债上市很普遍，主要是为了满足某些特定机构的投资需求，因为欧盟的投资指令对未在交易所上市的债券投资有限制。而养老基金和保险公司这些特定机构一直是私募债券的大买家，引入了与这些机构投资者相匹配的监管框架，从而允许其购买交易所上市的私募债券，这有利于扩大整个私募债的市场需求。而美国的法规对机构投资者没有类似的要求。与此同时，英国的私募债没有限售期，达

---

① 在与中国台湾地区证券柜台买卖中心固定收益部专业人士的交流过程中，他们提到，在中国台湾地区，私募公司债市场基本处于无人监管的状况，此状况导致该市场因缺少监管机构一定程度上的背书而缺乏投资者的信任。

到交易所的上市要求后即可公开转让。同时与美国发达的私募债场外市场相比，英国场外市场不发达，因此伦敦证券交易所的私募债券市场更为重要。

三、对中国的启示

近年我国的私募债券产品相继推出，主要包括三类：交易商协会监管的银行间市场定向工具、证监会监管的中小企业私募债、非公开发行债券，其制度设计各有不同。银行间定向工具的设计要点包括：①定向工具的投资人分为"初始投资人"和"定向投资人"，定向工具由主承销商发行给"初始投资人"，然后在签署《定向发行协议》的定向投资人之间转让，两类债券实际投资人之和不超过200人；②发债主体是高信用评级的大型企业，面对以银行为主的机构投资者，适合银行和保险公司等低风险债券配置的需求；③由交易商协会注册，不进行实质审批。

2015年证监会实施的非公开发行公司债券的制度框架和中小企业私募债的制度设计类似，并将原有的中小企业私募债券也纳入监管范围，其设计要点如下：①非公开发行公司债券的发行对象不得超过200人，仅向合格投资者发行；②发行方式不得采用广告、公开劝诱和变相公开方式；③实行备案制，备案主体为承销机构或依法自行承销的发行人，备案时间为每次发行完成后5个工作日内，备案机关为中国证券业协会；④转让方式为非公开发行公司债券可申请在证券交易所、全国中小企业股份转让系统、机构间私募产品报价与服务系统、证券公司柜台转让。

比较国内目前私募公司债的制度，提出三点具体建议：

1. 借鉴境外成功经验，制定合适的混合发行制度

将国内私募公司债券制度与境外私募混合发行制度相比发现：银行间定向工具符合混合私募的基本要素，唯一不足之处在于定向投资人限制在200人之内。中小企业私募债和后来的非公开发行公司债券次之，除合格投资人的人数有200个的限制外，合格投资人中商业银行等主体没有实质性参与承销也是不足之一。实际上证监会2015年《公司债券发行与交易管理办法》规定的面向合格投资者公开发行的公司债券（业界称之为小公募）最接近混合发行制度。

因此，我国应借鉴国外成功的私募法规的经验，建立统一的私募债券

法规。第一，合格投资人范围应扩充。一般来说，合格投资人门槛越高，发行主体的信用越低。比如美国的中小企业高收益债很多，是因为 144A 大大提高了对合格投资人的要求。我国创业板上市公司私募债、中小企业私募债的合格投资人银行等机构并没有实质进入，而普通合格投资人承担的风险有限，风险特征并不匹配。从这个意义上来看，交易所市场应尽快吸引商业银行参与私募公司债券市场。第二，合格投资人数量方面应该突破 200 人。由于 2005 年颁布的《证券法》认定"向累计超过二百人的特定对象发行证券"为公开发行，虽然短期不能规避，但随着《证券法》修订的开始，私募证券的界定必须重新审视，对合格机构投资者的数量应不设限制，在规则上向 144A 靠拢。

2. 立足中国现实，建立多层次的私募债券交易市场

私募债券二级市场的发展路径可分为两种，一是以场外市场为主的美国私募债券市场；二是交易所市场和场外市场并重，以英国和印度为代表。合适的私募债券市场运作模式能促进私募债券市场的健康发展，提高债券市场的运行绩效。

目前，我国证券公司已经开展了形式多样的柜台私募业务，如向自己的客户发售资产管理计划份额、代销私募债券产品等。部分证券公司已经开始在利率互换、债券远期交易等债券衍生产品交易业务中开展资本中介业务，尝试担任交易对手方。中信等证券公司作为银行间市场的做市商，已经开展债券的报价业务。在单个证券公司柜台市场的发展基础上，可适时建立互联的券商间柜台市场，以降低交易成本，提高私募债市流动性，实现信息共享，统一市场协议标准。在证券公司柜台转让的私募债，可由中国证券业协会接受备案。

国务院 2011 年 38 号文件明确了区域性市场由省级政府批准设立并负责监督管理。《关于规范证券公司参与区域性股权交易市场的指导意见》明确了区域性市场定位于私募市场，并可以开展私募债券业务。证券公司作为区域性市场的参与者，可按照区域性市场的相关规定，为企业私募债券融资提供相关服务。但无论在哪个市场，证券公司承销和交易私募债券的执业标准都应该统一。由于区域性市场的监管部门熟悉当地企业，信息不对称程度低，风险控制和违约处理手段丰富，一定程度上有利于私募债初期的发展。

因此，我国要大力发展多层次的私募债券市场。借力证监会对公司债

券发行体系的改革以及证券法的修订，突出私募发行制度，发行主体从上市公司扩充至非上市公司，由中小企业扩大到大企业，通过一级市场带动二级市场良性互动。根据"信用风险分类管理"和"投资者适当性制度"的原则，使所有公司均可灵活选择公开发行和私募发行，并且私募发债公司也可以自由选择适合自己的私募转售市场，逐步形成符合债券市场规律的多层次私募发行体系、多层次的交易结算制度和多层次的投资者队伍，从而建成"上市和非上市公司私募发债—交易所固定收益平台"和"非上市公司私募发债—合格投资者的区域市场或柜台市场"上下联通的私募债券市场，以此推进公募债券和私募债券的协调发展。

3. 修改证券法，设置反欺诈等"兜底"条款保护投资者利益

私募债券虽然可以豁免注册，但各国（或地区）一般都制定了反欺诈条款来保护投资者，尤其是混合私募制度。合格机构投资者认为监管机构制定反欺诈条款的保护非常重要，例如美国《证券法》第 17 条确立了反欺诈的一般原则，禁止在证券买卖交易活动中的欺诈行为、重大虚假陈述和隐瞒，并对其中的犯罪行为规定了刑事责任，因此美国证监会在 Rule 10b-5 方面的持续努力具有重要价值。此外，反欺诈条款的存在，通常为发行过程中的中介机构提出了特别责任规定，如投资银行和法律顾问必须进行强有力的尽职调查和准备高质量的信息披露文件。因此，确保一定程度的中介机构专业性也十分重要。因为我国法院和司法系统执行效率低，这种反欺诈的努力对于我国私募债券的投资者格外宝贵。否则会出现类似台湾力霸集团私募公司债掏空公司的案例，损害债券投资者利益，最后影响到私募公司债券市场的健康发展。

第六章 公司债券电子交易平台研究[①]

第一节 成熟资本市场固定收益证券电子交易平台研究

一、美国：基于 ICAP BrokerTec 和 Bloomberg 债券平台的分析

1. 美国债券电子交易平台发展的背景

美国债券交易市场包括场内市场和场外市场两部分。由于债券交易具有笔数少、单笔交易金额大、个性化需求强、参与者少（主要为机构投资者）和流动性低等特点，美国的债券交易主要依靠场外市场。美国场外交易市场不是一种常设的市场而是一个债券交易商联络网，主要由做市商通过各自的报价系统向公众提供报价，而做市商之间的交易则通过债券经纪商完成。美国债券场外市场在 1999 年以前几乎均通过声讯进行交易。1999 年 3 月，eSpeed 进入市场，至此交易商间的交易开始从声讯转移到电子交易平台。

电子交易平台的产生和发展得益于美国的证券交易制度。在美国，证券法规允许交易商具有部分交易所的功能，他们被允许自行撮合客户之间的委托而不需要通过交易所，这样就为电子交易平台的产生提供了可能性。电子交易平台实际上就是一个帮助交易商自行撮合客户的交易指令及

---

① 此章是笔者和深圳证券交易所郑雪晴博士共同完成。

交易商之间进行交易的工具。

近年来电子交易系统迅速兴起，得到广泛应用。尤其是金融危机后，监管部门要求增加交易前和交易后的透明度，出台的 Dodd-Frank 法案，要求衍生品交易必须要在公开的交易所或者其他平台上交易，其他新的规定也要求更多的资本备抵，这使得做市商的成本越来越高。电子交易平台能够很好地实现交易透明度，同时能有效降低交易费用，这些优点促使交易平台迅猛发展。据美国债券市场协会的调查，美国 81% 的债券交易由电子交易系统完成，其中 36% 专门服务于政府债券交易。

2. 美国债券电子交易平台发展概况

（1）债券电子交易平台的分类。按照 SIFMA 的统计，根据参与者不同和是否对终端交易者开放，电子交易系统可区分为交易商间系统（Inter-Dealer，D2D）、交易商对客户系统（Dealer-to-Customer，D2C），以及对投资者新发行系统（Issuer to Dealer/Investor），如图 6-1 所示。其中交易商对客户系统按照交易商的数量，又分为了单交易商对客户系统（Single Dealer-to-Customer）和多交易商对客户系统（Multiple Dealer-to-Customer）。交易商间系统和交易商对客户系统数量较多，新发行系统数量较少，根据 SIFMA 2006 年的电子交易平台统计数据[1]，前两者所占比重为 86.76%，后者仅占 13.24%。

在实际的市场运作中，系统之间的界限并不是如此清晰。从 B2B 和 B2C 电子平台的发展状况看，二者的主要界限在于市场参与者不同，而由于电子平台没有地理位置限制和无限扩容的特性，使得 B2B 类交易平台开始逐步吸收本属于 B2C 交易平台的参与者，主要是 B2C 市场的机构投资者。例如，交易商间电子交易平台 eSpeed 直接参与者包括大银行机构、经纪交易商、投资银行、交易公司、对冲基金、政府机构等，且交易排名前 10 名参与者中就有 3 名非交易商[2]。

（2）多注册为经纪商，接受 SEC 监管。在美国，B2B 电子交易平台属于电子通信网络（Electronic Communication Network，ECN），按照 SEC 颁布的《全美市场系统规则》（Regulation NMS）中 600（b）（23）规则的规定，

---

① 2006 年后，SIFMA 没有再继续公布电子交易平台相关统计数据。
② 金永军、赵敏、刘斌：《债券只适合场外交易吗？》，《证券市场导报》2011 年第 7 期。

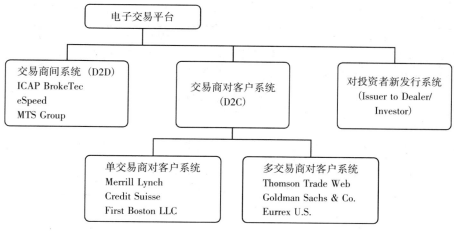

图 6-1　美国债券电子平台分类

ECN 被定义为另类交易系统（Alternative Trading System，ATS）①。ATS 可以自行选择注册为交易所或经纪自营商，但当交易系统的交易份额达到一定规模时②，SEC 有权决定该交易系统必须注册为交易所。大部分 B2B 电子平台都选择注册为经纪商，以接受有利于证券监管机构、财政部、央行利益平衡的自律监管，更好地适应债券市场的发展。SEC 对于电子交易系统的具体监管规则如表 6-1 所示。随着市场规模的扩大，尤其是在金融危机后，对 B2B 电子平台的监管趋于严格，自律和法规监管都在增强。

表 6-1　SEC 对于电子交易系统的具体监管规则

交易系统分类	具体规定
撮合的证券交易量低于该证券总成交量的 5%	为了鼓励新市场的发展，不对平台增加额外的负担，SEC 对该类平台的要求较为简单： （1）向 SEC 报备交易系统的启用并定期递交季度运营报告 （2）妥善保存交易记录，以备稽核 （3）名称中避免出现"证券交易所"、"债券市场"等类似字段

---

① 按照定义，ATS 主要包括电子通信网络（ECN），集合竞价市场（Call Market），撮合系统（Matching Systems）和配对网络（Crossing Networks）。所有的 ECN 均为 ATS，但 ATS 不仅仅包含 ECN。

② 当交易系统的交易规模在过去的 4 个季度中有 3 个季度达到以下要求时，SEC 会对该交易系统是否应注册为交易所进行评估：对某一证券（Any Security）的日均交易量达到该证券市场交易量的 50% 或以上，对某一类证券（Any Class of Securities）的日均交易量达到市场交易量的 5% 或以上；对某一类证券的日均交易量达到市场交易量的 40%。

交易系统分类	具体规定
撮合的证券成交量高于该证券总成交量的5%，但不足20%的，注册为经纪自营商的交易系统	（1）对于交易份额不足5%的交易系统的所有要求 （2）ATS 监管规则还需要该平台与已注册的"全国市场系统"连接，以便发布系统的最佳委托情况 （3）系统还须遵守与其连接的注册组织的成员所需要遵循的管理执行优先权和市场责任的相关规则
在任何一种证券市场上，权益类或固定收益类，交易量达到或超过20%的交易系统	（1）应具有客观、公正的投资者准入标准 （2）系统有足够的负载能量、完整且稳定的运转功能及应付突发状况的计划 （3）SEC 与自律组织一起合作，对市场操纵和欺诈实施连续的、实时的监控，并且开发专门针对 ATS 和 ECN 的监控和检查程序

资料来源：http://www.sec.gov/rules/final/34-40760.txt。

（3）多种不同的订单执行方式。按照订单执行方式的不同，固定收益平台一般包括四种交易模式：订单驱动、交叉撮合、报价驱动和竞拍模式。在美国的电子交易平台中，订单驱动这种交易模式占主导，报价驱动和交叉撮合也占据重要地位。表 6-2 显示了各个交易模式的具体执行方式，以及 SIFMA 2006 年统计的采用各种交易模式的平台数量。从交易机制上来看，电子交易平台与证券交易所之间的界限开始模糊，交易机制已经不是划分场内场外市场的独特标准，市场组织形式逐步成为两者之间的划分标准。

表 6-2　各种交易模式的具体定义以及采用该交易模式的平台数量

交易模式	具体方式	所占数量
订单驱动	通过建立一个中央订单簿，所有的市场参与者均可将报价输入系统由系统自动进行匹配，达成交易	38
交叉撮合	多用在新债发行中，市场参与者以竞拍的方式申购证券	25
报价驱动	通常存在于 B2C 系统中，投资者会向做市商或券商提交可执行的报价请求，并在一定时间内选择执行交易。若在多交易商客户系统中，参与者可向多个做市商提出报价请求	32
竞拍模式	买卖双方分别报价，当价格一致时，参与者可以选择自动成交，也可以选择接受一个已经发布的报价请求	16

资料来源："eCommerce in the Fixed-Income Markets: The 2006 Review of Electronic Transaction Systems", Securities Industry and Financial Markets Association.

3. B2B 电子平台分析

在众多 B2B 电子交易平台中，以 ICAP BrokerTec 和 eSpeed 这两个平台所占市场份额最大，并且逐渐趋于垄断，本书以 ICAP BrokerTec 为例详述 B2B 电子交易平台的具体运作情况。

ICAP BrokerTec 是英国毅联汇业（ICAP）集团旗下的一个固定收益电子交易平台，创建于 1999 年 6 月。起初由 8 家大金融机构建立，包括摩根士丹利和高盛，后来不断有金融机构加入股东行列，于 2000 年 6 月正式开始商业运作。建立之初，该平台的交易产品就已经涉及了 20 种固定收益产品，同时包括现券和回购交易。2003 年 1 月，毅联汇业（ICAP）收购了 BrokerTec，并将该平台与其原有的电子交易系统进行整合，使 ICAP BrokerTec 成为美国国债市场上最大的电子交易平台。2013 年 10 月，ICAP BrokerTec 平台平均每日的交易量为 5979 亿美元，与 2012 年 10 月相比，上涨了 25%，其中，美国国债交易为 1157 亿美元，回购债券交易为 4537 亿美元。ICAP BrokerTec 的市场份额不断扩大，为交易商提供了多样化的服务，促进了市场流动性的提高，该平台主要运作情况如下。

（1）采用订单驱动交易机制。在交易机制方面，ICAP BrokerTec 采用订单驱动，平台上没有专门的做市商，市场参与者输入订单后，报价指令由系统自动匹配达成交易，既增加了债券价格的透明度，同时也提高了交易效率。交易屏幕上的报价均为确定报价，参与者亦可以直接点选报价成交。

（2）投资者的准入门槛较低，拥有众多的市场参与者。以投资者进入 ICAP BrokerTec 欧洲平台的方式为例，平台采用注册的方式对投资者进行授权，只有经过授权的投资者才能进入平台。对于不同的债券品种，有不同的合格投资者制度。这些要求主要集中在结算和清算方面，要求投资者能够直接进入中央结算对手系统进行交易等，对市场参与者本身的资金规模并没有明确的规定。这种低门槛的市场准入制度，使得该平台拥有了众多的市场参与者。

（3）可供交易的产品丰富，满足不同客户的需求。平台上可供交易的固定收益产品十分丰富，具体产品有：①加拿大国债、加拿大抵押债券和省债券；②欧洲政府债券，涉及的国家主要包括奥地利、比利时、芬兰、法国、爱尔兰、荷兰、葡萄牙和英国的政府债券；③美国国债和政府机构债券等，同时，平台可供交易的产品还有资产抵押债券（MBS）、美国信用违约掉期等①。对于提供的产品，可供交易的方式既有现券买卖，也有回购和基差交易。丰富的产品种类和交易方式为客户提供了多种选择，满足了不同客户的需求。

（4）集中发展固定收益产品交易，为客户提供 STP 服务。最初的 BrokerTec 系统由 BrokerTec Global 公司负责运营，该公司由 BrokerTec U.S.、BrokerTec Europe Ltd、BrokerTec Futures Exchange（BTEX）和 BrokerTec Clearing Company（BCC）组成。BrokerTec U.S.和 BrokerTec Europe Ltd 负责运营在美国和欧洲的除期货交易和清算服务以外的所有其他业务；子公司 BrokerTec Futures Exchange（BTEX）负责从事期货电子交易业务；BrokerTec Clearing Company 则是专门为 BTEX 的期货合约提供清算和风险管理服务的子公司。2004 年，Eurex 收购了 BTEX，此后，ICAP BrokerTec 将精力全部集中于固定收益产品的交易。

对于交易后的清算交割，ICAP BrokerTec 系统为客户提供了直通式服务，且交割渠道较多，包括 FICC/GSCC、Crest、LCH/Clearnest、Euroclear、CCS、Clearstream、MBSCC 等。数量众多的清算交割平台，充分保证了顾客交易的顺利进行。ICAP 的交割机制为净额交割，其交割均以 ICAP 为中央对手方（CCP）。为鼓励做市商提供流动性，ICAP 向市场提供流动性的留单成交者每百万美元收取的费用要远远低于向消耗市场流动性的点选系统价格直接成交者收取的费用。

（5）内部系统不断完善，外部联系不断加强。平台不断完善自身系统功能，为交易者提供个性化服务，交易系统技术明显提升。除了交易功能外，平台还为客户提供一些附赠的功能，包括：报价确认和分配、订单管理、交易前分析、风险管理和身份确认，便于客户掌握更多的信息。同时，客户不仅能从平台上得到丰富的实时数据传输，还能转接到路透、彭博、德励财富资讯等专业公司，获取更多的数据信息。

另外，ICAP BrokerTec 通过与各国的本土交易平台进行对接，实现了证券国际化的趋势，拓展了海外市场。例如，2009 年 ICAP BrokerTec 通过与中国台湾地区柜台买卖中心进行对接，使得中国台湾地区的客户可以通过中国台湾地区柜台买卖中心的系统接入 ICAP BrokerTec 系统进行交易，本书将在后文中对这一联通系统进行详细分析。

---

① 产品种类非常丰富，详情参考 http://www.icap.com/markets/electronic-markets/brokertec.aspx。

4. B2C 电子交易平台分析

彭博（Bloomberg）是全球商业、金融信息和财经资讯的领先提供商，其核心产品是彭博专业服务（Bloomberg Professional）。本书主要介绍彭博专业服务基于固定收益产品的功能，即固定收益产品交易系统。该系统的经营模式为 B2C，是一个提供主要国家债券交易商报价与线上交易的公债及其他债券的交易平台，其具体运营情况如下所述。

（1）采用报价驱动的交易机制。作为典型的 B2C 系统，彭博电子交易系统的主要交易模式为报价驱动，即对每一种产品，投资者可以选择彭博提供的工具（主要包括 TSOX 下单平台下单、BOLT 买卖列表下单和 VCON 语音交易下单）向交易商提交报价请求，并在一定时间内选择执行交易。

（2）与咨询系统共享客户源，提供免费服务。彭博固定收益产品交易系统的特色为不另外收取费用，使用其资讯系统的交易商即可免费使用该公司债券电子交易平台。彭博本身为提供即时市场资讯的厂商，而全球多数的债券交易商均已装设 Bloomberg 资讯系统，据统计，彭博专业服务为全球逾 310000 名用户提供实时金融信息。因此这种近乎无门槛的准入制度成为彭博电子交易系统的一大竞争优势。

（3）债券交易品种丰富。彭博的固定收益电子交易系统提供一站式的固定收益证券交易服务，尽可能将所有可供交易的产品纳入系统。目前，该系统所支持的产品包括现券买卖、回购以及债券衍生品等，具体产品包括：各国国债、公司债、美国地方政府债、美国政府机构债券、抵押债券、新兴市场债券、债券回购，以及债券衍生品（主要包括债券期权、债券期货、利率互换以及信用违约互换）。

（4）客户自行确定后台结算系统。与 B2B 电子交易平台一般会提供交易后的结算服务不同，一般 B2C 固定收益交易平台仅具备报价与成交功能，结算交割则需由交易双方自行约定，风险控制亦由双方自行管理。根据彭博所提供的资料，彭博并不参与债券的结算过程，在彭博固定收益平台上成交的债券由买卖双方自行确定结算方式和地点。

（5）辅助功能强大。目前彭博固定收益产品交易系统的功能涵盖范围已不局限于交易，更包括交易后的成交回报、资产组合管理、部位风险控制、交易对手分析等。彭博更与欧美等主要市场的结算公司、证券交易主管机构等机构合作，把成交资料主动传输给这些机构，不仅减轻了交易回报的作业流程，同时也方便了整体交易记录的留存。

二、欧洲：基于 MTS 债券电子平台的分析

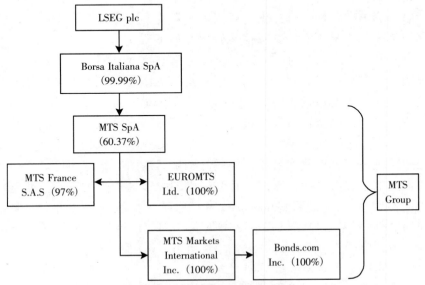

图 6-2　MTS Group 的公司结构

资料来源：MTS Group。

表 6-3　MTS Group 各主体的监管机构及对应市场

各主体	监管者	对应市场
MTS SpA（Italy）	财政部、意大利银行、意大利金融市场监管机构（Consob）	Cash；Repo；MTS Corporate
Euro MTS Limited（UK）	英国金融监管局（FCA）	MTS Austria（MTF）[①]；MTS Czech Republic（MTF）；MTS Germany（MTF）；MTS Greece（MTF）；MTS Hungary（MTF）；MTS Ireland（MTF）；MTS Israel（MTF）；MTS Netherlands（MTF）；MTS Portugal（MTF）；MTS Slovenia（MTF）；MTS Spain（MTF）；MTS United Kingdom（MTF）；EuroMTS（MTF）；MTS Prime（MTF）；MTS Agency Cash Management（MTF）；MTS Swap（MTF）

① MTF：Multilateral Trading Facility，多边交易设施，下文有进一步说明。

续表

各主体	监管者	对应市场
MTS France S.A.S	法国金融监管局（AMF）	MTS France（MTF）
MTS Markets International Inc.	美国金融业监管局（FINRA）和美国证券交易委员会（SEC）	BondVision US（ATS）[①]

资料来源：MTS Group。

1. MTS 的层次结构

MTS 是欧洲第一家提供债券服务的交易及数据公司，其公司结构如图6-2所示，各主体的监管机构及对应市场如表6-3所示。MTS 的业务按交易市场可以分为 Euro MTS（Euro MTS Linkers Market，Euro Global MTS，Euro Credit MTS，Euro MTS Limited）、MTS 本国交易市场和 Bond Vision 三个层次，如图6-3所示。最内层的 Euro MTS 是集中专营欧洲政府债券的批发商市场，是交易商间（Interdealer Market）主要市场，MTS 提供了通胀连接票据、国际债券、信用债券以及准政府债券等交易平台。第二个层次是欧洲各国交易市场，已经覆盖了欧洲及其周边主要国家交易市场，西班牙、芬兰、澳大利亚、爱尔兰、德国、法国、荷兰、希腊、比利时、波兰、斯洛文尼亚、以色列等国家。最外层的 Bond Vision 是一个 B2C 市场平台，提供交易商对客户的债券业务。另外，MTS 提供了欧元区主要国债市场的指数 Euro MTS Index，为市场提供了一个独立和透明的基准。

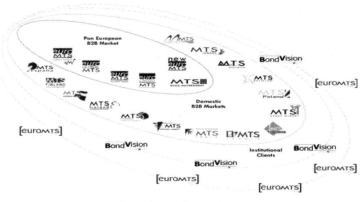

图6-3　MTS 市场层次

---

① ATS：Alternative Trading System，另类交易系统。

2. MTS 电子交易平台特点

MTS 债券交易系统的特点概括起来有两个方面：一方面，它是一个报价驱动的多经纪人系统，做市商在交易时间内有义务进行连续的双边报价；另一方面，它可以被视为一个集中的撮合系统（A Centralized Cross-matching System），因为做市商的报价被集合在一个单一的指令薄（Order Book）上并按照不可任意支配的优先规则（Nondiscretionary Priority Rules）自动将最佳的买单和最佳的卖单进行撮合。MTS 电子交易平台具有灵活性、可扩展性、高吞吐量、精确性和无缝集成的特点，如表 6-4 所示。

表 6-4　MTS 电子交易平台的特点

特征	特点
灵活性	单一的交易平台同时融合了不同的市场模式（B2B 和 B2C）、产品（现金、回购及掉期）和功能（点击与贸易询价等）
可扩展性	部件的模块化允许系统向水平和垂直方向扩展
高吞吐量	MTS 下吞吐量水平不断提高，并保持固定收益领域的领先地位
精确性	交易的平均往返时间少于 1 毫秒，基本无误差
无缝集成	开放式体系结构实现与 ISV 的解决方案和现有的内部系统集成

资料来源：MTS Group。

3. MTS 微观结构分析

（1）MTS 电子交易平台下的产品分类。MTS 技术支撑贯穿整个现券和债券回购市场交易前、交易执行中和交易后的全过程，MTS 电子交易市场主要包括：

1）MTS 现券。MTS 现券是经纪商之间（B2B）全面而专业的现货债券交易市场，其现券平台可以通过租用线路连接或公共互联网访问。MTS 在为市场参与者提供标准的图形用户界面的同时，允许交易者执行更复杂的解决方案或现有的应用程序中集成的 MTS 交易功能。MTS 提供多种固定收益产品订单类型，一旦进入 MTS 平台，一级交易商和银行可以访问其旗下的任何一个订单驱动市场或报价驱动市场，使得市场不断优化流动性。此外，MTS 为经纪商提供最近和历史的交易信息，使他们能够不断优化固定收益交易策略。严格的风控和合规管理、稳健的技术支撑也是 MTS 的突出优势。

2）MTS 回购。MTS 回购集合了整个欧洲超过 150 个市场独立参与者，包括国际和国内的银行和机构买方客户，在所有欧元区回购市场提供显著流动性。其交易债券除了最广泛的欧洲政府债券，MTS 回购还包括超国家机构债券，机构债券，第三方、具体债券和 GC 合约① 的投资组合，如表 6-5 所示。

表 6-5　MTS 现券市场的债券类型及国家分布

债券类型	国家
以欧元计价的政府债券	奥地利、德国、荷兰、比利时、希腊、葡萄牙、芬兰、爱尔兰、斯洛文尼亚、法国、意大利、西班牙
地方债券	捷克、匈牙利、波兰、丹麦、以色列
主权债券	新欧洲、新兴市场
机构债券	CADES、ERAP、Landers、CRH、EU、UNEDIC、EFSF、Freddie Mac、EIB、KFW
担保债券	法国、爱尔兰、英国、德国、西班牙
英国债券	英国金边债券、英国通胀挂钩债券
通胀挂钩债券	奥地利、德国、意大利、法国、以色列、英国

资料来源：MTS Group。

3）MTS Bond Vision。MTS Bond Vision 是一个 B2C 电子债券交易场所，它直接针对固定收益投资者的需求，可交易的债券包括政府债券、担保债券、公司债券、ETFs 等，并支持交易多种货币，包括欧元、英镑、美元、中东欧当地货币及北欧货币（如丹麦克朗、挪威克朗、瑞典克朗），确保普通投资者能够获得最优报价，该交易场所主要有三个监管交易平台，如表 6-6 和表 6-7 所示。

表 6-6　MTS Bond Vision 三个监管交易平台

平台	说明
Bond Vision	意大利财政部，意大利银行和机构 Consob 的监督
Bond Vision UK	FCA 监管下的 MTF
Bond Vision US	FINRA 和美国证券交易委员会监督下的 ATS

资料来源：MTS Group。

---

① GC 合约指€GC Plus，是指最初由法兰西银行、LCHClearnet 和 Euroclear 合作开发的三方回购产品。

表 6-7　MTS Bond Vision 可交易的债券品种

债券类型	说明
政府债券	所有以欧元计价的政府债券、东欧、捷克、丹麦、匈牙利、挪威、波兰、瑞典、英国金边债券、英国国债
担保债券	抵押债券
公司债—金融	银行、非银行金融机构、保险公司
公司债—非金融	汽车制造业、消费品、工业、通信、交通、电力
ETFs	债券、商品、股票、宏观、货币市场
SSAs	EFSF、EIB、KFW、EU、双边政府

资料来源：MTS Group。

4）MTS Bonds.com。MTS Bonds.com 曾被称为 BondsPro，是一个提供流动性接入和实时执行的平台。MTS Markets International Inc.（MTS 在美国的下属全资机构）于 2014 年 5 月 9 日成功收购了 Bond.com（美国公司债券和新兴市场债券的电子交易平台），作为 MTS Group 的新鲜血液注入，它支持政府债券、机构债券、抵押债券以及公司债券等债券在美国和 17 个欧洲国家范围内进行交易。MTS Bonds.com 从 300 多个对手方为专业交易者提供超过 70000 个实时价格（日均完成 6500 万价格更新）。该平台的订单即时、匿名、可执行，并允许议价，对所有交易而言该平台均为一个中立的、无风险的主体。

（2）MTS 市场的参与者。虽然 MTS 市场订单驱动交易逐渐增多，但做市商报价驱动交易机制依然非常重要。MTS 市场对参与者的条件具有不同要求，但是均可以被分为做市商（Market Maker）和普通交易商（Maket Taker），做市商的参与标准明显高于普通交易商，做市商基本上都是东道国国债的一级交易商（Primary Dealer）。

（3）MTS 市场的 B2B 和 B2C 交易机制的比较。MTS 电子平台中，Euro MTS 是全欧的 B2B 平台，主要致力于建立基准债券市场，以确定合理的欧元区国债基准收益率曲线，为市场提供参考。MTS Bond Vision 则属于 MB2C 电子交易平台，由交易商通过电子系统向客户报价，实现集中报价、分散成交及成交信息集中披露等特点，主要目的是为投资者提供交易的流动性。两个平台的具体设置如表 6-8 所示。

表 6-8　Euro MTS 和 MTS Bond Vision 的区别

	Euro MTS	MTS Bond Vision
平台类型	B2B	MB2C
	Inter Dealer	Multi-dealer to Customer
交易机制	订单驱动和做市商或 交叉匹配（Cross-matching）	询价和确定报价点击成交方式
报价性质	可执行	可执行和意向性
匿名程度	匿名	显名和匿名
最小报价	依债券种类而定	10 万欧元
做市商	有	有
参与者	1200 多个参与者	28 个一级交易商
日均成交量	900 多亿欧元	30 亿欧元
交易品种	现货、回购、基点交易	现货、回购、远期、基点和价差交易
信息发布时间	实时	实时
信息发布对象	所有参与者	所有参与者
清算交割	Euroclear，Clearstream， LCH/Clearnet	参与者自主选择
附赠系统	报价确认和分配系统订单管理系统，交易前分析系统，风险管理系统	报价确认和分配系统订单管理系统

　　对比 B2C 市场和 B2B 市场的交易情况，两者区别为：第一，B2C 市场的交易价差小于 B2B 市场的交易价差；第二，B2C 市场的交易费用小于 B2B 市场的交易费用；第三，B2C 市场尤其是 Bond Vision 对利率的敏感度明显低于 B2B 市场；第四，B2C 市场存在价格离散现象，主要由于交易商受到现有头寸约束和管理造成；而 B2B 市场有助于降低交易商的头寸风险。

　　同时我们发现，做市商在 B2B 和 B2C 交易系统中有不同的功能，B2C 市场中做市商主要起到提供集中报价、提高交易效率的作用。而在 MTS B2B 市场中，做市商的作用更多：第一，做市商在为市场提供流动性、降低市场交易成本的同时，以自营的方式作为市场参与者，活跃市场；第二，对伦敦证券交易所交易数据进行分析，发现 65% 的做市商都会对其账户做逆向操作，由此可知做市商会通过与交易商的交易来降低头寸风险；第三，B2B 市场中，做市商作为报价方和价格接收方，交易更为频繁和集中，提高了市场有效性。

三、结论和启示

从上文的分析可以看到，成熟资本市场中债券电子交易平台发展迅速，电子交易平台上发生的交易已在债券市场中占据了绝对比重。从整体发展趋势来看，现阶段国际主流电子交易平台综合化趋势明显增强，对于合格投资者应实施无中介的平行准入制度（Direct Market Access，DMA），向所有市场参与者提供公平的交易机会。在交易机制方面，主流电子交易平台都支持订单驱动及报价驱动相结合的交易模式，交易模式的多样化发展，给投资者带来了很大的便利。

电子交易平台一般分为 B2B 和 B2C 两类，基于面对的投资者群体不同，平台在设置上也有所差异。从美国的 ICAP BrokerTec 平台与彭博平台的对比来看，差异集中在两方面：一是在交易机制方面，ICAP BrokerTec 采用订单驱动交易机制，彭博采用报价驱动交易机制；二是在结算机制方面，ICAP BrokerTec 为客户提供包括后端清算交割在内的 STP 服务，彭博则由客户自行确定后台结算系统。在欧洲债券市场，对 MTS 平台的分析同样印证了这一结论，其 B2B 和 B2C 平台在交易机制、做市商制度和最小报价等微观结构方面均有所不同。从这种发展特征来看，以客户需求为导向的微观结构是债券电子交易平台成功的关键。

综合上述平台的发展经验来看，我国债券交易平台的建设，首先要明晰债券市场与股票市场发展规律的差异，按照债券市场的发展规律搭建电子平台交易。其实，平台的具体设置务必以市场参与者的需求为考量。对于不同层次的市场参与者，要有针对性地设置不同的交易结算机制，提供相应的产品和服务。最后，对于交易所债券市场而言，在通过自身平台完善来扩大交易规模的同时，通过收购相关电子平台发展债券交易来为市场扩容也不失为一种发展战略。

第二节　新兴市场固定收益债券电子交易平台研究

一、中国台湾地区：联合 ICAP 为中国台湾地区投资者进入国际债市提供通道

在国际化趋势下，从交易所的角度来看，以交易系统的对接来促进债券市场的互联互通是具有可操作性的重要手段。基于这样一种发展思路，中国台湾地区柜买中心和 ICAP 联合推出的境外公债交易系统，实现内部与外部的联结，促进债券市场国际化。

1. 境外公债交易系统产生背景分析

在境外公债交易系统建立之前，中国台湾地区证券商对于美国债券的交易并不多，其主要原因有两个：政府的政策限制和本身市场参与者的市场影响力不足。

（1）政策限制：根据金管会《台财证二字第 0930000001 号函》，证券商自行买卖外国有价证券范围限于"外国发行人于外国证券交易市场上市且交易之股票、认股权证、收益凭证、存托凭证及其他有价证券"。由于美国政府公债大多未挂牌，主要为场外市场交易，使得证券商无法进行美国公债交易①。然而，中国台湾地区境内的美元存款余额高，可提供交易商从事美国债券附条件交易的有利环境，故证券商一直有开放中国台湾地区境内交易美债的需求。

（2）证券商市场影响力不足导致的交易额度过少和成本过高：中国台湾地区的证券商因规模不大及信用强度不足，无法取得国际上投资银行的交易额度，造成许多中小型证券商难以进入国际市场交易美国公债。即使有少数大型证券商能取得国外投资银行的少数交易额度，但亦因其国际知名度不高，造成交易及结算等成本过高。

---

① 银行与票券商则依据银行法与票券金融管理法等法令规定，当时已可自行交易美国公债。

针对金管会的限制性规定，中国台湾地区柜买中心于 2006 年 8 月向证期局提交了修订建议。柜买中心建议将符合一定信用评级的外国债券纳入证券商自行买卖外国有价证券范围内，并开放附条件交易。2009 年 8 月，金管会决定放宽证券商自行买卖外国有价证券范围，证券商可以交易符合一定信用等级之上的外国政府债券、金融债及公司债，并且不限于在外国证券交易市场上市且交易的证券。同时为了让中国台湾地区的债券市场进一步与国际接轨，提高中国台湾地区证券商的国际竞争力，并为投资人提供更多元的投资选择，金管会同意中国台湾地区柜买中心规划推出境外公债电子交易系统及境外公债国内营业处所买卖制度，通过柜买中心系统直接连接到美国公债市场，解决证券商交易额度和成本的问题。

2. 境外公债交易系统具体设置

2009 年 11 月 20 日，柜买中心与 ICAP 公司合作推出境外公债交易系统。中国台湾地区境内业者直接连接到 BrokerTec 系统，参与全球最大的美国公债市场。

（1）市场参与者：签订了系统使用合同的证券商。依照中国台湾地区柜买中心相关规定，该平台参与者仅限于自营商。自营商不仅包括证券商，同时也可包括兼营债券自营业务的银行及票券公司等。对于境外买卖外国债券交易，证券商需依据《柜买中心证券商自行买卖外国债券交易办法》申请经营自行买卖外国债券业务资格，具体规定如附表 1 所示。截至 2014 年 10 月 14 日，共有 23 家证券商取得自行买卖外国债券业务资格。

对于以自营方式与客户买卖境外公债的证券商[①]，若客户买进的境外公债以证券商名义寄托于交易当地的登录机构或保管机构，则证券商的账户下应区分自有账户和客户账户。

（2）交易标的：当期发行（on-the-run）的美国公债。平台上交易的产品为 2 年、3 年、5 年、7 年、10 年和 30 年当期发行的美国公债指标债（on-the-run）。自新债发售之日起，新债取代旧券成为指标债，旧券将会从新券标售日收盘后从交易系统移除，而新券将会从发行日开盘时开始交易，约有 3~5 天的时间该年期券停止交易。系统将会在事前发出公告提醒换券事宜。

[①] 要与中国台湾地区境内客户买卖境外公债，证券商许可证照须具有在其营业处所自行买卖"各种债券"或"有价证券"等营业项目，具体营业项目编号为 207、209 或 211。

（3）交易方式：投资者自行下单，由柜买中心传送至交易系统。

参与交易的证券商通过柜买中心专线与 ICAP BrokerTec 连接，证券商自行操作下单后，经柜买中心检核并传送至交易平台成交，此交易被认定为境外交易。交易时间是 T 日上午 7：30 至 T+1 日上午 5：30，该时间是美东时间 T–1 日 19：30 至 T 日 17：30。交易流程如图 6-4 所示。

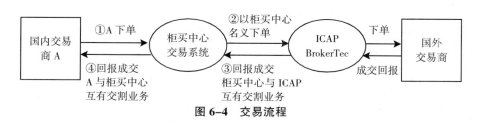

图 6-4　交易流程

（4）结算与交割：柜买中心分别与 ICAP 及国内交易商净额结算。对于债券托管，柜买中心委任约定清算机构（JPMorgan Chase Bank）办理给付及保管作业，参与证券商的美国公债寄托于柜买中心 JPMorgan Chase Bank 账户中，或自行委托其他保管机构保管。

对于债券结算，证券商委任柜买中心进行成交后的结算作业，并由柜买中心作为交易对手；柜买中心则向参与交易的证券商收取结算准备金作为风险控管措施。具体交割流程为由国内交易商与柜买中心交割，柜买中心另与 ICAP 交割。采取 T+1 日交割制度，其中交割所需券款均应于中国台湾地区时间 T+1 日 24：00 前汇至柜买中心专户。为方便证券商与柜买中心进行款券交割，证券商需加入柜买中心境外公债账务管理①。证券商应于每日 16：00 前，依据柜买中心规定格式申报其境外公债持券明细及客户寄托的持券明细。

（5）风险防控。柜买中心对于交易系统的风险分别从交易前、交易中和交易后三个方面进行了防控：

1）交易前控管：市场参与者需为具有"自行买卖外国债券"业务资格的证券商，向柜买中心申请且签订系统参加契约。

---

① 柜买中心提供的账务管理功能主要有：一是依境外公债交易系统给付结算清单的数据，办理交割；二是根据证券商的指示，办理境外公债的寄存（转入）或返还（转出）；三是办理境外公债还本付息的代收转付；四是依证券商的申报资料，检核证券商寄托的境外公债余额；五是其他受理寄托境外公债应办理的事项。

2）盘中控管：系统有盘中额度控管机制。在交易系统中提供了报价单和市价单功能，同时搭配删单功能，以控管个别交易商额度及系统整体额度。对于个别交易商的交易额度的分配，主要依据交易商的信用等级来分配，信用等级越高，其交易额度越大，如表6-9所示。

同时对于个别证券商的交易额度采取了弹性调整机制。证券商可于前一交易日向柜买中心提出额度调整申请，交易额度调整当日有限。在交易过程中，系统中会即时显示交易额度，包括系统的整体额度、个别证券商的额度和系统整体参与人的净部位。

表6-9 交易系统盘中额度控管机制

证券商信用等级	BBB+（含）及以下		A-至A+		AA-至AAA	
时段	07：30至17：00	17：00至05：30	07：30至17：00	17：00至05：30	07：30至17：00	17：00至05：30
个别证券商净部位上限	10（百万美元）	20（百万美元）	20（百万美元）	40（百万美元）	30（百万美元）	60（百万美元）
整体参与证券商净部位上限	100（百万美元）					
留单管理（bid/ask）	1.个别参加人净部位达到上限时，系统自动删除该参加人的"同向"报价 2.个别参加人净部位达到上限时，系统自动停止该参加人的"同向"报价（市价单传送至ICAP前，当加计本市价单超过个别参加人净部位上限时，则回复申报失败） 3.整体参加人净部位达到上限80%时，系统自动删除全部参加人的"同向"报价 4.整体参加人净部位达到上限80%时，系统自动停止全部参加人的"同向"报价					
市价单管理（hit/take）	传送至ICAP前，当加计本市价单超过整体参加人净部位上限时，则回复申报失败					

资料来源：证券柜台买卖中心"境外公债交易系统"说明会资料。

3）盘后控管：盘后依个别证券商部位，计收结算准备金。结算准备金以等值台币计收，与中国台湾地区公债等值成交系统分别计算，但同一账户合并计收。

（6）收费项目。该交易系统的收费主要集中于：

1）业务服务费：根据交易量，每百万美元交易收取20美元为上限。

2）手续费：根据交割、寄存/返还债券笔数。

3）银行汇费：根据汇款、券笔数；跨系统外的移转按照经办银行收费标准收取。

4）账务管理费：根据寄存债券的余额，依各参加人当月债券平均余额的十万分之四为上限计收。对于证券商来说，通过平台可以免系统建置成本和免连线成本，降低了其交易费用。具体收费标准如表6-10所示。

表6-10 系统收费标准

费用	公债交易系统交割业务	证券商寄存及返还业务	还本付息业务
手续费	50元新台币/笔	50元新台币/笔	N/A
银行汇费	N/A	依实际支出	依实际支出

资料来源：证券柜台买卖中心"境外公债交易系统"说明会资料。

3. 平台产生的效益

（1）平台自身预期效益。

1）整合专业资源，提供交易通道。该平台的推出主要是由中国台湾地区柜买中心、ICAP BrokerTec 和 JP Morgan 三方合作促成。合作三方各自发挥其国内交易平台、国际交易系统及国际保管清算业务的优势，提供国内交易商直接连接到 BrokerTec 交易系统的机会，系统开发成本低。柜买中心作为发起方，在平台搭建过程中集中优势，通过与 ICAP 的合作，快速打通了交易通道，同时扩大了自身系统交易产品的范围，加速了柜买中心的国际化进程。

2）提供极具竞争力的报价，充分吸引潜在投资者。柜买中心首先引进的是流动性最高、交易最广泛的美国政府公债。中国台湾地区的交易商通过境外公债交易系统直接买卖美国公债。此系统提供的报价为 ICAP BrokerTec 系统中的即时报价，即为同业间批发市场（B2B）报价，买卖报价价差极小，相较于以电话向投行或通过其他 B2C 系统询价、通过国外金融同业下单交易等方式而言，极具价格竞争力。同时由于中国台湾地区业者绝大多数已与柜买中心等值成交系统连线，通过交易系统进行交易可以达到不必另行连线交易标的的作用，降低了连线成本。

3）提供风险管理服务，有效降低交易风险。在结算交割方面，柜买中心扮演中国台湾地区交易商的集中交易对手 CCP 的角色，负责处理中国台湾地区交易商的风险管理。柜买中心按照中国台湾地区公债等值成交系统风控操作方式，盘后依个别交易商部位，计收结算准备金，并于盘中提供额度空管机制。这样的设计可解决许多中小型交易商因信用强度不足，难以取得国际大型机构交易额度的问题，同时提供了净额结算服务以降低交割成本与风险。

4）产品线易于扩充。ICAP 电子交易平台产品线完整，可在同一交易平台上推出多样化商品。未来系统建设完成后，便于由美国公债扩充至其他固定收益商品及衍生性商品。

（2）系统对于市场发展的效益。该系统的产生对于市场发展也有较高的效益。柜买中心由引进国际债券市场主流商品美国政府公债为出发点，推动与国际市场的接轨，为中国台湾地区市场国际化发展奠定了一定基础。此外，柜买中心本身兼具市场管理的任务，境外公债交易系统可协助主管机关掌握必要的市场咨询，有助于市场监管功能的发挥，促进市场在平稳中持续发展。

（3）系统对于证券商的效益。该系统对于市场参与者证券商的吸引力主要在于，该系统提供证券商低成本高效率的交易海外公债的管道，有助于扩大证券商业务范围，满足其参与外国债券市场的需求。此外，通过该系统提供证券商参与国际债券市场交易后，有助于证券商逐步累积跨境交易的经验，提升其国际竞争力。

二、中国香港地区：跨境债券投资及交收平台的成功试行

2008 年，泛亚洲中央存管联盟（以下简称"联盟"）（Pan Asian Central Securities Depositories Alliance）成立，旨在促进亚洲债券市场的发展，其中中国香港地区金管局、马来西亚国家银行（BNM）和欧洲清算银行为联盟成立的推动者，印度尼西亚和泰国的央行紧随其后。联盟在 2010 年发布亚洲交易后处理共同平台白皮书（Common Platform Model for Asian Post-trade Processing Infrastructure），该白皮书对交易后的跨境结算和亚洲债券结算平台的长期发展提出了建议。由于引进统一的共同系统需要时间，联盟决定于 2012 年 3 月 30 日推出跨境债券投资及交收试行平台（以下简称试行平台），并新增回购融资抵押品管理服务和企业行动平台，旨在推动债券市场发展和促进地域性和全球金融市场稳定。

1. 试行平台的框架

试行平台旨在优化中国香港地区的债务工具中央结算系统（CMU 系统）、马来西亚的即时电子转账与结算系统（RENTAS）和欧洲清算银行清

算系统之间的联通，同时加强中国香港地区地方证券集中保管有价证券（Central Securities Depositories，CSDs）系统和外汇跨境实时结算系统（Foreign Currency Real Time Gross Settlement，RTGS）的联通，如图 6-5 所示。

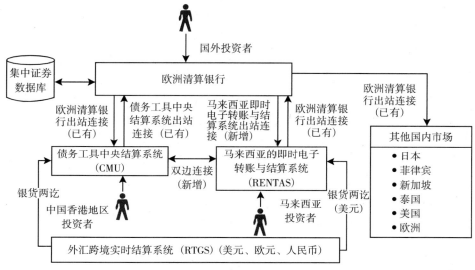

图 6-5　"试行平台"概览

试行平台增加了马来西亚处理实时支付结算系统及债券交收与托管系统和欧洲清算系统的联网，及中国香港地区与马来西亚之间通过欧洲清算系统的双向联网，同时推出回购融资抵押品管理服务及企业行动平台。

通过试行平台，投资者可以同时从欧洲清算系统获得中国香港地区境内外证券信息并可以用原来的账户对 30 万港币以上的债券进行投资。中国香港地区投资者/中国香港地区境外投资者可以同时持有和结算中国香港地区境外债券并用港币和主要的中国香港地区境外货币（如美元、人民币和欧元）进行跨境结算，通过银货两讫联网完成交易。"试行平台"的作用有：

（1）证券数据库更加丰富，极大提高了证券信息量。

（2）使全球投资者更了解亚洲国家的债券。

（3）为金融机构提供了通过本地 CSDs 获取全球证券信息的唯一入口。

（4）提升全球和中国香港地区境内投资者跨境交易效率：中国香港地区境内投资者可以通过银货两讫完成对中国香港地区境外证券的跨境交易

和结算，同时中国香港地区境外投资者也可以同样通过银货两讫完成对中国香港地区境内证券的跨境交易和结算。

（5）有助于中国香港地区境内以外币计价的证券的发行。

2. 回购融资抵押品管理服务

（1）回购融资抵押品管理服务。回购融资抵押品管理服务于 2012 年 6 月底推出，旨在迎合现今金融市场上日益增加的信用贷款的需求。亚洲回购市场的发达和成熟程度远远低于西方国家。美国和欧洲回购市场占其 GDP 比重达到 60%~70%，而亚洲回购市场占 GDP 比重仅为 8%，除去日本的亚洲回购市场占 GDP 比重仅为 1.7%，因而亚洲回购市场具有很大的发展空间。中国香港地区金管局与两大国际第三方回购系统提供商（JP 摩根和欧洲清算银行）合作，在试行平台中引入跨境抵押品管理服务，旨在更好地服务于跨境交易系统，推动外汇和跨境回购交易的发展。

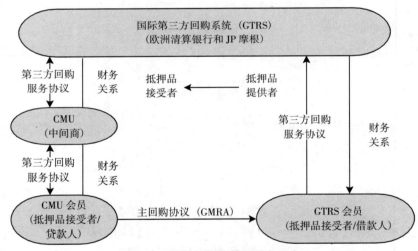

图 6-6　跨境抵押品管理服务平台

图 6-6 解释了跨境抵押品管理服务的运作流程。为使国内做市商更好地参与到 JP Morgan 和欧洲清算银行的国际第三方回购系统中，债务工具中央结算系统作为中介商，负责拓展回购交易服务。债务工具中央结算系统的会员可以接触到更广泛的全球证券，而国际的金融机构可以通过与 CMU 会员的回购交易来交易港币和人民币。要使用跨境抵押品管理服务，国际金融机构和国内金融机构都必须签订主回购协议（这是交易的基础）。

两大国际第三方回购系统提供商将为该抵押品管理服务提供一系列证券类型和合理的标准条约，如信用评级、发行人和交易规模限制等。

（2）以银货两讫为基础的抵押品管理试行平台，其结构如图 6-7 所示。为提高结算效率，中国香港金管局于 2013 年上半年在抵押品管理试行平台中引入银货两讫，从而回购交易中的证券方将在国外证券交易的全球回购交易系统中交易，而现金方将在国内的实时结算系统（RTGS System）中结算。货币种类将涵盖港币、人民币、美元和欧元，并通过四个实时结算系统（RTGS）进行结算。交易商在结算回购市场中的其他外币时，可以通过银行进行资金转移结算。

中国香港地区金管局和两大国际第三方回购系统供应商已与中国香港地区的 30 多家银行沟通，其中部分银行表示有意愿使用这项服务，并已在为这项服务的推出做准备（如制定交易规则和法律协议等）。

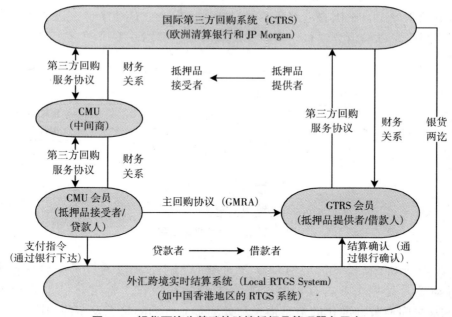

图 6-7　银货两讫为基础的跨境抵押品管理服务平台

跨境抵押品管理试行平台的作用有：

1）为抵押贷款提供新的渠道；

2）提高中国香港地区境内货币流动性，特别是在流动性紧张的时候；

3）提高货币市场操作效率；

4）提高回购市场的透明性；

5）提高 ICSDs 上的证券和中国香港地区境内市场全球托管抵押品之间的流动效率；

6）提高中国香港地区境内金融机构和中国香港地区境外金融机构之间回购交易的结算效率。

3．企业行动平台

企业行动平台的推出旨在提高处理亚洲债券市场上发行公司的效率。现今，许多地方 CSDs 并没有证券和企业行为的集中化数据库。企业公告和监管执行一般都是由发行人指定的代理商处理，并没有中央协调处理。企业行为，如支付收入、公告公司事件和监管执行等，往往企业与企业之间是不相统一的，且经常需要大量的人力参与，这将不可避免地影响亚洲 CSDs 的运作效率和提高操作风险。因而，为了提高亚洲债券市场企业行为的处理效率，中国香港地区金管局特意推出企业行动平台，该平台的技术支持来自欧洲清算银行。平台的运作流程将如图 6-8 所示。

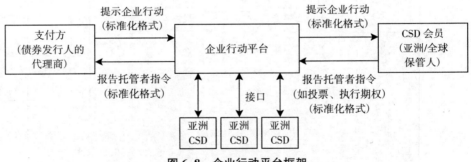

图 6-8　企业行动平台框架

如果中国香港地区境内 CSDs 有意在试行平台上交易，可以通过企业行动平台处理企业行动。这个平台主要的作用在于标准化和加强亚洲 CSDs 之间通过标准化的信息格式和处理企业行动的渠道发布的沟通交流。业务操作管理和会员接口将仍旧由个人亚洲 CSDs 负责管理。

图 6-8 展示了企业行动平台的框架，该框架提高了亚洲市场的标准化程度，主要在于其对债券发行人发布企业行动信息的发布渠道和信息格式进行了标准化。CSDs 将能更好地应对大量复杂的债券工具发行企业行动。

由于自动化和国内 CSDs 功能的加强，企业行动平台将有助于吸引更多各式各样的债券工具，包括可转债、公司债（如人民币债券、结构债券、票据和其他债券等）在国内 CSDs 上发行。

企业行动平台的作用有：①有助于 CSDs 更好地处理复杂的企业行动；②吸引更多各式各样的债券工具在国内 CSDs 上发行，包括人民币点心债和可转债；③促进亚洲市场之间的交流标准化；④提高交易效率和降低操作风险。

4. 试行平台的积极意义

试行平台提高了中国香港地区跨境债券结算效率和债券发行能力，极大地促进了中国香港地区货币和金融市场的稳定性，加速了资本市场的发展。中国香港地区金管局将继续保持与欧洲清算银行和马来西亚国家银行之间的紧密合作，充分发挥亚洲经济的竞争优势，推动试行平台发展和深化亚洲债券市场。此外，泛亚洲中央存管联盟将陆续在试行平台中引入其他央行和债券结算系统。随着越来越多央行加入泛亚洲中央存管联盟和为试行平台提供支持，中国香港地区将有望更快建成一个成熟的债券市场，并促进亚洲和其他联盟及其他成员国金融的稳定性。

三、结论与启示

1. 中国台湾地区和中国香港地区债券平台的经验总结

为了让中国台湾地区债券市场进一步与国际接轨，提高中国台湾地区证券商的国际竞争力，并为投资人提供更多投资选择，中国台湾地区柜买中心规划推出境外公债电子交易系统，使得证券商可以通过柜买中心系统直接连接到美国公债市场，解决了交易额度和成本的问题。从中国台湾地区的境外公债交易系统的设置来看，体现了在风险可控的范围内，尽可能吸引投资者的发展思路，既解决了证券商的投资需求，又促进了中国台湾地区债券市场的国际化水平。

中国香港地区金融管理局联合马来西亚国家银行及欧洲清算银行推出跨境债券投资及交收试行平台，是在亚洲债券市场发展迅速、国外投资者有强烈进入需求的背景下产生的。试行平台提高了中国香港地区跨境债券结算效率和债券发行能力，促进了中国香港地区货币和金融市场的稳定性，加速了资本市场的发展，并促进了亚洲和其他联盟、其他成员国金融的稳定性。

从以上发展路径来看，二者均有利于债券市场的国际化，而且在开发时均保持了开放的态度，在技术设计上预留空间，使得平台的设置便于拓展。境外公债交易系统虽然现阶段只有美国公债在其中交易，但其平台设计使得其能采取同样的方式与其他债券进行交易；试行平台则允许引入其他央行和债券结算系统。这种债券市场发展的开放视野对于我国债券市场发展和交易系统的设置具有重要的借鉴意义。

2. 对我国债券市场国际化发展的启示

（1）争取政策支持，获得发展机会。从柜买中心境外公债交易系统的发展过程中可以看出，政策的支持，包括对《台财证二字第 0930000001 号函》的限制性规定的放开、行政院金融监督管理委员会（金管会）对境外公债交易系统及相关规则的支持，对于交易系统的推出有着重要的积极作用。

我国的债券电子交易平台要与外部进行连接，首要的任务是争取获得政策上的支持。由于与国外债券市场的连接，不仅涉及债券产品，同时也涉及外汇业务，获得外管局、证监会和香港证监局等监管机构的支持与配合，将是平台得以成功建立的制度基础。

（2）与外部成熟债券平台相结合，实现互惠互利。在平台搭建过程中，柜买中心充分利用了美国市场上已形成的成熟机构 ICAP 和 JP Morgan 的力量，在短时间内打通了交易通道，节省了大量的时间和费用。银行间债券市场的对外协作也早已启航并稳步发展。中央国债登记结算公司与中国香港地区 CMU 从 2001 年开始探讨内地和中国香港地区债券中央托管机构的联网合作，2008 年 4 月，签署《债务工具中央结算系统服务成员协议》，中央国债登记结算公司成为中国香港地区债务工具中央结算系统 CMU 会员和认可交易商，并于同年正式开通两地的系统联网，可视作我国推出的第一条 QDII 对外投资的法定通道。

在现阶段深沪交易所债券平台可以利用沪港通、深港通的优势，把互通的证券标的从股票扩充到债券。除此之外，可通过与 CMU 平台的连接，首先联通与中国香港地区市场的合作。由于 CMU 早已与欧洲清算银行 Euroclear 系统、明讯银行 Clearstream 系统、新西兰债券结算中心 ACLNZ 系统、韩国债券清算中心 KSD 系统等实现联网，深交所与 CMU 的联通，一方面能够积累与国际市场的联通发展经验，另一方面也可借助 CMU 平台继续拓展其他海外债券市场。

（3）从市场参与者需求出发，主要考虑低成本和高便利性。柜买中心对于债券平台的设计始终集中于能提供极具竞争力的报价，并帮助证券商解决交易额度等问题。对于交易额度的分配，在以证券商的信用等级为基础的同时，以提前一个交易日申请弹性交易额度的办法为证券商提供了充分的弹性。其背后的考量就是为了能够吸引投资者进入平台，突出其核心竞争力。

以市场参与者的需求考虑，这种要求无论是在我国债券电子平台与外部联通，抑或是自身发展过程中都需加以重视。交易所债券电子平台现有的制度便利性仍不够，大多数机构投资者仍需通过券商代理才能进入平台进行交易。这种方式不利于平台信息透明度的提高，同时也不利于市场参与者交易的活跃。在对平台的完善过程中，首先需要改变的即为这种不便利的接入方式。在与外部平台的联通过程中，也需以便利性和低成本为考量，注重提供直通式服务。

第三节　我国债券电子交易平台研究

一、我国债券市场基本情况

中国债券市场由交易所市场、银行间市场和柜台市场三部分构成。其中交易所市场为场内市场，银行间和柜台市场均为场外市场。交易所债券市场包含了三个交易机制各有特色的子市场：集中竞价系统、大宗交易系统和上交所固定收益证券综合电子平台，如图6-9所示。本节以银行间债券市场与上交所固定收益平台为研究对象。

如表6-11中所列，银行间债券市场成立于1997年6月6日，是指依托于中国外汇交易中心暨全国银行间同业拆借中心和中央国债登记结算公司的，包括商业银行、农村信用联社、保险公司、证券公司等金融机构进行债券买卖和回购的市场。经过近几年的迅速发展，银行间债券市场目前已成为我国债券市场的主体部分。记账式国债的大部分、政策性金融债券都在该市场发行并上市交易。而上交所的固定收益综合电子平台交易机制与银行间债券市场类似，为询价制加做市商制。固收平台的推出使银行间债券市场与交易所债券市场在交易制度上进一步趋同，同一债券在两市场同时交易，对于加快我国债券市场融合起到了关键作用。

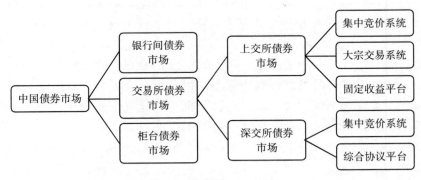

图 6-9　中国债券市场结构

表 6-11　各债券市场对比分析

	银行间债券市场	上交所固收平台	交易所集合竞价市场	柜台市场
成立时间	1997 年	2007 年 7 月	1990 年、1991 年	2002 年 6 月
市场性质	场外交易	场外交易	场内交易	场外交易
交易制度	询价和做市商报价	询价和做市商报价	系统自动撮合	做市商报价
市场准入	所有机构	商业银行以外所有机构	个人	个人、企业
托管方式	中国债券登记结算有限公司	中国证券登记结算有限公司	中国证券登记结算有限公司	二级托管方式
结算体制	逐笔全额结算	净额结算	净额结算	逐笔全额结算
交易时间	9：00~16：00	9：30~11：30 13：00~14：00	9：30~11：30 13：00~15：00	9：00~16：00
结算时间	T+0 或 T+1	T+0 或 T+1	T+0 或 T+1	T+0 或 T+1

二、电子平台制度构架

1. 市场参与者

成立之初，银行间债券市场只有 16 家商业银行，随着市场准入限制的放开，截至 2015 年底，在中央国债登记结算公司开户的结算成员数量达到 10018 户。市场成员涵盖商业银行总行及其授权分行、保险公司、证券投资基金、证券公司、农村信用联社、外资银行、外资保险公司等众多类型的金融机构，如表 6-12 和图 6-10 所示。

表 6-12　市场参与者对比分析

市场类型	市场参与者
银行间市场债券交易平台	可以直接进行交易的市场成员
	通过债券结算代理银行间接进行交易的非市场成员
固定收益平台	交易商为市场参与主体（证券公司、信托投资公司、基金管理公司、保险公司、财务公司等）
	普通投资者

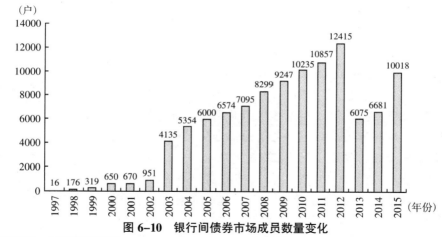

图 6-10　银行间债券市场成员数量变化

资料来源：中国债券信息网。

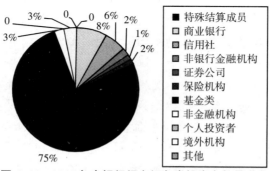

图 6-11　2015 年末银行间市场各类投资者数量占比

资料来源：中国债券信息网。

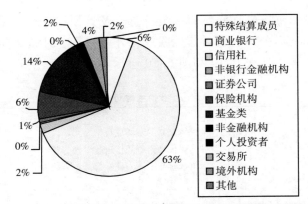

图 6–12 2015 年末银行间市场各类投资者债券持有量占比

资料来源：中国债券信息网。

银行间市场上商业银行数量只占 8%，但持有债券量最大，达 63%，如图 6–11 和图 6–12 所示。固定收益平台主要定位于机构间市场。交易商（证券公司、信托投资公司、基金管理公司、保险公司、财务公司等）作为市场参与主体，可以直接参与债券交易。普通投资者不能直接参与报价系统，交易商与代理的客户之间的安全交易可以通过成交申报直接将成交结果报告至报价系统。截至 2016 年 7 月，固定收益平台共有一级交易商19 家，普通交易商 252 家，普通交易商里有 87 家证券公司，102 家基金公司。商业银行自 2009 年 1 月 9 日起，也被允许参与固定收益平台上的债券交易。

可见，银行间债券市场和固定收益平台在交易参与者上最大的区别是，固定收益平台允许普通投资者进入，银行间则不允许。除此之外，二者都涵盖商业银行和非银行的金融机构。但银行间债券市场以商业银行为主，固定收益平台以非银行金融机构为主。

2. 交易品种

银行间债券市场是我国债券交易的主体，交易品种基本涵盖了所有的债券种类，其中金融债和央行票据只能在银行间市场交易。固收平台交易品种有国债、地方政府债券和企业债。截至 2015 年底，银行间债券市场共有国债 198 只，地方政府债券 1754 只；企业债 2585 只，其中 AA 评级债券数量接近 50%，大部分企业债剩余期限在 3~6 年之间。具体品种差异如表 6–13 所列。

表 6-13 各市场交易品种对比分析

市场类型	交易品种
银行间债券市场	记账式国债、地方政府债券、央票、金融债券、企业债、短期融资券、资产支持证券、中期票据、集合票据、外国债券
上交所固定收益平台	记账式国债、地方政府债券、企业债
交易所集合竞价市场	记账式国债、企业债
柜台市场	记账式国债、企业债、储蓄国债

同期,固收平台上托管国债 186 只,企业债 1801 只。国债的期限结构主要以 5 年、10 年为主,短期债券和长期债券较少,期限结构不完整,主要起辅助银行间市场的作用。但未来财政部发行的关键期限国债都将在固定平台挂牌交易,品种和规模都将进一步扩大。公司债期限为 2 年至 20 年不等,以中长期为主,以 AA 级到 AAA 级信用等级的公司居多。发行主体主要为大型国有重点企业,大部分均选择了银行担保。国债除个别债券外都有两个或两个以上做市商对其做市,关键期限债券则是所有做市商都需对其做市,而每一只公司债基本由一个做市商对其做市。竞争性做市商有助于缩小买卖差价,提高市场流动性,因此国债的报价和交易比公司债活跃得多。比较而言,银行间市场债券交易平台在可交易债券品种和发行各期限债券种类方面较固定收益平台更为丰富,但固定收益平台债券品种和规模在不断扩大。

3. 交易规模

2015 年,中国债券市场总交易规模达 716.0 万亿元,同比增速为 83.5%,其中现券交易 85.6 万亿元、回购交易 566.2 万亿元。银行间债券市场在现券交易总规模中占比达 98.1%,在回购交易总规模中占比达 77.9%,如图 6-13 所示。

4. 交易机制

银行间债券市场交易以询价为主,指交易双方不通过中介,直接就交易价格、数量等交易要素进行一对一的谈判,逐笔成交。虽然询价机制适用于银行间债券交易,但实施询价机制仍然存在一些问题。

固定收益平台根据市场参与者类型相应建立了两个层次的市场结构:交易商间市场和交易商与客户间市场,两个层次采用不同的报价系统。在交易商间市场中一级交易商充当做市商角色,对在平台挂牌交易的各关键期限债券做市,进行集中交易报价,其报价方式包括确定报价和选定报

图 6-13　交易所市场和银行间市场托管面额对比

资料来源：中国债券信息网。

价；在交易商与客户市场中采用协议交易系统，即交易商在场外与客户进行交易，成交后申报至平台。这种层次结构的市场能够满足不同市场参与者的需求，既保留了场内交易匿名报价的特点，又具备场外交易公开报价、重点询价和逐笔交易的灵活性。二者交易方式和做市制度比较见表 6-14 和表 6-15。

表 6-14　交易方式对比分析

市场类型	交易方式
银行间市场债券交易平台	交易机制比较复杂，以询价制为主，做市商制为辅
固定收益平台	两层次市场结构，采用不同的报价系统

表 6-15　做市制度比较

	银行间债券市场	固定收益平台
做市券种	每家做市商不少于 6 种	指定国债
期限	至少包括 0~1 年、1~3 年、3~5 年、5~7 年和 7 年以上中的 4 个	关键期限
双边报价空白时间	不超过 30 分钟	不超过 60 分钟
最小报价单位	100 万元	国债不低于 500 万元，公司债等不低于 100 万元

5. 结算机制

固定收益平台技术先进，电子化程度高。交易所在推出固定收益平台之前已成功开发完成竞价交易系统和大宗交易系统，具备逐笔交收和场外询价交易的功能，且交易所技术开发力量强大，通信网络遍布全国，为平台提供了高质量的技术保障，如表6-16所示。

表6-16　结算机制对比分析

市场类型	交易方式
银行间市场债券交易平台	中央国债登记结算公司实行全额实时结算
固定收益平台	对于不同债券品种采用不同的结算方式，国债等信用等级产品交易由中国证券登记结算公司提供担保交收，实行净额结算；对于资产证券化、公司债等风险相对较高的品种，平台采用实时逐笔结算模式

6. 信息披露要求

银行间债券市场的主要参与者为机构投资者，其风险识别能力和风险定价能力较强，信息披露要求与交易所市场有明显差异。挂靠在上交所之上的固定收益平台总体上来说是一个场内市场，一级交易商都在交易所平台上完成做市，对信息披露的要求强于银行间市场，因此平台更利于监管，透明度相对较高，有利于增强市场的稳定性。

三、电子交易平台运营情况研究

1. 流动性

本书构建流动性参数指标用以衡量两个市场的流动性，流动性参数指标＝标准化后的成交量×成交量权重（30%）＋标准化后的换手率×换手率权重（40%）＋标准化后成交天数×成交天数权重（30%）

如图6-14至图6-17所示，2013年从交易量和换手率两个指标对比来看，银行间市场流动性均优于固定收益平台，这可能与银行间债券市场的交易主体主要为银行有关。它们的性质决定了其每笔交易量较大，使银行间市场在成交量方面占据优势。但从交易天数指标来看，固定收益平台优势明显。商业银行一般以稳健投资为主，参与债券回购较多，买卖债券主要是为了取得稳定的投资收益或调节资产负债表结构，而非出于投机性目的，因此采取买入并持有的策略较多。而固定收益平台以证券公司为

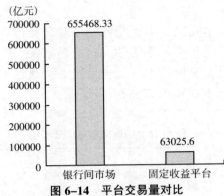

图 **6-14** 平台交易量对比

资料来源：Wind 数据库。

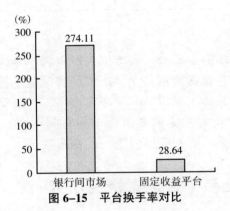

图 **6-15** 平台换手率对比

资料来源：Wind 数据库。

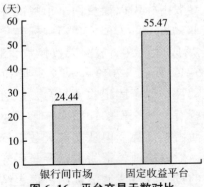

图 **6-16** 平台交易天数对比

资料来源：Wind 数据库。

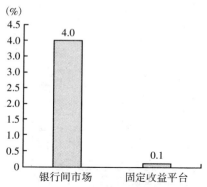

图 6-17 平台流动性指标对比

资料来源：Wind 数据库。

主，证券公司风险偏好性更强，投资策略更倾向于从债权做市中获利，因此报价和交易更为活跃。

综上，虽然银行间债券市场目前在成交量上有正的流动性效应，但固定收益平台交易机制设置更为合理，制度环境和配套条件也要优于银行间市场，在市场宽度和交易及时性方面远远领先。因而，固定收益平台流动性好于银行间债券市场。

2. 波动性

债券市场波动性主要是以债券价格的波动特点来说明的，不同组织方式下交易制度与规则不同，债券波动性不尽相同。债券价格的波动主要受到到期期限和票面利率的影响。在给定到期期限和初始收益率的情况下，债券价格的波动性越大，票面利率越低；给定票面利率和初始收益率的情况下，到期期限越长，价格的波动性越大。

如图 6-18 和图 6-19 所示，从整体上，固定收益平台上的债券剩余期限普遍高于银行间交易所，久期均值和凸性均值也高于银行间交易所，因而整体年化波动率固定收益较高，这主要与平台上交易品种期限有关。但选取同时在两个市场交易的国债，就不难发现固定收益平台的年化波动率相对较低。

比较而言，目前银行间债券市场比固定收益平台具有更大的利率敏感度，波动性更大。这点正好从侧面印证了市场流动性的结论：固定收益平台流动性好于银行间债券市场。

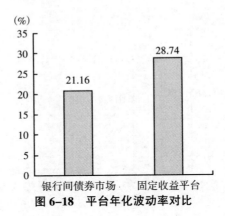

图 6–18　平台年化波动率对比

资料来源：Wind 数据库。

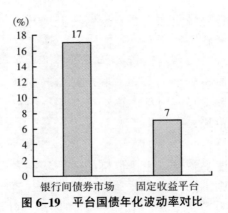

图 6–19　平台国债年化波动率对比

资料来源：Wind 数据库。

3. 有效性

市场有效性即市场效率，是交易机制设计最重要的政策目标。市场微观结构理论认为，交易机制直接关系到市场价格形成过程，对市场效率有不可忽视的影响。做市商制与竞价制代表了两种不同的价格发现方式，信息反映到价格中的方式、速度、成本都不尽相同，这直接导致两种交易机制下市场效率的差别。国外相关研究指出做市商的交易成本很高，但价格的信息质量也很高，集合竞价虽然交易成本较低，却表现出对于新信息反映不足的缺点。银行间市场和固定收益平台在交易机制上都选择了先进的做市商制度，但由于两者在市场微观结构上有很大差异，势必会影响其价格发现效率。

根据盯盘观察结果，一般而言都是固定收益平台的价格先发生变化，然后银行间市场的价格再发生改变，并且在平台 14：00 收市以后，银行间成交和报价范围多集中在固定收益平台的收盘价格附近，故可以认为价值重估而产生交易的发起源更有可能在固定收益平台市场。此外，一些相关的实证研究分析了两个平台在价格形成机制上的优劣，根据做市商平均买卖报价与当天收盘价的相关性比较，发现固定收益平台相较银行间市场在价格发现功能上领先于银行间市场。

固定收益平台的市场有效性更高，其原因可能是：

（1）信息披露要求严格。固定收益平台建立在上海证券交易所之上，对信息披露有很强的要求，其报价和成交信息对外公布较及时，更容易将影响债券价格的信息反映到价格中。

（2）市场参与者的细分和交易规模的缩小有利于增强流动性、提高市场效率，从而加快信息的传递速度，增强价格发现能力。银行间市场由于多为大宗交易且只在机构交易者间进行交易，故存在交易对手难匹配、咨询信息不透明、交易成功与否取决于交易商间的谈判等缺点。

（3）固定收益平台的做市商主体为证券公司，数量虽然少，但竞争比较激烈，因而做市商对于信息的获取和分析更加及时和到位，报价具有更高的信息含量，能较快融入到债券价格当中；银行间市场的做市商多为大型商业银行，类型比较单一，商业银行以债券的长期投资进行资产结构的调整，风险偏好程度较低，并不适合做竞争性的债券交易商。

四、小结

综上所述，上交所固定收益平台和银行间市场债券交易平台区别明显。银行间市场债券交易平台以商业银行为交易主体，交易规模大，交易品种丰富。固定收益平台交易品种和体量相对较小，但交易机制和结算机制效率更高，且信息披露更加严格，透明度更高，即其微观结构设计更为高效。不同的市场微观结构决定了两个平台对债券市场的影响有所差异。通过本书构建的流动性、波动性和有效性指标，我们发现上交所固定收益证券电子交易平台表现更为优秀，由此可见微观结构设置对于电子交易平台的重要性。

第四节 综合协议平台核心问题对策分析

一、综合协议平台比较分析

为分析深交所综合协议平台的微观结构，本节首先对深交所的综合协议平台和上交所的固定收益平台、美国 ICAP BrokerTec 平台进行比较，其主要区别如表 6-17 所示。

1. 交易机制不同

ICAP BrokerTec 的交易机制为订单驱动型，由系统自动匹配成交指令，在该平台中没有做市商。而在上交所的固定收益平台中，是以报价驱动为主要交易机制，需要一级交易商来提供流动性，充当做市商。深交所的综合协议平台支持主交易商制度和做市商制度，为债券等固定收益类品种提供报价，以增强交易所市场的价格发现功能和流动性。这种区别主要缘于债券市场本身的流动性差异，美国的债券市场本身规模较大，流动性较强，交易活跃，市场参与者众多，在电子平台上报价的参与者较多，能够保证充足的流动性，不需要专门的做市商。而在我国的债券市场，尤其是交易所市场，交易并不活跃，要保持市场的流动性，需要依靠做市商的报价。不过在实际运作中，深交所的综合协议平台并没有运行做市商制度，仍然只能依靠市场参与者私下协商。

2. 准入门槛不同

ICAP BrokerTec 由于不需要专门的做市商，因而对于投资者并没有强制性的规定。而上交所的固定收益证券交易平台由于有做市商制度，需要专门的做市商，对于一级交易商的规定较为严格，对于普通交易商的规定则较为简单。深交所的综合协议平台则只有券商能直接进入，其他的机构投资者需要通过券商代理进入，交易便利程度不够。虽然均是服务于机构投资者，但对于投资者的进入规定有着明显的不同。

3. 交易品种不同

ICAP BrokerTec 的产品无论是在产品规模还是种类上都远远超过交易

所市场的交易平台，并且 ICAP BrokerTec 的产品种类和交易范围包括美国、欧洲和亚洲，市场影响力大。

4. 提供的服务差别

ICAP BrokerTec 除了提供交易功能，还提供了很多配套的系统服务，同时披露了各种有利于参与者掌握市场动态的信息，这种服务方式显著增加了平台对于客户的吸引力，为国际上主流的电子交易平台所通用。而上交所和深交所的电子交易平台并没有针对顾客的需求有针对性地提供相应的配套服务。

5. 信息披露差别

ICAP BrokerTec 为市场参与者提供了各种不同信息，有利于参与者更好地把握交易动态，提高市场流动性。我国交易所市场电子交易平台提供的信息服务种类和增值服务较少，上市公司发行债券依照上市公司相关信息披露要求履行信息披露义务，其他发行主体发行的债券根据具体规则披露，并没有统一的信息披露要求和信息披露平台，不利于保护投资者的利益，也不利于市场监管。

表 6–17　电子平台比较分析

	ICAP BrokerTec	上交所固定收益平台	深交所综合协议平台
平台类型	交易商间	交易商间	交易商间
交易机制	订单驱动，无做市商	报价交易和询价交易，有做市商	以协价交易为主，支持主交易商和做市商制度
市场分层	直接进入者和间接进入者，B2B 和 B2C 混合	直接进入者和间接进入者，B2B 和 B2C 混合	只有券商能够直接进入，其他合格投资者通过券商间接进入，B2B 和 B2C 混合
投资主体和准入门槛	主要为机构投资者，市场准入门槛较低	主要为机构投资者，分为一级交易商和普通交易商，需经过审批	主要为机构投资者，需经过审批
报价规模	100 万美元	5000 张，10 万元	5000 张，50 万元
报价性质	确定性报价且允许匿名	报价分为确定报价和待定报价，报价交易中可以匿名或实名申报；询价交易中必须实名申报	意向申报、成交申报和定价申报

续表

	ICAP BrokerTec	上交所固定收益平台	深交所综合协议平台
信息披露	实时；票面利率、交易价格、CUSIP/ISIN 号码、标准价差、历史交易数据、发行名称、以询价还是报价成交、到期期限、发行规模、交易收益率	实时；上市公司发行的债券依照上市公司相关信息披露要求披露，其他发行主体发行的债券根据具体规则或约定披露，另提供增值信息服务：债券指数、收益率曲线	实时；上市公司发行的债券依照上市公司相关信息披露要求披露，其他发行主体发行的债券根据具体规则或约定披露，另提供增值信息服务：债券指数
附赠系统	报价确认和分配、订单管理、交易前分析、风险管理和身份确认		
交易产品	加拿大政府债券、欧洲回购债券、欧洲政府债券、金边债券、资产抵押债券、美国机构债券、美国信用违约掉期、美国回购债券、美国国债	国债、地方政府债券、高等级公司债（含企业债）、低等级公司债（含企业债）、可转债、分离交易可转债和资产支持证券①	国债、企业债券、公司债券、分离交易的可转换公司债券、可转换公司债券和债券质押式回购
交易品种	现货、回购和价差交易	现券、债券质押式回购和国债预发行	现券和债券质押式回购
结算平台	FICC/GSCC、Crest、LCH/Clearnest、Euroclear、CCS、Clearstream、MBSCC	中证登上海分公司	中证登深圳分公司
结算机制	以 ICAP 为中央对手方，实行净额结算	1. 国债、地方政府债、高等级公司债、分离型可转债：T+1 净额担保交收； 2. 低等级公司债：T+1 逐笔全额非担保交收； 3. 私募债、资产支持证券：实时逐笔全额结算（RTGS）	T+0 逐笔全额非担保交收

二、完善平台微观结构相关建议

结合国外主流电子交易平台的发展趋势和深交所综合协议平台的实践，本书具体完善建议如下：

1. 发展债券合格投资者队伍，着力施行准入的 DMA 制度

国际主流电子交易平台采用直接参与和间接参与相结合的进入方式：

---

① http://bond.sse.com.cn/fisp/fixed/info/bszs2.html.

直接参与者通过客户端直接登录电子平台，输入报价或订单直接参与交易，间接参与者或交易频率较低的部分直接参与者可委托直接参与者和经纪商输入指令，间接参与交易。综合协议平台目前的进入方式只有通过券商或通过个别基金公司租用的交易单元进入，这种间接进入的方式降低了平台的便利程度。

在对平台的改造中，建议适度分离交易和结算资格的耦合度，改变部分合格的债券投资者需要借助交易所会员参与债券交易的模式，同时要重视和发挥交易所个人投资者化零为整的优势，优化投资者结构。值得注意的是，需将产品的合格投资者制度通过上位法进行统一，这是发展壮大合格投资者队伍的制度基础。

2. 完善交易模式，优化交易功能，满足机构投资者的转让需求

在交易机制方面，主流电子交易平台都支持订单驱动与报价驱动相结合的交易模式，交易模式多样化发展，给投资者带来了很大的便利，满足不同类型投资者的交易需求。综合协议平台在最初的制度设计中，提供了协议成交和做市商的混合交易制度，同时为客户提供了多种报价模式。但在实际运作过程中，却未能按照预期设计如约进行。大多数的交易仍然由投资者通过传统线下方式完成，只是通过交易平台进行交易确认。平台交易功能的实现有待加强。

首先应建立混合驱动的交易模式，以满足债券匿名快速成交的需求。目前平台仍以双边协议方式为主，应在此基础上尝试加入订单驱动和做市商制度，建立混合交易机制。其次应优化电子询价和成交申报机制。系统中现有的报价方式应对所有的产品开放，并与相应的交易机制配合运行。同时完善平台与外部结算机构的对接方式，实现参与者达成成交意向后通过交易系统完成债券清算结算的 STP 功能。

3. 统筹建设集合竞价系统和综合协议平台

从全球范围看，电子交易平台综合化趋势日益凸显，平台不断融合交易商间及交易商与客户间不同层次的交易，向所有市场参与者提供公平的交易机会，市场流动性和透明度增强。目前深交所债券市场有集合竞价系统和综合协议平台两个交易系统，按照投资者类型，前者主要是 B2C 市场，后者则为 B2B 市场。从交易模式来看，前者主要是订单驱动，后者则仍然延续了传统场外市场的协商议价成交方式。

建设深交所债券交易系统，应对集合竞价系统和综合协议平台进行统

筹建设。按照市场参与者的不同，可使两个交易系统分别朝着 B2C 和 B2B 平台的方向发展。一方面，在交易机制上，对于集合竞价系统，在现有订单驱动方式的基础上，可引入做市商报价或电子询价方式。对于综合协议平台，则可引入订单驱动、做市商制度等交易机制。另一方面，对于接入方式，在原有专网交易终端和电子化接口方式的基础上，建议直接通过互联网方式接入平台，满足债券低频微利的交易特点。在这种接入方式的探索中，需要加强对网络安全的控制。

4. 抓住发展机遇，开发符合交易所市场特色的创新产品

相对于国外成熟市场，深交所债券市场产品结构存在一定局限，如债券交易品种不够丰富，主要以公司债、企业债、中小企业私募债和资产支持证券为主；总体债券市场规模较小；基础债券缺乏；产品结构有待丰富和优化。随着我国债券市场发展的不断完善，产品结构有望不断丰富和优化。

一方面，我们应该抓住债市政策带来的发展机遇，优化深交所债券市场产品结构。从国发［2014］年 43 号文来看，未来地方政府债券、项目收益债券和资产证券化将得到大力推动，深交所应力争此类债券在交易所上市。另一方面，我们应充分挖掘市场需求，开发符合交易所市场特色的创新产品，力争营造有别于银行间市场的盈利模式和创新机制。

三、平台合格投资者分析

通过对深交所综合协议平台的分析，我们发现除了交易平台本身的微观结构设计，合格投资者缺失是电子平台拓展交易规模面临的最核心问题，即市场的缺失。为解决投资者缺失问题，我们对有可能参与综合协议平台交易的投资者进行分类，然后从主观及客观两个方面考虑不同类型的投资者进入电子平台交易的可能性，从中发掘出电子平台的潜在投资者。

综合协议平台是以固定收益证券为主要交易品种的交易系统，为剖析债券市场投资者结构，发掘电子平台潜在的投资者，我们先对债券市场投资者进行简单的分类：

1. 机构投资者

机构投资者，包括国内和国外的机构投资者，资金实力雄厚，但数量有限，是场外市场的主要参与者。其又可以细分为金融类机构投资者和工

商企业类机构投资者，他们具有不同的特点：金融类机构投资者以银行、保险为主要代表，工商企业类机构投资者资金实力也较强，特别是一些大型企业，目前因为他们对金融产品的认识较少，专业性不强，因此对金融市场的参与较少，但其本身仍存在投资及流动性管理需求。

金融类机构投资者已组建起我国目前最大的债券场外交易市场——全国银行间债券交易市场，在我国发行上市的债券90%以上均托管于银行间债券市场，它是我国债券的主要市场，金融机构已广泛参与该市场，对其有深刻的了解，并已熟悉其交易规则和习惯，因此要让他们在短时间内放弃该市场而加入到电子平台的债券交易中来并不太现实。而且最为关键的是，由于银行间债券市场和交易所债券市场之间互相分割，虽然近年来互联互通有所加强，但银行仍只能进入交易所的集合竞价系统进行债券交易，并不能进入综合协议平台或者上交所的固定收益平台。可见，无论是政策层面，还是技术层面，银行进入交易所债券市场均存在一定阻碍。

工商企业类机构投资者受其运作模式和专业知识的限制，往往不太注重资金的利用效率问题，大部分企业仍停留在把闲置资金存放于银行的阶段，未能利用金融市场进行投资和流动性管理，从而获取更高收益。近年来，一部分工商企业的投资需求被逐步发掘，已开始加入银行间市场进行投资管理，将来会有更多的该类机构加入债券市场，因此工商企业类机构是一个较大的债券潜在投资群体。

2. 个人投资者

从国际经验来看，个人投资者并不是场外市场的交易主体，他们往往是通过投资基金从而间接参与到股市或者债市中来，而在我国却比较特殊，我国股票市场迅速发展，吸引了大量个人投资者投资于股票市场，且这部分投资者收入水平相对较高，但从总体上看，我国目前个人投资者风险意识较差，可投资的产品也非常有限。随着投资者风险意识的增强，固定收益类低风险投资品种也将被个人投资者所关注，尽管其投资需求不像机构投资者那样强烈，但也可算作债券市场的潜在投资群体，而问题在于个人投资者较为分散，组织市场较为困难。

综上所述，金融类机构资金量最大，债券投资需求最强，在专业知识、风险识别等方面都具备较大优势，且已成为目前场外债券市场交易的主体，是债券市场较为成熟的投资群体，加入电子平台交易的主观意愿不强，而且在政策上存在一定阻滞；工商企业类机构资金量较大，债券投资需求有待发掘，投资渠道不是非常畅通，可投资品种也较少，是债券市场潜在的投资群体；个人投资者资金量较小，追逐高风险高收益，债券投资需求相对较小，市场组织也是需要解决的问题。

四、拓展交易所债券市场相关建议

我们针对不同投资者的特点，对发掘交易所债券市场的投资者给出建议，然后从现有制度、交易规则、技术条件及经验教训等方面进行分析，提出具体的操作建议，尽可能地扫清投资者利用电子平台进行交易的障碍，调动投资者的投资积极性，促使电子平台快速发展。

1. 引入银行类金融机构

截至 2015 年，银行业金融机构资产总额达到 199.35 万亿元，其中贷款余额 98.1 万亿元。从最近 3 年的数据来看，银行类金融机构总资产年化增长率为 13%~16%。银行的证券投资在总资产中占比也相对稳定，基本保持在 11%~12%，且有进一步增长趋势。银行类金融机构投资各类型债券存量结构如图 6-20 所示，截至 2015 年末，信用等级较高的国债和金融债投资占银行债券投资的 91.57%，以企业信用为基础的企业债和短期融资券占比相对很小，为 4.31%，如表 6-18 和图 6-20 所示。

目前电子平台的债券交易券种以公司债和企业债为主，基础券种相对不足，国债和地方政府债券的托管量和交易规模均较小。就国债来看，如果银行类金融机构能进入电子平台，且仅将其持有国债的 5% 托管于交易所，那么交易所的国债托管量将增加 3200 亿元；从企业债来看，虽然其占比较小，但绝对规模与深交所市场企业债托管量（约为 330 亿元）相比仍然非常庞大，若将其持有企业债的 5% 托管于交易所，那么交易所的企业债托管量将增加 360 亿元。2015 年银行间市场国债和企业债的换手率分别为 100.77% 和 215.75%，如果用该数据来估算交易所的交易量，则约为

表 6-18　银行类机构各项债券持有比例情况

单位：亿元

时间	国债	政策性银行债	企业债	中票	商业银行债
2014 年末	60295.12	80809.36	7805.77	9944.82	4196.45
2015 年末	64708.34	83577.74	7239.53	6923.58	5543.09

资料来源：中国债券信息网。

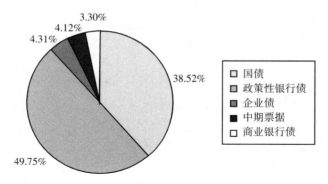

图 6-20　2015 年末银行类机构各项债券投资比例

125 亿元，与现有电子平台的交易状况形成鲜明对比。因此，引入银行类金融机构是解决电子平台投资者缺失问题的最直接、最有效的办法。

2. 引导跨市场投资机构流向交易所市场

跨市场投资机构是指既参与银行间市场的交易，又参与交易所市场交易的投资机构，主要指保险公司、基金公司，还包括部分工商企业。跨市场投资机构的特点在于该类机构会在两个市场同时发生交易，目前一般是在交易所市场进行股票交易，在银行间市场进行债券交易，因此涉及资金的跨市场流动。在目前的结算体系下，T 日发生在银行间市场的交易，资金在 T 日即可划入该机构在中证登开设的备付金账户，用于在交易所进行的交易，而 T 日发生在交易所市场的交易，回收的资金可用于 T 日在交易所市场的交易，但在 T+1 日才能完成资金的交收，从而划出备付金账户，用于银行间的交易。因此，跨市场投资机构如果想出售股票买入债券，那么他必须在交易所市场股票售出后第二天才能在银行间市场买入债券，其中存在 1 天的时滞。如果市场变化较快，这对于跨市场投资机构相当不利。电子平台作为债券大额交易的平台，适合场外债券交易，但清算放在交易所系统内，正好弥补了跨市场交易会带来时滞的不足，即机构在出售股票当日即可在电子平台买入债券，因此，跨市场投资机构选择电子平台进行债券交易相对较优，应抓住此优势向广大机构进行推介，将跨市场投资机构的债券交易引向电子平台，逐步扩大交易所债券市场的投资群体。

3. 大力发展工商企业类机构投资者

随着我国经济的腾飞、企业利润的积累，企业可支配资金越来越多，特别是一些中央或地方的大型企业，现金流较为充裕。而快速增长的企业利润基本都转化为银行存款。非金融机构已经成为银行间债券市场的重要参与力量。

加强电子平台在工商企业类投资机构中的推介能有效地拓展交易所债券市场的投资群体。一旦该部分需求被激发，电子平台将会注入新的活力，以 2013 年底的企业存款 37.92 万亿元为基数，一个百分点的变动都将引致约 3800 亿元的债券需求。这部分需求的开发一方面需要深交所加大综合协议平台在企业中的宣传力度，唤醒企业投资意识；另一方面需要一级交易商利用其已有的渠道与企业进行单独推介和沟通，双管齐下必能取得较好的效果。

4. 引入境外投资机构

我国资本市场正逐步开放，不少境外机构已进入中国资本市场，将境外机构投资者引入电子平台进行债券投资也能较好地扩展电子平台投资群体。从现阶段综合协议平台的债券持有者情况来看，国债、公司债、企业债和可转债等主要券种中，QFII 均占有一定比例，但占比仍然较少。今年以来，外汇管理局明显加快审批境外机构投资者额度。外汇管理局数据显示，2014 年 3 月，QFII 新增投资额度达 12.6 亿美元，截至 2014 年 3 月 31 日，外汇管理局累计审批 QFII 投资额度达 535.78 亿美元。随着 QFII 投资额度审批的逐步放开，QFII 将成为中国资本市场的重要机构投资者，因此，境外机构投资者的开发也存在较大潜力。

5. 将个人投资者"化零为整"

随着近年来股票投资的普及，越来越多的个人投资者加入交易所市场进行股票买卖。个人投资者的投资意识通过股票投资被唤醒，即使从股市中将资金撤离，个人投资者的资金也不会再回流银行，而是向基金、债券等风险相对较低的投资品种分流，尽管个人投资者较为分散，但由于其数量巨大，因此合计的债券需求不容小觑。

电子平台的一级交易商以证券公司为主，而证券公司在开发个人投资者方面具有天生优势，即使从股市中撤离，证券公司也能够有效地将个人投资者引导到债券投资上来，问题在于个人投资者较为分散和单个投资者资金量小的特点与电子平台大宗债券买卖的交易性质相违背。对于这个问题可以使用"化零为整"的方法来解决。

第七章 上市公司的发债融资需求的分析

第一节 上市公司的实际再融资额

我国上市公司资本市场再融资工具的选择包括股权融资和债券融资，股权融资包括增发和配股，债券融资包括发行公司债、可转债、企业债、中期票据、短期融资券和金融债（金融类上市公司发债），上市公司发债迅速增长。从 2005 年开始，上市公司绝大多数年份发债超过了股票再融资，中间只有 2007 年、2010 年有所反复，从 2011 年开始，债券融资加速增长，2015 年，股票融资 13881 亿元，债券融资 54340 亿元，债券融资约是股票融资规模的 4 倍，如表 7-1 所示。

表 7-1　2005~2015 年中国上市公司实际再融资额

单位：亿元

年份	2015	2014	2013	2012	2011	2010	2009	2008	2007	2006	2005	总计
股票	13881	6967	3968	3961	4236	5001	2966	2360	3711	1090	268	48408
债券	54340	22968	11254	11623	8893	4910	6837	3364	2809	1760	1632	130390

资料来源：Wind 数据库。

2009 年中国上市公司发行各类债券达到 6545 亿元，是同期股权融资的 2 倍多。经过 2010 年的短期回调，2011 年开始债券融资又大幅超过股票融资额，并加速增长，如图 7-1 所示，上市公司"债先股后"的偏好趋势更加明显。2011~2015 年，债券融资规模持续为股票再融资规模的 2 倍以上，2015 年更是达到了创纪录的 3.9 倍。

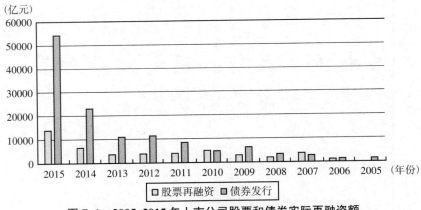

图 7-1　2005~2015 年上市公司股票和债券实际再融资额

第二节　我国上市公司的再融资需求测度

上述实际发行额是上市公司的再融资预案通过审批的实际发行量，上市公司真实的融资需求应该是公司已提出董事会预案的融资额。根据公开发布的融资预案汇总可知，2012~2015 年上市公司再融资发债总需求每年均超过了股权融资总需求。

表 7-2　2012~2015 年上市公司再融资中发债和股权融资需求

单位：亿元

年份	2012	2013	2014	2015
发债融资需求	12708	16233	18051	39038
股权融资需求	1839	2365	2821	20107

资料来源：Wind 数据库。

2012~2015 年上市公司董事会提出发债预案的总金额为 86030 亿元，而同时期提出股权再融资预案的金额只有 27132 亿元，如表 7-2 和图 7-2 所示。而 2015 年截止到 12 月 31 日，上市公司债券融资需求突飞猛进，达到 39038 亿元，远远超过了股票再融资需求 20107 亿元。

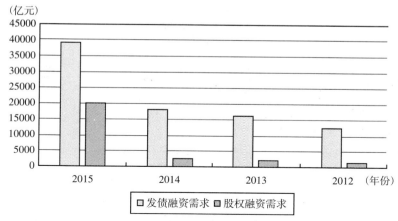

图 7-2　2012~2015 年上市公司债券和股权融资需求的比较

第三节　深沪上市公司债券融资需求的结构

由上述分析可知我国上市公司的再融资需求中债券融资已超过股票融资。国内外实践表明：在资本市场逐步健全的情况下，发债会成为很多上市公司的首选，这符合优序融资理论。通过表 7-3 和图 7-3 可看出，深交所上市公司 2015 年的发债需求就达到了 9977 亿元，同期上交所上市公司的发债需求总额为 28841 亿元，这种"沪强深弱"与上交所主板占优有关，目前以主板上市公司发债占主导地位。深交所债券市场较弱，但实际发债需求并不小，要立足其固有的上市公司发债资源。当越来越多的中小板和创业板的上市公司开始参与债券融资时，深交所要加快改进债券业务基础设施、产品的创新和服务水平，尽早完善债券投资者的分层交易平台，才能把握住债券市场的良好发展机遇。

表 7-3　2008~2015 年深沪上市公司董事会预案公告的发债融资需求

单位：亿元

年份	2015	2014	2013	2012	2011	2010	2009	2008
深市	9977	3368	3088	2056	1413	553	908	993

年份	2015	2014	2013	2012	2011	2010	2009	2008
沪市	28841	14357	13076	10610	11173	3421	9413	3451
总额	38818	17725	16164	12666	12586	3974	10321	4444

注：融资需求是根据董事会预案公开的发债预案整理得来，拟发债的工具包括企业债、公司债、可转债、可分离转债存债、资产支持证券、中期票据、短期融资券和金融债。

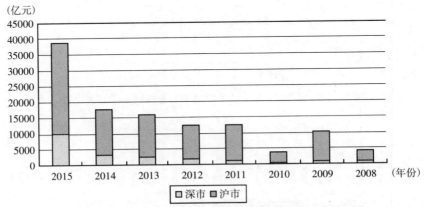

图 7-3 2008~2015 年深沪上市公司发债的融资需求的测度

注：融资需求是根据董事会预案公开的发债预案整理得来，发债大部分得到了实施。公布的债务工具包括企业债、公司债、可转债、可分离转债存债、资产支持证券、中期票据、短期融资券和金融债。

第四节 上市公司的发债融资需求的工具选择

从全部上市公司的各类发债融资工具的需求可以看出，如表 7-4 和图 7-4 所示，自 2007 年公司债推出后，上市公司基本不再发行企业债；2011 年因为证监会简化了公司债的发行程序，公司债的融资需求大幅增长，2015 年公司债的融资需求为 6526 亿元，超过了同期中期票据、短期融资券和金融债，位居第一；上市公司较早就开始发行可转债，除了 2014 年可转债的融资需求达到 305 亿元外，其他年份都较少；还有部分上市公司公布了发债的董事会预案，但没有具体选定哪种发债工具和发债方式（如私募），归类在"其他"工具里。

表 7-4　上市公司的各类发债融资工具的需求量

单位：亿元

债券类别	2010 年	2011 年	2012 年	2013 年	2014 年	2015 年
公司债	566	1615	3502	2670	1932	6526
企业债	—	12	—	79	41	—
中期票据	1019	1384	919	1237	2697	5116
短期融资券	1736	2108	2624	3848	2880	4000
可转债	54	29	26	46	305	135
金融债	200	1482	1350	2360	3507	4312
其他	400	5958	4261	5948	6384	18814

注：其他包括未明确说明的发债种类和私募债券，"—"表示该品种当年没有发债需求。
资料来源：Wind 数据库，下同。

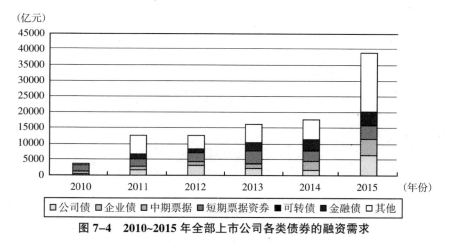

图 7-4　2010~2015 年全部上市公司各类债券的融资需求

第五节　上市公司发债需求和上市时间、股权比率的关系

一、上市公司发债需求和上市时间长短的关系

我们统计 2005~2011 年以来发债的上市公司数与其发债距上市的时间

长短关系可看出，如表 7-5 和图 7-5 所示，有的上市公司刚上市不久（1年以内）就会有发债的需求，多数上市公司发债高峰集中在上市 3 年以后，在上市 10 年后达到最高值，并且会持续 10 年以上的时间，部分上市公司在整个上市期间都会有发债需求，这实际上是对银行贷款的替代。

表 7-5　上市公司上市时间长短和发债公司数

上市时间（年）	发债公司数（家）	上市时间（年）	发债公司数（家）
0~1 年	40	10~11 年	75
1~2 年	35	11~12 年	58
2~3 年	37	12~13 年	65
3~4 年	54	13~14 年	74
4~5 年	36	14~15 年	45
5~6 年	45	15~16 年	22
6~7 年	57	16~17 年	31
7~8 年	57	17~18 年	25
8~9 年	63	18~19 年	10
9~10 年	63	19~20 年	2
总计			894

注：0~1 表示 1 年以内（不含 1 年），1~2 年含 1 年但不含 2 年，其余包含关系类似。上市时间长短的测度为上市公司发债实施日与公司上市日之间的时间间隔。

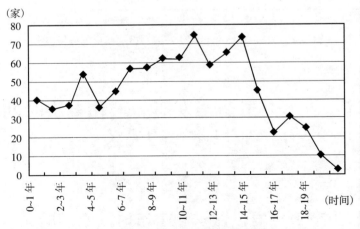

图 7-5　上市公司上市时间长短和发债公司数的关系图

二、上市公司发债需求和股权比率的关系

如表 7-6 和图 7-6 所示：上市公司发债需求和第一大股东持股比率的关系基本呈倒 U 形关系，第一大股东持股比率在 10% 以内和 70% 以上，发债家数偏少。原因在于，如果持股比率过高，第一大股东处于绝对控股状态，上市公司会优先增发股票，少发债券，发股并不影响其控制权；如果持股比率过低，第一大股东没有控股权，增发股票稀释控制权也无从谈起。第一大股东持股比率在 20%~60%，从绝对控股转向相对控股或者从相对控股有可能失去控制权的情况下，上市公司的发债愿望会特别强烈，第一大股东持股比率为 40%~50% 的发债家数最多，因此控股股东从对上市公司控制权的角度会优先考虑发债，其次才是发股。

表 7-6　上市公司第一大股东持股比率和对应的发债家数

持股比例（%）	0~10	10~20	20~30	30~40	40~50	50~60	60~70	70~80	80~90
发债公司数（家）	26	121	153	151	170	150	85	29	9
发债家数占比（%）	2.91	13.53	17.11	16.89	19.02	16.78	9.51	3.24	1.01

注：0~10% 表示第一大持股比率小于 10% 以内，10%~20% 表示持股比率大于或等于 10% 但小于 20% 这个时间段，其余的包含关系类似。第一大持股比率为上市公司发债当年年报披露的持股比率。

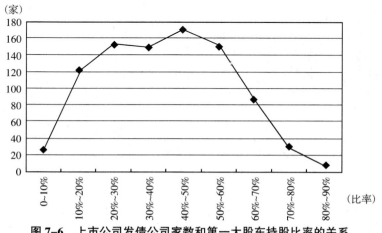

图 7-6　上市公司发债公司家数和第一大股东持股比率的关系

目前，我国上市公司（包括 A 股和 B 股）第一大股东持股比率的分布家数如何？如表 7-7 和图 7-7 所示。截至 2015 年 12 月 31 日，第一大股东持股比率在 20%~30% 的上市公司家数最多，占总家数的 25% 左右；第二是第一大股东持股比率为 30%~40% 的公司数为 675 家；第三是第一大股东持股比率为 40%~50% 的公司数。第一大股东持股比率为 20%~50% 的占比超过 60%。可以看出现在我国大部分上市公司的第一大股东处于相对控股阶段，如果大量增发股票有可能导致控制权的丧失。因此第一大股东对企业控制权的保留是近年上市公司发债迅猛发展的原因之一。

表 7-7　上市公司第一大股东持股比率和对应的上市公司数

持股比例	0~10%	10%~20%	20%~30%	30%~40%	40%~50%	50%~60%	60%~70%	70%~80%	80%以上	总计
公司数（家）	45	477	751	675	500	325	136	46	18	2973
公司占比（%）	1.51	16.04	25.26	22.71	16.82	10.93	4.57	1.55	0.61	100

注：0~10% 表示第一大持股比率小于 10%，10%~20% 表示持股比率大于或等于 10% 但小于 20%，其余的包含关系类似。第一大持股比率为上市公司 2011 年 12 月 31 日披露的持股比率。

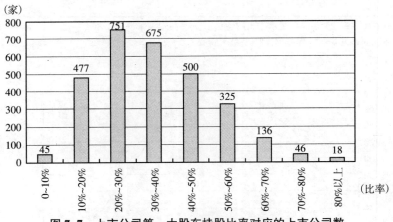

图 7-7　上市公司第一大股东持股比率对应的上市公司数

第八章 上市公司股票和债券融资选择的实证研究

本章以 2000~2015 年我国上市公司再融资中发行的债券和股票为研究样本,运用增量的二元选择计量方法,从企业特征、融资工具性质、外部制度环境三个方面来分析上市公司再融资中对债券和股票的选择机制。

第一节 理论分析与研究假设

根据前述有关企业对融资工具选择的详尽文献,本章简化为两类进行说明:其一是企业特征、融资特性和股票债券的选择,其二是地区治理机制与股票债券的选择。

一、企业特征、融资属性和股票债券的选择

上市公司融资主要分为股票和债券两种形式,那么,公司自身特征如何影响融资工具的选择?这两种融资方式对公司的融资决策有何不同影响?

1. 股票和债券的融资成本

由于我国上市公司债券的投资者主要是银行、保险和基金等金融机构,其融资需求大,而股票的投资者大部分还是散户,承接能力有限。因此,上市公司每次发债的规模要超过股票融资的规模。

Harris 和 Raviv (1991)、Tirole 和 J. (2008) 研究表明,企业的融资决策不仅取决于融资成本,诸如破产风险、负债能力约束、代理成本和公司控制权等因素也对企业的融资行为有着显著的影响。

2. 企业的破产风险

由于融资成本并没有考虑到债权融资所带来的企业预期破产成本上升因素，因此为了全面考虑融资成本对企业融资行为的影响，还需将发债所导致的预期破产成本考虑在内。本书采用企业资产负债率来考察企业破产风险对企业融资行为的影响。我们预计，若企业负债率越高，破产风险越高，则越有可能选择股权融资。

3. 企业负债能力

Tirole 和 J.（2008）证明了存在道德风险的情况下，借款人的负债能力主要取决于其自有资本规模，若其自有资本规模较高，则企业可获得的信贷限额也较高。为此，这里以企业每股净资产来考察企业资本对企业融资行为的影响，同时用总资产表示企业规模，计算公式为企业总资产的自然对数值。我们预计，企业净资产越高，企业规模越大，则企业越有可能选择债权融资。

4. 代理成本

Jensen 和 Meckling（1976）指出企业外部融资行为将导致两类利益冲突：股东和管理者之间的利益冲突以及股东和债权人之间的利益冲突。一方面，若企业实施股权融资，由于股息支付不具有强制性，因此管理者无效率行为将上升；另一方面，若企业实施债权融资，由于债务利息支付具有强制性，因此可以在一定程度上抑制管理者的无效率行为。因而 Hart（1994）认为，若企业业绩不佳，应该增加负债融资，加强管理者约束，能降低其无效行为。为此，这里以企业每股息税前利润变量来考察股东和管理者之间的代理问题对企业融资行为的影响，根据上述理论，我们得出如下推论：企业业绩越差，则企业越有可能选择债权融资。

5. 控制权

由于融资工具的选择直接关系到企业控制权的分配，同时，企业控制权可带来一定的私人收益（Zingales，1994；Shleifer 和 Vishny，1997），因此企业实际控制人有意通过融资结构安排，确保自己对企业的控制权及相应的私人收益不受损害。企业控股股东若采取股权融资，则有可能使其所占股份比例下降，相应地对公司的控制力也会有所削弱。因此，若控股股东原先拥有的股份比例较低，则它将倾向于发债（Harris 和 Raviv，1988）。我们以第一大股东持股比例来考察控制权因素对企业融资行为的影响。我们预计：第一大股东持股比例越低，则企业越有可能选择债权融资。

根据上述优序融资等理论的分析，综合提出以下研究假说：

假设 1：在不考虑外部制度环境下，规模大、自有资本多、盈利能力弱、资产负债率高和股东控制权弱的上市公司会偏好发行债券；反之就会优先选择发行股票。

假设 2：在不考虑外部制度环境下，发债还是发股是和该融资工具的特征相一致的。即公司发债比增发股票融资金额大、融资成本低。

二、地区治理环境与债券股票融资的选择

上述对公司再融资工具选择的理论和实证研究都是在外部制度确定不变的条件下做出的。中国的资本市场最近 10 年有了长足的发展，发行股票和债券也成为很多公司的融资渠道。并且中国作为一个转轨经济的大国，各个省份的经济发展程度、市场化进程和金融市场基础设施差别很大，这些又如何影响各地企业融资工具的选择？

由上述理论可知，上市公司选择发行股票还是发行债券是和外部治理环境相适应的，如果企业所在地的政府干预强、市场化程度低、金融基础设施不完善，则会导致债务契约的外部治理发挥不了相应的作用，此时企业会趋向于选择发行股票。而法律制度完善、司法效率高、金融基础设施发达的地区为市场型债务契约提供了良好的履约机制，这些地区的企业会更多地选择发行债券。根据上述分析，我们可以提出如下假设：

假设 3：市场化程度高、政府干预弱、金融发展水平好的地区所在上市公司偏好发行债券，相反地区的上市公司则更可能选择股票再融资。

第二节　样本选择与研究设计

一、样本和数据

本书以 2000~2015 年上市公司再融资中发行的各类债券、增发的股票和配股为研究样本。债券和股票再融资的发行数据和财务数据来自 Wind

数据库，笔者收集了这 15 年上市公司发行的股票债券资料，然后配对找出上市公司融资前一年的财务数据。此处上市公司债券的数据为广义企业债券样本，包括短期融资券、中期票据、公司债、企业债、金融债和可转换债券的数据。外部市场环境等数据来自樊纲（2015）[①] 等编制的中国各地区市场化指数。

二、变量及界定方法

首先是对被解释变量的设定：为了检验企业特征、融资工具属性和外部治理环境对企业债务工具的选择，我们采用 PROBIT 模型。其中，被解释变量为上市公司 t 年是否公开发行了债券，若企业发行了债券，则选 1，反之为 0。

其次是对解释变量的设定，如附表 1 所示。

三、方程的设定

为了检验上述假设，我们采用模型（1）检验，首先单独检验企业特征变量对债务工具选择的影响，其次综合考虑企业特征变量和融资工具特征变量对债务工具选择的影响，最后考察地方综合治理环境的影响。

$$\mathrm{Pro}(P) = P(Y = 1) = F(\partial_0 + \partial_1 \times \mathrm{SIZE} + \partial_2 \times \mathrm{EBIT} + \partial_3 \times \mathrm{BPS} +$$
$$\partial_4 \times \mathrm{CONTROL} + \partial_5 \times \mathrm{LEVE} + \partial_6 \times \mathrm{COST} + \partial_7 \times \mathrm{SUM} +$$
$$\partial_8 \times \mathrm{MARKET} + \mu_i)$$

$$(8\text{--}1)$$

四、变量描述性统计和相关性分析

从附表 2 可看出，公司规模、每股净资产、资产负债率、第一大股东持股比率、融资成本和发行总额的最大值和最小值差别都较大，保证了方程的有效性；从外部制度环境的均值可以看出，大部分债务融资发生在外部制度环境较好的地区，从附表 3 可以看出，解释变量的相关系数大部分都在 0.5 以下，说明在二元选择的计量模型中我们能较好地避免变量之间的多重共线性。

[①] http://www.yokv.com/cj/39918.html.

第三节　实证检验结果分析

一、对假设 1 的检验结果分析

方程（1）的结果见附表 4，在第（1）~第（3）列中，McFadden R-squared 基本都超过了 0.6，模型拟合度较好。从第（1）~第（3）列实证结果中可看出：公司规模和选择发行债券始终显著正相关，即规模越大的企业越趋向于发行债券，符合预期。每股息税前利润、资产负债率和发债始终显著负相关，这也符合预期。说明收益越低、负债少的企业趋向选择发债。假设 1 得到部分验证。

二、对假设 2 的检验结果分析

附表 4 的第（2）~第（3）列中，融资工具的特征变量为：融资成本和发行总额都与发行债券显著相关，其中发行总额与发行债券显著负相关，这和假设相反，表明股票再融资的平均规模超过了发债规模；融资成本与发行债券显著正相关，和预期相反。这表明我国企业发债的融资成本高于发行股票成本，我国上市公司现金分红少的特有现象改观不大，而债券必须还本付息，这决定了我国上市公司发债融资成本相对股票融资较高。结果表明我国虽出现优序融资现象，但市场现状不符合经典的优序融资理论强调的债券融资成本低的特征。

三、对假设 3 的检验结果分析

当我们控制企业特征和融资工具变量的时候，在模型（3）中加入上市公司所在地的综合治理环境时，发现这个制度变量与发债显著正相关。因此：我们得出，市场化程度低的地区所在企业偏好发行股票，市场化程度高的地区所在企业更可能选择发行债券。假设 3 得到验证。

第四节　实证结论

我国虽出现"上市公司发债强于发股"的优序融资现象，但在融资成本方面和经典的优序融资理论强调的发债成本低于股票融资成本是不符的。我国上市公司现金分红虽然有所增加，但依然较少，低于发债的利息成本；既然股票的融资成本低，那么我国上市公司具有的股权偏好为何改变？

研究发现：上市公司大股东出于对财务杠杆的考虑以及外部治理环境的改善将促使其多发债券。具体如下：

（1）上市公司由于股权融资导致资产负债率降低，为了有效利用财务杠杆，会通过发债来提高杠杆率；同时公司规模的扩大、自有资本的增加都使上市公司发债能力大大加强。

（2）良好的外部治理环境符合公司债券的实施机制。市场化程度高的地区，政府对企业的干预少，金融业竞争激烈，破产保护等法律实施有效等，对这些地区的上市公司发债投资者认购踊跃，发债融资比较容易。而市场化程度高的地区正是上市公司的主要基地。

第九章 上市公司发债和贷款融资选择的实证研究

从前面的文献综述和国际比较得知，债务工具的选择受制于政府干预、法律制度和金融管制的约束，本章追根溯源，以 1998~2009 年我国上市公司增量发行的债券和银行贷款为研究样本，运用 PROBIT 计量方法，从企业特征、债务契约属性、外部制度环境和金融管制四个方面来分析企业对债券和贷款选择的机制。

第一节　理论基础与研究假设

根据前述有关企业对债务工具选择的详尽文献，本章简化为两类予以说明：第一类是企业特征、债务契约属性和债务工具的选择，第二类是债务契约的外部治理机制与企业债务工具的选择研究。

一、企业特征、债务契约属性和债务工具的选择

债务融资主要分为银行贷款和公司债券两种形式，那么，企业自身特征如何影响债务工具的选择？而这两种债务契约对企业的内部治理机制有何不同？

由 Diamond（1984，1991a，1991b），Rajan（1992），Boot（1994）等发展起来的债务融资选择理论强调企业对银行贷款和公开发债的选择主要取决于信息不对称程度、再谈判的效率和债务的代理成本。他们的研究表明银行能够有效地处理信息和监管企业，从而降低代理人问题。而公开发行债券可以降低成本和提供流动性。如果"资产替代"道德风险

严重，则企业倾向于选择银行贷款来增加监督；当道德风险很低时，企业可以通过公开发行债券来利用价格信息优势。Houston 和 James（1996），Krishnaswami 等，Cantillo 和 Wright（2000）实证检验了企业公开发债和银行贷款的选择理论。这些研究强调了增长机会的重要性，证实了债务工具选择上的信息不对称成本效应、债券发行成本和多个银行的关系。结果显示大企业、融资金额大和盈利能力强的企业选择发行债券。David J. Denis 和 Vassil T. Mihov（2003）检验了银行贷款、非银行的私募债务和公开发债的选择。他们发现债务工具选择的最根本的决定因素是借款企业的信用质量。

根据上述债务工具选择的理论和实证研究，提出以下研究假说：

假设 1： 在不考虑外部制度环境下，规模大、盈利能力强、资产期限长和产权性质是国有的公司会偏好发行债券；反之就会优先选择银行贷款。

假设 2： 在不考虑外部制度环境下，公司选择债务工具是和该债务契约的治理机制相一致的。即公司发行债券比向银行贷款融资金额大、借款期限长、利率低并且担保少。

二、外部治理环境与企业债务工具的选择研究

上述对企业债务工具选择的理论和实证研究都基于在外部制度确定不变的条件下做出。然而每个国家的金融体系、法律制度和金融市场的发展阶段不同，这都会影响到债务契约的执行和债务工具的选择。

LaPorta 等（1997，1998，1999，2000）有关司法体系与资本市场发展内在联系的跨国比较开创了法律结构和公司金融的研究；Demirguc-Kunt 和 Maksimovic（1996），Fan 等（2008）基于不同国家制度环境差别对企业债务期限结构进行了翔实的实证研究；Sreedhar 等（2007）研究了会计信息质量在不同债务签约中的作用，实证检验了会计信息质量如何影响借款人发债和贷款的选择。谢德仁和陈运森（2009）的研究表明，良好的地方金融生态环境有助于融资性负债发挥治理效应，但此效应会被政府作为国有控股上市公司最终控制人所具有的"父爱效应"削弱。由上述理论可知，企业选择银行贷款还是公开发行债券是和债务的契约属性以及外部治理环境相适应的，如果企业所在地的法律执行效率低、市场化程度低，金融基础设施不完善则会导致债务契约的外部治理发挥不了相应的作用，此

时企业会趋向于选择银行贷款。而法律制度完善、司法效率高、金融基础设施发达的地区为市场型债务契约提供了良好的履约机制，这些地区的企业会更多地选择公开发行债券。

上述文献分别论述了法律、产权、会计质量与公司融资选择的关系，强调了这些外部环境对投资者权益保护和企业融资选择的重要性，然而对于很多新兴市场国家和转轨经济国家来说，这些外部治理环境都很差，而其资本市场仍有较大的发展，特别是中国的债券市场最近 10 年有了长足的发展，虽然银行贷款依然是主要的融资方式，但是发行债券也成为很多企业的融资渠道。中国作为一个转轨经济的大国，各个省份的经济发展程度、市场化进程、司法效率、金融市场基础设施差别很大，这些又如何影响各地企业对债务工具的选择？本书通过考察我国上市公司在 1998~2009 年发放的 3200 笔各类债券和银行贷款，在控制企业的财务特征后，通过实证发现企业选择的债务工具和其对应的债务契约的属性（期限、是否担保、发行金额、利率）是一致的，然而和债务契约对应的法律等外部治理机制刚好相反，外部治理机制好的地区，法律执行、市场化程度和金融设施好的地区企业会更多地选择银行贷款。外部治理机制差的地区所在企业相对外部治理机制好的地区会更多地选择企业债券。为什么我国债务工具的选择不符合传统的债务契约治理机制理论，即存在中国债务融资选择的悖论？

我国地方政府对辖区内的金融资源干预冲动来自地方竞争，地区经济的发展决定了地方政府官员的仕途发展 Zhuang 和 Xu（1996）。Maskin 等（2000）通过证据表明中国各省之间的水平竞争，激励了地方官员促进本地的经济增长。1994 年分税制改革使中国形成一种财政联邦化，地方已经是独立利益的实体，不管是地方社会福利等公共支出还是直接参与经济建设，都需要大量资金，在市政债券等融资渠道不畅的情况下，实施金融干预是其缓解财政收支矛盾的次优选择。20 世纪 90 年代早中期，地方政府对专业银行分支行的信贷业务有较大的指挥权，专业银行地方分支行成了地方官员的"第二财政"。地方政府从中获得大量贷款搞投资建设，当过热的经济恢复正常时，四大国有银行积累了大量的不良贷款，而这种金融风险很大程度上转变为中央政府的问题，成为了一种"公共品"，地方政府反而不担责任。此后中央对商业银行采取市场化的审慎监管并主导国有商业银行的股份制改革，就是尽量排除地方政府对商业银行分支行贷款的干预，1998 年以后，地方政府不能直接干预商业银行贷款，不过仍然以土地等抵押品为当地国企和关联企业获取贷款，或者通过地方司法干预企业的破产程序来逃离银行债务。而对企业债券的发行管制，严格遵循 1993 年《企业债券管理条例》至今，地方政府分享了当地企业发行债券的管制权力，对本地企业具有初步筛选和争取配额的职能，其干预程度远超银行贷款。因此这种高强度的行政管制直接影响了地方企业债务融资选择的外部环境，它代替了企业债券正式的法律执行机制，降低了企业债券的履约成本。这使得市场化程度低、政府干预力度大的地区所在企业，可以借助政府关系获得比银行贷款利息低、时间长和金额大的企业债券融资；而在市场化程度高的地区，政府对企业的干预少，金融业市场化高，好企业、好项目容易获得银行贷款，这些企业不愿意寻租维持政企关系来获得债券融资，因为机会成本太高。这就是我国中央政府的金融管制和地方政府干预在企业债务工具选择上的治理机制。根据上述分析，我们可以提出如下假设：

假设 3：市场化程度低、政府干预强、金融发展水平和法律执法效率低的地区所在公司偏好发行债券，市场化程度高、政府干预弱、金融发展水平和法律执法效率高的地区所在公司更可能选择银行贷款。

假设 4：相对于市场化整体程度较低地区的公司而言，市场化整体程度较好地区的公司的发债选择与金融管制各变量的关系较弱。即金融管制对市场化整体程度较好地区的公司的发债选择影响较小。

第二节 样本选择与研究设计

一、样本和数据

本书以 1998~2009 年非金融上市公司发行的债券和公开的银行贷款为研究样本。债券的发行数据和财务数据来自 Wind 数据库，收集了这 12 年上市公司发行的 1490 笔债券资料，然后配对找出发债公司前一年的财务数据。因为企业信用债界定的宽窄不同，本书对债券数据进行了分类，包括所有债券的数据为广义企业债券样本，剔除短期融资券、中期票据和可转换债券的数据为狭义企业债券样本。而有关企业贷款的数据来自CSMAR 数据库，选择了中国上市公司 1998~2009 年披露的 1660 笔银行贷款数据作为研究样本，剔除了金融类企业的数据和不翔实的贷款数据，然后对应找出这些上市公司前一年的财务数据，整理出上市公司贷款及财务数据。最终汇总成上市公司银行贷款和债券的数据库，共 3053 笔。外部市场环境数据来自樊纲等（2010）的市场化指数。

二、变量及界定方法

首先是对被解释变量的设定：为了检验企业特征、债务契约、金融管制和外部治理环境对企业债务工具的选择，我们采用 PROBIT 模型。其中，被解释变量为企业 t 年是否公开发行了债券，若企业发行了债券，则为 1，反之为 0。

其次是对解释变量的设定：

1. 企业特征的度量

企业的财务特征由企业 t−1 年的规模、盈利和资产期限构成。企业规模（SIZE）用总资产的自然对数来表示，规模越大的企业，风险越小，发债成本越低，越趋向于发债。盈利用净资产收益率（ROE）表示，即净利润与平均净资产的百分比，收益率越高，还债信誉越强，发行成本越低，越会趋向于发行债券。资产期限用固定资产比率（Tangibility）表示，即固定资产占总资产的比重。Myers（1977）认为，如果企业的债务与资产同时到期，企业在为新的投资项目融资时，有助于建立相容的投资激励，从而避免投资不足问题。因为企业债券发行期限较长，因此企业的发行债券与资产期限正相关。

企业的产权特征以企业 t−1 年的第一大股东的性质（SOE）为准，如果是国有，则为 1，否则为 0。

2. 债务契约的度量

不管是企业债券还是银行贷款，其债务契约的要素包括借款金额（Amount）、价格（Rate）、借款期限（Maturity）和求偿级别（Collateral）。借款金额就是债券的发行额和贷款金额，利率用企业债券发行的票面利率和贷款利率表示，借款期限是债券发行年限和贷款年限。债务求偿级别由是否为债务担保来度量，如果是担保债务就认为是优先级债务，用 1 表示，否则为 0。

3. 外部治理环境的度量

对各地区外部治理环境的衡量指标，本书采取了樊纲等（2004，2006，2010）编制的《中国市场化指数——各地区市场化相对进程论文》。这些系列论文发布了中国各地区（包括除港澳台外 31 个省、自治区和直辖市）的各类指数，包括了政府与市场的关系、非国有经济的发展、产品市场的发育、要素市场的发育、市场中介组织发育和法律制度环境五个一级指标。在每个一级指标下面，包括若干二级指标，有的二级分项指标下面还有若干基础指标。其中，政府与市场关系的指数（Gov）衡量了地方政府对当地企业和市场的干预程度，它是一个反向指标，指数越大表示政府干预越少；市场中介组织发育和法律制度环境的指数（Law）代表了当地法治水平和司法效率，它是一个正向指标，指数越大说明当地的法律制度环境越好，也说明当地的债权保护水平越高。金融市场化指数（Fin）是要素市场发育的二级分项指标，由金融业的竞争程度和信贷资金分配的市场化构成，指数越大，金融市场发展越完善。上述五方面的各项指标构成了一个总市场化指数（Market）来反映外部治理环境综合指数，以此涵盖各地政府干预、法治环境和金融发展水平的影响。

4. 金融管制影响的变量（交乘项的解释）

根据对我国企业债券的发行管制的分析，金融管制对借款企业的主要影响变量是企业规模和所有制，对债务工具的管制主要是额度和价格，即借款利率和借款金额。这些受管制变量和总的外部治理环境（包含了政府干预、金融发展和法律制度环境的影响）的关系用交乘表示。

5. 控制变量

控制变量主要是行业、年度。

不同行业的经营特点和受管制程度等方面都有所不同。因此，预计企业的债务工具的选择带有一定的行业特征。本书控制了行业变量的影响。

根据《上市公司行业分类指引》分类，参照胡奕明（2008）设置哑变量，具体划分为：①农林牧渔；②采掘业；③食品饮料；④纺织服饰；⑤石油化学；⑥电子信息传播；⑦机械设备；⑧医药生物制品；⑨电力煤气供水；⑩建筑业房地产业；⑪交通、运输；⑫批发零售贸易；⑬社会服务业（金融酒店旅游）；⑭综合类；⑮家具造纸等制造业；⑯日用家电。

年度也设置成哑变量，1998年为1，1999~2009年依次为2，3，…，13。

三、变量的界定和理论预期（见附表5）

四、方程的设定

为了检验假设1~假设3，我们采用模型〔1〕检验，首先分别单独检验企业特征变量、债务契约特征变量对债务工具选择的影响，其次综合考虑企业特征变量和债务契约特征变量对债务工具选择的影响；最后依次考察地方政府干预水平、法律制度环境和金融市场化水平等制度变量的影响。

$$\begin{aligned}
\mathrm{Pro(P)} = \mathrm{P(Y=1)} = \mathrm{F}(&\partial_0 + \partial_1 \times \mathrm{SIZE} + \partial_2 \times \mathrm{ROE} + \partial_3 \times \mathrm{LIQUE} + \\
&\partial_4 \times \mathrm{SOE} + \partial_5 \times \mathrm{RATE} + \partial_6 \times \mathrm{MATU} + \partial_7 \times \mathrm{COLL} + \\
&\partial_8 \times \mathrm{SUM} + \partial_9 \times \mathrm{GOV} + \partial_{10} \times \mathrm{LAW} + \partial_{11} \times \mathrm{FIN} + \\
&\partial_{12} \times \mathrm{IND} + \partial_{13} \times \mathrm{YEAR} + \mu_i)
\end{aligned} \tag{9-1}$$

为了检验假设4，我们采用模型（2）检验，在控制了企业特征和债务契约特征变量后，通过外部综合治理环境和相关变量的交乘来考察受到金融管制的变量在外部治理环境好的地区的作用是否弱化。

$$\begin{aligned}
\mathrm{Pro(P)} = \mathrm{P(Y=1)} = \mathrm{F}(&\partial_0 + \partial_1 \times \mathrm{SIZE} + \partial_2 \times \mathrm{ROE} + \partial_3 \times \mathrm{LIQUE} + \\
&\partial_4 \times \mathrm{SOE} + \partial_5 \times \mathrm{RATE} + \partial_6 \times \mathrm{MATU} + \partial_7 \times \mathrm{COLL} + \partial_8 \times \mathrm{SUM} + \\
&\partial_9 \times \mathrm{IND} + \partial_{10} \times \mathrm{YEAR} + \partial_{11} \times \mathrm{MARKET} + \\
&\partial_{12} \times \mathrm{MARKET} \times \mathrm{SIZE} + \partial_{13} \times \mathrm{MARKET} \times \mathrm{RATE} + \\
&\partial_{14} \times \mathrm{MARKET} \times \mathrm{SUM} + \partial_{15} \times \mathrm{MARKET} \times \mathrm{SOE} + \mu_i)
\end{aligned} \tag{9-2}$$

五、变量描述性统计和相关性分析

从附表6可看出，企业规模、净资产收益率、资产期限、利率、借款期限和发行总额的最大值和最小值差别都较大，保证了方程的有效性；被解释变量债务选择的均值为0.48，表明在所选样本里企业选择发债和选择贷款的概率比较接近；由外部制度环境的均值可以看出，大部分债务发生在外部制度环境较好的地区。从附表7可以看出，解释变量的相关系数均在 0.5 以下，说明在二元选择的计量模型中我们能较好地避免变量之间的多重共线性，地方政府干预水平、法律制度环境和金融市场化水平三个制度变量之间的相互关系较小。

第三节 实证检验结果分析

一、对假设 1 的检验结果分析

方程（1）的结果见附表 8，在第（1）~第（7）列各列中，McFadden R-squared 都超过了 0.6，模型拟合度较好。企业规模、企业性质和选择发行债券始终显著正相关，即规模越大的企业越趋向于发行债券。国有企业相对于民营企业趋向于发行债券，符合预期。净资产收益率、资产期限绝大多数情况下显著负相关，这和预期相反，说明收益高、资产期限长的企业反而趋向选择贷款。假设 1 基本得到验证。

二、对假设 2 的检验结果分析

附表 8 的第（2）~第（7）列中，债务契约的各特征变量如利率、借款期限、担保和融资金额都与发行债券显著相关，其中借款期限、发行总额与发行债券显著正相关，利率和担保人与发行债券显著负相关，这和假设一致，即企业选择债务工具是和该债务契约的治理机制相一致的，企业发行债券比向银行贷款融资金额大、借款期限长、利率低并且担保少。

三、对假设 3 的检验结果分析

当我们控制企业特征和债务契约变量的时候，如附表 8 所示，在模型（4）~模型（6）中依次加入地方政府干预水平、法律制度环境和金融市场水平时，发现这三个虚拟变量都与发债显著负相关。在模型（7）中同时加入这三个制度变量，它们依然与发债显著负相关。因此我们得出：市场化程度低、政府干预强、金融发展水平和法律执法效率低的地区所在企业偏好发行债券，市场化程度高、政府干预弱、金融发展水平和法律执法效率高的地区所在企业更可能选择银行贷款。

四、对假设 4 的检验结果分析

方程（2）的结果见附表 9，当控制企业特征和债务契约变量时，我们加入了总的综合治理环境指数（是政府干预水平、法律制度环境和金融市场化等指数的加权合成的总指数）的虚拟变量。从附表 9 的结果看，McFadden R-squared 均超过了 0.6，模型拟合较好。LR statistic 都显著，表明变量的联合解释力度好。外部治理环境总指数和企业发债选择显著负相关，即外部治理环境较差地区的上市公司偏向发行企业债券，外部治理环境较好地区的上市公司更愿意选择贷款，这也支持了假设 3 的检验结果。如果再依次加入外部治理环境与企业特征（企业规模、企业性质）和债务契约特征（利率、借款金额）的交乘项，结果显示外部治理环境大多数情况下仍然显著，附表 9 的第 2、第 3 列分别显示外部治理环境与企业规模的交乘、外部治理环境与利率的交乘不显著，而第 4、第 5 列分别显示外部治理环境与借款金额的交乘、外部治理环境与企业所有制性质的交乘显著，并且在同一个模型里与借款总额和企业性质的变量符号正好相反，这说明和外部治理差的地区相比，在外部治理好的地区，国有企业偏向发行债券的程度会降低，大额融资选择企业债券的意愿也会减小。这就表明在外部治理好的地区，金融管制借债金额和借款企业的性质对债务工具选择的作用会削弱，相反，在外部治理差的地区，金融管制的作用更强。因此，相对于外部综合治理程度较低地区的企业而言，外部治理整体程度较好地区的企业的发债选择与金融管制的企业性质和发行规模关系较弱，即金融管制对外部治理程度较好地区的上市公司的发债选择影响较小。假设 4 基本得到验证。

五、稳健性分析

我们在稳健性实证检验中采用的狭义的债券样本，去除了可转债、短期融资券和中期票据的数据。各地区的企业融资环境我们采用了李扬、王国刚和刘煜辉（2008，2009，2011）编制的《中国地区金融生态环境评价指数》，替代了樊纲等编制的各地市场化指数，实证结果不仅和前述一致，甚至更为显著。

第四节　实证结论

在企业特征方面，规模越大的企业越趋向于发行债券；国有企业相对于民营企业趋向于发行债券。但收益高、资产期限长的企业反而趋向于选择贷款。

在债务契约的属性方面，企业发行债券比向银行贷款融资金额大、借款期限长、利率低并且担保少。表明企业选择债务工具和该债务契约的治理机制相一致。

外部治理环境与国外债务工具的理论相反缘于我国金融监管部门对企业债券和银行贷款的管制程度不同造成地方政府对企业债务选择的干预程度不同，最终导致了各地公司在面临不同的债务融资环境时的理性选择。金融管制和行政干预成为法律等正式外部制度的替代机制。国家发展改革委对企业债券发行的高度管制，特别是审批程序管制和配额制，直接把地方发展改革委纳入到企业债券发行的监管体系，地方政府对各地企业发行债券的行政干预趋于合理化。银监会对全国的商业银行采取的是审慎监管、间接管制。1998年后，商业银行贷款实行资产负债比例管理，商业银行自主发放贷款。各地银监办是银监会的派驻机构，属于垂直管理，地方政府不能直接干预商业银行贷款，只能通过间接手段来影响贷款。因此我国银行贷款的市场化程度反而高于企业债券。加之国家发改委对企业债券的发行向金融资源缺乏的地区倾斜，使得市场化程度低，政府干预强的地区所在企业可以借助政府关系获得比银行贷款利息低、时间长和金额更大的企业债券融资，高度的金融管制和地方政府的干预替代了司法效率和中介组织等企业债券市场的基础设施；而在市场化程度高的地区，政府对企业的干预少，金融业市场化高，好企业容易获得银行贷款，这些企业不愿意通过寻租维持政企的关系来获得债券融资，因为机会成本太高。故市场化程度高的地区所在企业更愿意选择市场化的银行贷款，政府干预强的地区所在企业更愿意选择行政管制的企业债券。

第十章 上市公司中期票据和
公司债融资选择的实证研究

目前上市公司发债工具包括公司债、普通可转债、分离交易可转债、短期融资券和中期票据，2007年公司债①推出后上市公司基本不再发行国家发改委审批的企业债。典型的中长期债券品种即公司债券和中期票据，都是在2008年以后开始发行，债券特点也很相似。但公司债由证监会管理，采取类似股票发行的严格审核制，手续烦琐，2011年以前审批时间大概3个月以上。而中期票据的发行只需在中国人民银行授权银行间交易商协会注册即可，一般一个月以内即可发行。两者发行条件等监管的详细对比见附表10。近年来，中期票据发行额持续超过公司债发行额，以2015年为例，中期票据发行12759亿元，公司债发行10334亿元。这初步表明，相似的券种的发行管制强度不同，导致了上市公司会优先发行中期票据。

本章以2008~2015年我国上市公司债券融资中发行的公司债券和中期票据为研究样本，运用增量的二元选择计量方法，从企业特征、融资工具性质来分析上市公司再融资中对公司债券和中期票据的选择机制。

第一节 理论分析与研究假设

根据前述有关企业对融资工具选择的详尽文献，本章简化为两类进行说明：其一是企业特征和中期票据公司债的选择，其二是融资工具特征与

---

① 本书实证研究公司债数据是指2007~2015年发行的公司债券，主要受2007年颁布的《公司债券发行试点办法》（证监会令第49号）监管。

中期票据公司债的选择。

一、企业特征对中期票据债券选择的影响

1. 企业的债务期限

将债务融资总量按照期限结构划分，以一年作为划分短期和长期债务融资的时间界限。本书采用长期债务（指偿还期限在一年以上的债务）占总债务的比例度量债务期限结构。企业发债前的长期负债率小，说明企业的债务结构偏短期，为了达到最优的债务期限结构，企业发债时会偏向长期债务工具。

公司债券的期限长于中期票据，公司债券多为 5~8 年，中期票据以 3~5 年居多，因此预期公司债务期限越短，越倾向于发行公司债。

2. 企业的资产规模

Tirole（2008）证明了存在道德风险的情况下，借款人的负债能力主要取决于其资本规模。这里用总资产表示企业规模，计算公式为企业总资产的自然对数值，用来考察企业规模对企业融资行为的影响。证监会对公司债券的发行有资产要求"股份有限公司的净资产不低于人民币三千万元，有限责任公司的净资产不低于人民币六千万元"，而对中期票据没有要求。我们预期，企业资产规模越大，则企业越趋向于发行公司债券。

3. 企业的自由现金流

企业自由现金流量是指扣除税收、必要的资本性支出和营运资本增加后，能够支付所有的清偿权者的现金流量。它是企业可分配利润的基础，证监会对发债公司有利润的要求"最近三个会计年度实现的年均可分配利润不少于公司债一年的利息"，而对中期票据没有规定，我们预期企业的自由现金流越多，则企业越趋向于发行公司债券。

4. 企业的成长性

上市公司每股收益增长率越高，越表现出良好的成长性，就越有可能发行公司债，这符合公司债发行的利润条件，因此我们预期企业的成长性越高，则企业越趋向于发行公司债券。

根据上述理论的分析，综合提出以下研究假说：

假设 1：规模大、债务期限短、自由现金流多、成长性好的上市公司会偏好发行公司债券；反之就会优先选择发行中期票据。

二、融资工具特征对企业发行债券和中期票据的影响

1. 票面利率

利率是上市公司选择中期票据和公司债的重要影响因素，由于公司债的期限长于中期票据，按照债务期限结构理论，长期债务的利率要高于短期债务。同时，由于我国中期票据的发行和交易在银行间市场进行，主要有银行、保险等金融机构投资者参与，投资需求大，流动性高，属批发市场，因此利率较低；而公司债券的发行和交易在交易所市场进行，主要有券商、基金公司和个人投资者参与，承接能力有限。因此，公司债比中期票据的融资成本高。

2. 发行金额

由于公司债的发行审核程序烦琐，审批时间长，相比中期票据发行成本高，因此，为了摊平发行成本，上市公司每次发债的融资金额尽可能接近规定的上限，即"发行后累计公司债余额不超过最近一期末净资产额的40%"，这表明公司每次的发债金额比中期票据大。

3. 发行期限

上市公司在发行新公司债时需要满足前一次发行的企业债已足额募集且已经发行的企业债没有延迟支付本息的要求。通常上市公司募集资金所投项目的回报等待期较长，需要一定时间才能够获得收入用以支付企业债的本息。较迟的还本时间有利于上市公司减轻债务压力，保证已有债务的正常支付。因此，公司债比中期票据的发行期限长。

假设 2：上市公司发行债券比中期票据金额大、利率高、期限长。

第二节　样本选择与研究设计

一、样本和数据

本书以 2008~2015 年上市公司再融资中发行的公司债券和中期票据为

研究样本。债券和中期票据再融资的发行数据和财务数据来自 Wind 数据库，收集了近 8 年上市公司发行的债券票据资料，然后配对找出上市公司融资前一年的财务数据。

二、变量及界定方法

首先是对被解释变量的设定：为了检验企业特征和融资工具属性，对企业发行债券和中期票据的选择，我们采用 PROBIT 模型。其中，被解释变量为上市公司 t 年是否公开发行了公司债券，若企业发行了债券，则为 1，反之为 0。

其次是对解释变量的设定：如附表 11 所示，财务指标为发债上年的数据。

三、方程的设定

为了检验上述假设，我们采用模型（1）检验，首先单独检验企业特征变量对债务工具选择的影响，其次综合考虑企业特征变量和融资工具特征变量对债务工具选择的影响。

$$Pro(P) = P(Y = 1) = F(\partial_0 + \partial_1 \times SIZE + \partial_2 \times CASH + \partial_3 \times DEBT + \partial_4 \times GROW + \partial_5 \times SUM + \partial_6 \times COST + \partial_7 \times TERM + \mu_i)$$

$$(10-1)$$

四、变量描述性统计和相关性分析

从附表 12 可看出，企业规模、每股企业自由现金流、债务期限、利率和借款金额的最大值和最小值差别都较大，保证了方程的有效性；被解释变量债务选择的均值为 0.46，表明在所选样本里企业选择发公司债和中期票据的概率比较接近。从附表 13 可以看出，解释变量的相关系数均在 0.7 以下，说明在二元选择的计量模型中较好地避免了变量之间的多重共线性。

第三节　实证检验结果分析

一、对假设 1 的检验结果分析

模型（1）的结果见附表 14，在第（1）~第（4）列各列中，McFadden R-squared 比较理想，模型拟合度较好。企业规模、每股企业自由现金流和公司选择发行债券显著负相关，说明企业规模越大、自由现金流越多的企业反而越趋向选择中期票据，这和预期相反。这说明，虽然中期票据没有对公司的资产规模和利润做出要求，但由于其发行注册的便利以及场外债券市场的优势，使得有稳定现金流的大型上市公司反而愿意到银行间市场发行中期票据。

二、对假设 2 的检验结果分析

附表 14 的模型（2）~模型（4）中，债务契约的特征变量发行总额和债券期限与发行债券显著正相关，这和假设一致，即企业发行债券比发行中期票据融资金额大、期限长。

第四节　实证结论

本章从企业特征和债务契约属性两个层面分析了影响我国上市公司选择债券还是中期票据的因素。研究发现：

证监会对上市公司发债的高门槛使得能入围发债的公司具有上市时间长和每股收益增长率快的特征。这种严格管制下的发债公司并没有表现出更佳的财务特征，相反规模大、自由现金流充沛的公司更偏好中期票据。

公司债严格管制的另一个影响是上市公司发行新公司债募集资金时将受到前次发行的影响，同时上市公司在发债前还需满足一定的财务标准，为了避免出现受前次发债情况影响及财务状况难达标而无法及时发行新债筹资的情况，公司债的平均发行总额比中期票据大，平均发行期限比中期票据长。

第十一章 我国信用债违约
处理机制研究

2014 年，我国债券市场出现首次公募债违约事件。2014 年 2 月 28 日，*ST 超日发布 2013 年业绩快报，预计亏损 13.7 亿元，3 月 4 日，公司发布公告宣布债券"11 超日债"的利息无法按时支付，仅能够按期支付人民币共计 400 万元。自"11 超日债"违约以来，我国债券违约事件时有发生。随着 2016 年债券市场兑付洪峰的到来，未来信用债违约事件还将继续增多。

本章通过对我国已有债券违约事件处理方案进行分析，按照交易市场进行分类，银行间市场债券违约主要通过主承销商代理维权、担保公司承担偿债义务和由地方政府或银行最终兜底三种方式解决，执行力度强，但市场化程度不高；交易所市场债券违约主要通过担保公司承担偿债义务和第三方机构介入重组的方式解决。交易所解决方案更偏向市场化，但执行力度不高，解决时间长。基于以上分析，可总结出我国债市问题和针对性的解决措施。

第一节 我国债券市场违约概况

我国债券市场经过 20 多年的发展，已形成了银行间市场和交易所债券市场共同发展的格局。债券市场产品日渐多元，市场主体参与债券市场的热情不断高涨，市场规模得以迅速扩大。截至 2015 年底，我国债券市场存量合计 48.54 万亿元，占全年 GDP 的 70.81%。其中，信用类债券存量为 21.85 万亿元，占总存量的 45.01%，世界排名第二，仅次于美国。彭博数据显示，至 2016 年 7 月，美国公司债市场共发生 5774 起违约事件，日本发生 95 起，而在这段时间前后，中国债券市场虽然发生了数起信用事件，但信用债"零违约"的神话直到 2014 年超日债违约之后才被打破。

2014 年 3 月"11 超日债"的实质性违约成为我国债券市场首次公募债违约事件。2014 年将以债券违约元年被载入中国债券市场史册，这一年，从公募债券到私募债券，从银行间市场到交易所市场，都未曾幸免。从 3 月的"11 超日债"付息违约，到 4 月的"13 中森债"兑付风波和"12 华特斯"发行人破产重组事件，再到 7 月中旬江苏恒顺达与华通路桥双双预警债券兑付困难，7 月下旬"12 金泰债"出现实质性违约以及"12 津天联"爆出兑付危机，8 月下旬"13 华珠债"逾期未兑付利息，正式发生违约，"11 华锐债"出现违约风险预警，中国债券市场的违约年代开启。在此情况下，我国信用债的违约处理机制如何运作，怎样有效地保护债权人利益就是本章研究的核心内容。

第二节　事前分析：不同监管机制对债券违约的影响

我国债券交易目前主要集中在银行间债券市场和交易所市场。通过综合分析近期债券市场的信用事件发现，已经违约或者存在违约风险的债券多数发生在交易所市场，而银行间债券市场鲜有违约事件发生，究其原因，在于不同交易场所的债券有着不同的监管机制，债券的风险状况有所不同，接下来将针对不同交易场所和不同监管机制，对债券违约风险进行分析。

一、银行间债券市场

银行间债券市场作为场外市场的主体和核心，具有市场容量大、债券品种多、流动性强等特点。银行间债券市场的交易以回购为主，金融机构利用银行间债券市场管理资金头寸、调整资产负债结构和进行投资理财，此外，银行间债券市场也是央行进行公开市场操作、传导货币政策的场所。银行间债券市场的投资者主要是各机构投资者，包括商业银行及其授权分行、证券公司、基金公司、保险公司、信托投资公司、金融租赁公司、财务公司等。银行间债券市场的监管机构为中国人民银行（交易商协会）。

银行间债券市场出现违约的情况较少，主要有两方面的原因：一是由于银行间债券市场的参与者主要是各金融类机构投资者，其作为债券市场的主力具备较强的理性定价能力、风险管理能力和内控能力，例如银行等金融机构具有很强的融资能力，在面对财务危机时能够通过短期过桥贷款等方式走出困境；二是央行对于银行间债券市场的约束较多，行政干预力度较强，银行间同业拆借中心和债券托管登记机构对于交易有着非常严格的登记备案制度，并对债券交易、清算及结算进行严格的日常监测和管理，银行间市场交易商协会作为自律组织，也对市场参与者的交易行为进行约束和引导，故可以更好地将信用风险扼杀于萌芽之中。因此，在银行间债券市场鲜少出现债券违约情况。

二、交易所债券市场

交易所市场主要面向中小投资者，其交易方式适合小额交易。而场内市场，即交易所债券市场的主要监管者为证监会，证监会负责对上市公司进行监管，对上市公司在交易所市场发行可转债和公司债负责审批。

从当前发展趋势来看，证监会对于交易所债券市场的监管方式日益向着"市场起决定作用"的方向迈进。截至 2016 年 6 月，沪深两市加上全国股份转让系统（新三板）总市值约为 48.29 万亿元，同期的债券市场存量规模合计为 57.59 万亿元，债券市场存量是股票市场市值的 1.19 倍，而在国外的成熟资本市场，如美国，过去 25 年里债市的规模平均是股市的 1.8 倍。从 1.19 倍到 1.8 倍，中国债券市场仍大有可为，尤其是在市场参与主体不断成熟、创新融资渠道和融资工具需求渐强的背景下，债券市场作为资本市场融资主体渠道的作用日益显现，可扩大的空间也充满想象，这使得监管机构越来越关注交易所债券市场。2014 年 7 月底，证监会向各大券商就资产证券化审批转备案制执行负面清单管理征求意见，引导资产证券化进入交易所发行，力道十足，此外，证监会也在考虑突破发行主体范围，将交易所公司债发行主体扩展至所有公司制法人，推出并购重组债券、项目收益公司债券、可交换债券等创新品种，允许全国中小企业股转系统挂牌公司发行中小企业私募债等内容。这均表明证监会正致力于扩大交易所债券市场份额，推动交易所债券市场自由化。

监管者减少对市场的干预，更多地用市场化机制来推动交易所债券市场发展的趋势使得交易所债券市场更加自由，市场作为"看不见的手"可发挥调控作用，经营管理不善无法按时偿还本息的债券自然无法避免违约的风险。可以预见，债券违约将成为今后一段时期常态化的现象，过去债券违约政府兜底在一定程度上使得债券定价与信用评估体系相对扭曲，而违约开始之后对于提高市场参与者的风险意识、促进债券市场信用评级深化有着积极意义，有助于债券市场制度完善。

三、地方政府融资平台

发改委作为我国固定资产投资项目的审批机关被赋予了对地方政府融资平台发债进行审批的职责。对于被银监会纳入监管类平台名单的发行人，发改委原则上不再审批其发债申请，而被列为监测类平台的，则可继续发债。由于地方政府的融资项目需要发改委审批通过，所以发改委对于城投债的行政约束力度较强，因而此类型债券也较少出现违约情况。

第三节　事后分析：我国信用债市场债券违约处理方案

表 11-1 罗列了中国债券市场 2014 年发生的十七起信用事件，除 "11 超日债"、"12 金泰债"、"12 津天联" 及 "13 华珠债" 以外，其余事件中债券虽然出现了短期的偿债困难，但最后均通过各种手段获得了兑付，并未发生实质性违约。这些信用事件的处理方案大致可以分为三类：主承销商代理维权，以福禧短期融资券为代表；担保公司承担偿债义务，如 "10 中关村债"、"13 中森债"、"10 京经开债"、"10 黑龙江债" 和 "11 常州债"；由地方政府或银行最终兜底，如 "11 海龙债"、"13 华通路桥短融"、"11 江西赛维债" 和 "11 新中基债"。

接下来，本书将分别选取 "06 福禧债"、"10 中关村债"、"13 中森债"、"11 海龙债"、"13 华通路桥短融"、'11 华锐",以及发生了实质性违约的"11 超日债"、"12 金泰债"、"12 津天联"、"13 华珠债"进行详细分析。

表 11-1　中国债券市场 2014 年主要信用事件

交易地点	时间	事件	涉事债券	债券类型	事件主体	解决方案
银行间市场	2006.07~2007.03	福禧投资涉嫌违规借贷,主要财产遭法院冻结,福禧 CP01 债券被降为 C 级	06 福禧 CP01	短期融资券	福禧投资	主承销商工商银行牵头化解了福禧短融的偿债危机,全部本息如期兑付
	2011.09~2012.04	山东海龙连续降级	11 海龙 CP01	短期融资券	山东海龙	疑由银行提供过渡资金,同时潍坊市政府为资金提供担保
	2012.01	地杰通信偿债困难	10 中关村债	企业集合债	地杰通信	中关村担保提前代偿全部本息 4414 万元
	2012.04~2012.10	江西赛维连续降级	11 江西赛维 CP001	短期融资券	江西赛维	疑由地方政府救助或银行贷款兑付
	2012.09~2012.10	新中基降级	11 新中基 CP001	短期融资券	新中基	疑由新疆生产建设兵团救助进行兑付
	2012.01	康特荣宝偿债困难	10 京经开 SMECN1	企业集合票据	康特荣宝	首创担保代偿本息 2053 万元
	2012.12	惠佳贝偿债困难	10 黑龙江 SMECN1	企业集合票据	惠佳贝	深圳担保代偿本息 708 万元
	2012.12	高力彩钢资产被查封	11 常州 SMECN II 001	企业集合票据	高力彩钢	中债增信承诺高力彩钢违约将代偿全部本息
	2014.07	贷款出现逾期且处于停产状态,无法按期兑付本息	江苏省中小企业 2011 年第一期集合票据	中小企业集合票据	江苏恒顺达	公司未在规定时间内将本息资金足额支付至偿债专户,已由担保公司代偿

续表

交易地点	时间	事件	涉事债券	债券类型	事件主体	解决方案
	2014.07	华通路桥公司董事长王国瑞遭有关部门调查无法返回企业主持工作，兑付存在不确定性	13 华通路桥 CP001	短期融资券	华通路桥	本息在资金系统正常关闭前的最后关头如期兑付，款项来源应主要是公司自身应收账款，相关主承销商和地方政府参与催收
交易所市场	2014.03	超日太阳公告无法按期全额支付利息，正式宣告违约	11 超日债	公司债	超日太阳	目前延期利息尚未兑付
	2014.04	产能过剩、资金周转困难，出现利息违约	13 中森债	企业债	中森通浩	担保方中海信达出具承诺函，称将履行担保义务，但最终发行人自行筹资完成利息支付
	2014.04	发行人浙江华特斯进入破产重组，增添兑付不确定性	12 华特斯	私募债	浙江华特斯	2015 年 1 月到期，担保措施较多，完成兑付需付出一定沟通成本
	2014.07	债券持有人选择于 2014 年全额回售本次债券，金泰科技未按时足额偿付本息，发生实质性违约	12 金泰债	私募债	金泰科技	实质性兑付违约
	2014.07	董事长失联多日，公司面临大量诉讼，经营难以为继	12 津天联	私募债	天津复材	首例国有担保违约
	2014.08	发行人流动资金紧张，无法按时付息，已构成违约	13 华珠债	私募债	华珠（泉州）鞋业	实质性兑付违约
	-2014.09	华锐风电公布 2013 年报，公司已连续两年亏损，公司股票被实施退市风险警示，其发行债券"11 华锐"被暂停上市交易，2014 年 9 月 29 日，华锐风电意欲折价回购，最终被持有人大会否决	11 华锐 01 / 11 华锐 02	公司债	华锐风电	公司积极应对，通过出售应收账款、资本公积金转增股本和股份让渡等多种方式筹措偿债资金，最终未发生违约情况

一、银行间市场债券违约处理事件

银行间债券违约处理执行力较强，主要通过主承销商代理维权、担保公司承担偿债义务、由地方政府或银行最终兜底三种方式解决，市场化程度有限。

1. 由主承销商代理维权的案例——福禧短融违约事件

（1）福禧信用事件演变过程。福禧投资控股有限公司（"福禧"）是首家获得短期融资券发行资格的非上市民营企业，2006 年 3 月发行了 10 亿元一年期短期融资券，主承销商为中国工商银行，上海远东国际资信评估公司给予其 A-1 评级，如表 11-2 所示。福禧核心业务为高速公路的投资建设和运营，拥有沪杭高速公路上海段 30 年收费经营权、嘉金高速公路 25 年收费经营权、苏嘉杭高速 30 年收费经营权。

表 11-2　福禧短融基本信息

发行人	福禧投资控股有限公司
债券类型	短期融资券
发行规模	10 亿元
票面利率	3.6%
起息日/到期日	2006 年 3 月 7 日/2007 年 3 月 7 日
增信方式	无
债券评级	首次评级：A-1；2006 年 8 月降级为 C 级
主承销商	中国工商银行

2006 年 7 月上海社保基金案爆发，福禧投资涉嫌从上海社保基金违规借贷 32 亿元巨额资金，用于收购沪杭高速公路股权。此后福禧主要资产被法院冻结，董事长张荣坤被逮捕。8 月 21 日，上海远东国际资信评估公司直接将该债券降为 C 级。事件爆发后，福禧短融成为机构争相抛售的对象，但由于缺乏买盘，流动性迅速枯竭。

（2）信用危机处理程序回顾。"福禧事件"发生以后，福禧短融的主承销商中国工商银行牵头化解了这场偿债危机。2006 年 8 月 29 日，中国工商银行在上海召开持有人会议，就成立"福禧融资券债权人委员会"达成共识，持有人一致同意委托中国工商银行代理维权工作；9 月 8 日，福禧融资券债权人委员会第一次会议召开，正式启动维权工作。

经过福禧融资券债权人委员会和维权代表中国工商银行的努力，在金融主管部门和上海市政府的大力推动下，福禧公司资产处置工作顺利进行，2007 年 3 月 7 日，福禧短融如期足额兑付了全部本息，如图 11-1 所示。

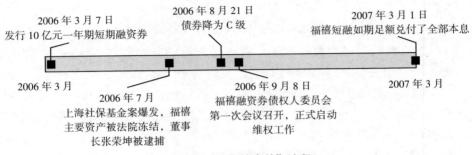

图 11-1 "福禧事件"流程

在此过程中，福禧融资券债权人委员会积极加强与监管部门和地方政府的沟通协商，督请上海市政府积极开展资产处置工作，保证持有人的合法权益；与此同时，债权人委员会认真落实法律诉讼的准备和相关筹备工作，委托中国工商银行开展具体工作。由于"福禧事件"的特殊性及主管部门资产处置和重组的高效性，最终并未启动实质性的法律诉讼程序。

（3）福禧信用事件的启示。我们可以看到，在偿债危机发生之后，主承销商中国工商银行成功召集福禧短融持有人召开了持有人会议，并就维权事宜达成了共识，这对之后维权的成功起到了关键性的作用。这是以市场化手段解决该类事件的一次经典案例，债市参与者首次直面信用危机并最终予以成功解决。"福禧事件"给我们的启示是：债券发行、流通及违约处理都应坚持市场化原则，发生信用事件时，要杜绝由主管部门或主承销商包揽风险、息事宁人的现象。由主承销商代理维权，可以有效解决持有人分散、联系不畅等问题，充分发挥主承销商在熟悉企业、与主管部门易于沟通等方面的优势。

2. 由担保公司承担偿付义务的案例——"10 中关村债"信用事件

（1）"10 中关村债"偿债危机演变。

2010 年 8 月 26 日，包括北京地杰通信、京北方、百奥药业在内的共 13 家发行人集合发行"10 中关村债"，发行规模 3.83 亿元，期限 6 年，

表 11-3 "10 中关村债"基本信息

发行人	北京地杰通信设备股份有限公司、北京佳讯飞鸿电气股份有限公司等 13 家企业
债券类型	集合企业债
发行规模	3.83 亿元
票面利率	5.18%
起息日/到期日	2010 年 8 月 26 日/2016 年 8 月 26 日
增信方式	不可撤销连带责任担保
担保/再担保人	北京中关村科技融资担保有限公司/北京市中小企业信用再担保有限公司
债券评级	AA+（首次）；AA+（最新）
担保人评级	AA-（首次）；AA（最新）
主承销商	中信建投证券

票面利率 5.18%。其中，地杰通信发债金额为 4000 万元，京北方和百奥药业均为 2000 万元。根据担保协议，中关村担保对"10 中关村债"续期前 3 年应付本息提供全额无条件不可撤销的连带责任保证担保，由北京再担保公司提供再担保。债券发行时，债券评级为 AA+级，担保人评级为 AA-级，如表 11-3 所示。

2012 年 1 月 4 日，地杰通信在中国债券信息网公告称，公司目前经营状况恶化，自主偿债能力较低，已向中关村担保申请，请其履行担保责任，确保本金及利息按时全额兑付。1 月 9 日，大公国际资信评估公司公告称，下调"10 中关村债"3 家发行人的评级，其中地杰通信由 BBB+降至 CC 级，京北方科技股份有限公司由 B3B+下调至 BBB-，北京百奥药业有限责任公司由 BBB 下调至 BBB-；其他发行人信用等级维持不变，如图11-2 所示。

（2）"10 中关村债"偿付危机应对程序。虽然 3 家发行人被降级，但大公国际仍然维持"10 中关村债"信用等级为 AA+，原因是担保人中关村科技担保有限公司代偿能力与代偿意愿较强，并且再担保人北京中小企业信用再担保公司综合实力强大。

中关村担保在 2012 年 1 月 4 日也披露，其已于 2011 年 11 月 28 日向北京市长安公证处提存资金 4414.42 万元，包含了地杰通信需到期兑付的全部本金和至 2013 年债券所需支付的利息，以确保本息兑付。

（3）"10 中关村债"事件的启示。"10 中关村债"偿债危机是中国债券市场发生的首例担保代偿事件，因为担保人偿付能力和偿付意愿均较为

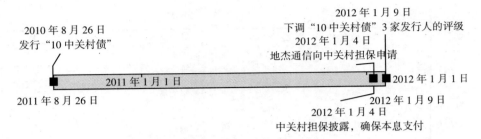

图 11-2 "10 中关村债"流程

强烈，因而并未发生实质性违约。此后，"10 京经开债"、"10 黑龙江债"和"11 常州债"在发生偿债危机时也均由担保公司承担了偿债义务。

对于发债时引入了担保机制作为增信机制的债券，担保公司可以作为发生偿债危机时的最后一道保障，但是，债券持有人也要警惕担保公司是否具有偿债意愿和偿债能力，例如"13 中森债"在未能如期支付利息后，曾传出担保公司拒绝承担代偿责任的传闻，给市场信心带来了极大的冲击。

3. 由地方政府或银行最终兜底的案例

（1）"11 海龙债"信用事件。

表 11-4 "11 海龙债"基本信息

发行人	山东海龙股份有限公司
债券类型	短期融资券
发行规模	4 亿元
票面利率	5.8%
起息日/到期日	2011 年 4 月 15 日/2012 年 4 月 15 日
增信方式	无
债券评级	A-1（首次），之后多次下调评级
主承销商	恒丰银行

1）"11 海龙债"偿债危机演变。山东海龙股份有限公司为深交所上市公司，实际控制人为潍坊市国资委，主要从事黏胶短丝、黏胶长丝、棉浆粕、帘帆布的生产与销售。2011 年 4 月 15 日，公司发行一期 1 年期短融，发行规模为 4 亿元，由恒丰银行担任主承销商。联合资信评估给予债券初始评级为 A-1 级，发行主体初始评级为 A+级，如表 11-4 所示。

2011 年 6 月 1 日，海龙发布公告称因涉嫌违反证券法律法规被中国证监会立案调查。9 月 15 日，联合资信将公司主体评级由 A+下调至 A−/负面。12 月 9 日海龙披露了 2008~2010 年会计差错更正公告，显示公司历史会计信息披露质量存在重大瑕疵，更正后所有者权益为−2.46 亿元，资不抵债。因此，联合资信于 12 月 19 日进一步下调公司主体评级至 BB+/负面。

2012 年 3 月 2~12 日，公司因资金紧张，新增逾期贷款 1.49 亿元，使得逾期贷款总计达到 7.21 亿元，占最近一期经审计净资产的 456.64%。考虑到海龙资金链紧张、偿付能力严重下降的情况，联合资信于 2 月 15 日将其主体评级进一步下调至 CCC 负面，债项评级下调至 C。

2）"11 海龙债"偿付危机应对程序。2012 年 4 月 15 日为 "11 海龙债"的最后偿付日，因此在债券被下调至 C 级后，市场纷纷猜测潍坊市政府是否会容忍 "11 海龙债"违约，但大多数市场人士仍然对 "11 海龙债"的顺利兑付持乐观态度。

2012 年 3 月底，主承销商恒丰银行董事会秘书在接受媒体采访时表示，可能的解决方案是由银行提供一笔过渡资金暂时解决海龙短期融资券的兑付问题，同时潍坊市政府为这笔资金提供担保。

2012 年 4 月 9 日，山东海龙发布了 "11 海龙 CP01"的兑付公告，意味着逾 4 亿元的本息将于 4 月 15 日如期兑付，如图 11−3 所示。

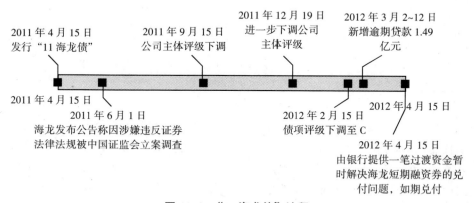

图 11−3　"11 海龙债"流程

"11 海龙债"依靠政府的兜底顺利化解了兑付危机，但是这次事件无疑进一步强化了政府对债券违约零容忍的市场预期，使中国债券市场丧失了一个经历信用债真正市场化违约的机会，而这次机会两年之后才真正降临。

3）"11 海龙债"信用事件分析。"11 海龙债"最终依靠政府的兜底顺利化解了兑付危机，政府协调下的解决方式强化了市场对于政府无法容忍债券违约的预期，短期内，市场对高收益债的违约风险担忧大大缓解，推动高收益品种继续上涨，短期内受益最大的是政府背景最强的国有企业，如城投债，或是一些实力强劲银行承销的品种。长期内，中国债券市场丧失了一个经历信用债真正市场化违约的机会，而这次机会两年之后才真正降临。如果当时海龙短融最终违约，尽管其规模很小，但会打破市场对政府或银行隐性兜底的传统理念，将市场的关注点重新引导到对信用风险的担忧上来，从而引发高收益债尤其是周期性行业债券出现回调。

（2）华通路桥信用事件。

表 11-5　华通路桥短融基本信息

发行人	华通路桥集团有限公司
债券类型	短期融资券
发行规模	4 亿元
票面利率	7.3%
起息日/到期日	2013 年 7 月 23 日/2014 年 7 月 23 日
增信方式	无
债券评级	首次评级：A-1；2014 年 7 月降级为 B 级
主承销商	广发银行股份有限公司，国泰君安证券股份有限公司（联席主承）

1）华通路桥信用事件演变过程。华通路桥集团有限公司系国家公路工程施工和房屋建筑工程施工总承包一级资质企业，经营范围涉及高等级公路、桥梁工程施工、房屋建筑工程施工、市政公用工程施工等。公司于2013 年发行一年期短期融资券，发行金额为 4 亿元，到期兑付日为 2014年 7 月 23 日，债券利息为 7.3%，到期应偿付本息合计 4.292 亿元。本期短融广发银行和国泰君安为联席主承销商，银行间市场清算所为登记托管机构，如表 11-5 所示。2014 年 7 月 16 日，评级机构联合资信将华通路桥的信用等级由 AA 下调至 BB+，评级展望为负面，并将"13 华通路桥

CP001"的信用等级由 A–1 下调至 B，以反映其还本付息能力很低、违约风险较高的信用状况。

2014 年 7 月 10 日，山西省政协撤销了华通路桥董事长王国瑞的政协委员资格，华通路桥表示，由于企业董事长王国瑞仍在协助有关部门进行调查，尚未返回企业主持工作，"13 华通路桥 CP001"到期兑付存在不确定性。王国瑞作为公司实际控制人，持有公司股权 60.25%，是公司经营决策、资金筹措及资金调度的总负责人，王国瑞协助调查后，公司对外应收款项回收及短期内资金筹措难度加大，且目前公司账面可自由调剂的货币资金规模小，对"13 华通路桥 CP001"本息保障能力很弱。

2）华通路桥信用危机处理过程。该公司截至 2013 年末应收账款中，前 5 名均为政府相关单位，共计拖欠近 7 亿元账款，占全部应收占款比例的 39.85%。面对可能出现的本息兑付危机，主承销商广发银行和国泰君安证券积极组织人员追讨欠款，山西省和阳泉市各级地方政府也出面协调筹集资金。故最终的兑付资金主要来自两方面：一是当地政府协调筹集的资金，二是发行人自行筹集的部分。此外，山西省政府在保兑付方面也做了协调工作，以免此事祸及本已严峻的企业融资环境。最终在 7 月 23 日银行间市场资金系统正常关闭前，华通路桥短期融资券的本息顺利兑付至债权人机构账户之中，如图 11–4 所示。

比较遗憾的是，"13 华通路桥 CP001"的兑付金的主要来源依然是由当地政府出面协调筹集，作为公募债，社会波及面较广，还是有政府背书尽量避免违约。而私募债的风险释放则提前进入市场化的节奏，最为典型的案例即"11 超日债"利息违约事件打破了信用债"零违约"的神话。

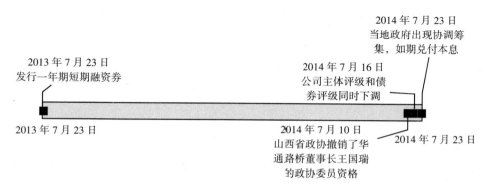

图 11–4　"13 华通路桥 CP001"流程

3）华通路桥信用事件的启示。华通路桥短融最终全额按期兑付，缓解了市场前期担忧，但仍有值得市场警醒和关注的地方。华通路桥并不是一个内部现金流自然枯竭的违约案例，而是由于突发事件导致公司各项资金接续渠道同时收紧引致违约，反映出实际控制人风险对于民营企业的特殊重要性。而这种重要性，对于建筑、地产和贸易等杠杆率高、债务期限结构短期化、高度依赖周转及缺乏足额固定资产支撑、对外部流动性高度敏感的行业而言则更为突出。此外，华通路桥大量资产在之前获取贷款时已被质押，出现应急情况时，已拿不出任何额外资产进行再融资，而资质相对良好的资产已被贷款行控制，再次体现出债券投资者在违约求偿方面的相对弱势。

总体而言，华通短融的安全兑付短期内有利于缓解市场的违约担忧情绪，甚至进一步强化涉及政府背景债券的刚性兑付预期。但"华通路桥事件"表明，治理不完善、运作不规范、对实际控制人或某一高管严重依赖的民企，潜在风险隐患大，这将推动投资者在今后的风险甄别和投资决策中做出更为全面的考虑。

二、交易所市场债券违约处理事件

除"13中森债"通过担保公司偿付债务的方式解决违约，"11超日债"以第三方企业介入重组解决，"12金泰债"以公司申请破产重整解决外，"12津天联"、"13华珠债"皆发生实质性违约，目前还未得到有效解决。由此，我们不难得出交易所市场债券违约解决力度不强，主要依靠市场化手段，同时执行力度有待提高的结论。

1."13中森债"信用事件

表11-6　"13中森债"基本信息

发行人	徐州中森通浩新型板材有限公司
债券类型	普通企业债
发行规模	1.8亿元
票面利率	10%
起息日/到期日	2013年3月28日/2016年3月27日
增信方式	第三方担保

续表

债券评级	AA
主承销商	华龙证券有限责任公司

（1）"13中森债"信用事件演变过程。徐州中森通浩新型板材有限公司是高新技术企业，主要生产高科技新型环保节能板材产品，在同类产品中技术含量最高、生产规模最大。中森通浩新型板材有限公司隶属于中森通浩集团公司，集团业务覆盖建材、房地产、物流等多个领域。公司于2013年发行一款3年期固息私募债"13中森债"，该期债券总额1.8亿元，票面利率10%，每年付息一次，首次付息日为2014年3月28日，由中海信达提供全额无条件不可撤销的连带责任担保，如表11-6所示。

在首次付息日2014年3月28日，"13中森债"出现利息违约，未能如期兑付首期利息，而且有消息称担保方中海信达担保有限公司拒绝为该笔债券承担代偿责任。中海信达拒绝为该债券履行代偿义务并非是没有能力兑付，而是其内部协调出现了矛盾，原因是当地分公司私下做了担保，但中海信达并不认可。这意味着，"13中森债"的利息兑付或无从着落，有可能成为私募债市场首例违约。

（2）"13中森债"信用危机处理程序回顾。2014年4月4日，证监会相关负责人表示，"13中森债"的发行人徐州中森通浩新型板材有限公司已披露相关信息，受托管理人华龙证券已要求增信机构中海信达担保有限公司代付利息，中海信达担保已向债券持有人出具承诺函，承诺将尽快履行担保义务，在30个工作日内安排资金代付首期1800万元的利息，如图11-5所示。

最终"13中森债"完成利息支付，但据相关人士透露，中海信达并未履行担保义务，是发行人自己想办法筹集资金偿付。

在此过程中，证券交易所积极敦促发行人、受托管理人、增信机构等中介机构切实履行职责，维护投资者合法权益。证监会也遵循市场化原则依法处置，积极维护投资者合法权益，引导各相关市场主体依照法律规定和债券契约处理利益诉求。

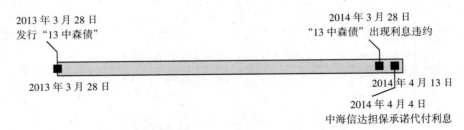

2013 年 3 月 28 日
发行"13 中森债"

2014 年 3 月 28 日
"13 中森债"出现利息违约

2013 年 3 月 28 日

2014 年 4 月 13 日

2014 年 4 月 4 日
中海信达担保承诺代付利息

图 11–5　"13 中森债"流程

（3）"13 中森债"信用事件的警示。13 中森债出现付息违约，为继超日债违约之后债券市场的第二例违约事件，也是首单私募违约案例。"13 中森债"信用事件为中小企业私募债拉响了危险警报，也引发了对发行公司财务数据真实性和担保公司担保效应有效性的质疑。

"13 中森债"发行企业为中森通浩，公司所属板材行业本身严重产能过剩，且下游需求严重依赖房地产，在行业不景气和市场需求疲软的情况下，公司经营严重困难，难以还本付息实属正常。但在"13 中森债"发行之前，公司净资产达 2.95 亿元，较往年同期大幅增加，而同期应收和净利润增速也高达 92.41% 和 134.26%，公司财务数据真实性堪疑。此外，本次违约凸显担保公司担保压力。违约事件之后，有媒体对担保方中海信达拒绝代偿做调查，并对其信用诚信进行质疑。暂且不论公司诚信问题，仅从公司财务上看，2012 年中海信达总资产和净资产分别为 20.8 亿元和 20.13 亿元，流动比率为 44.18，担保放大率为 3.74，显示公司担保压力巨大。

从 2013 年开始，担保行业进入风险期，监管部门开始对担保行业进行整顿。此次违约事件牵扯出担保机构，成为对整个担保行业进行清理的一次契机。

2."11 超日债"违约事件

表 11–7　"11 超日债"发行基本信息

发行方	上海超日太阳能科技股份有限公司
发行规模	10 亿元
票面利率	8.98%
起息日/到期日	2012 年 3 月 7 日/2017 年 3 月 7 日
增信方式	无

主体信用评级	AA
债项信用评级	AA
主承销商/受托管理人	中信建投证券

（1）"11 超日债"违约事件演变。2012 年 3 月 7 日，超日太阳发行 10 亿元公司债，票面利率为 8.98%，由中信建投证券担任主承销商，债券及发行主体初始评级均为 AA 级，如表 11-7 所示。4 月 16 日，公司发布业绩修正公告称 2011 年亏损 5800 余万元，与债券发行之前预计的净利润相差约 1.42 亿元。

2013 年 4 月 26 日，超日太阳发布 2012 年年报，亏损 16.76 亿元，因连续两年净利润为负，公司股票被停牌一天。

2013 年 5 月 2 日，因 2011 年、2012 年连续亏损，"11 超日债"于 2013 年 5 月 2 日起停牌，5 月 22 日，鹏元资信将 *ST 超日发行主体及债券信用等级下调为 CCC。

2014 年 2 月 28 日，*ST 超日发布 2013 年业绩快报，预计亏损 13.7 亿元，3 月 4 日，公司发布公告宣布债券利息无法按时支付，仅能够按期支付共计人民币 400 万元。至此，"11 超日债"正式宣告违约，并成为国内首例违约债券。

（2）"11 超日债"违约处理进程。自 2014 年 2 月 28 日"11 超日债"违约以来，债券持有人维权之路走得极其艰难。

作为"11 超日债"的主承销商和受托管理人，中信建投于 2014 年 3 月 11 日发出了召开债券持有人会议的公告，定于 2014 年 3 月 26 日在上海市奉贤区碧海金沙召开债券持有人会议。但是，中信建投在 3 月 22 日突然发出公告宣布，由于截止到 3 月 20 日登记参加会议的债券面值总额只有 18.34%，为避免出现因参会债券持有人过少、持债数量不足而未能形成有效决议的情况，决定延期召开本次会议。

截至 2014 年 4 月 29 日 17 时，中信建投通知会议筹备组，由于登记参加会议的债券面值总额只占未偿还债券面值总额的 21.19%，其决定继续顺延会议的参会登记时间，会议的具体召开时间和地点将另行通知。

5 月 5 日，"11 超日债"债券持有人自发组织召开债权人会议。但中信建投代表以没有适合开会的场地为由拒绝召开债权人会议，债券持有人会议继续被拖延。

5月22日，*ST超日公告称，根据深交所的决定，公司发行的公司债券"11超日债"将于2014年5月30日起终止上市。同日，中信建投发布临时公告决定继续顺延本次债券持有人会议的参会登记时间。

6月27日，在超日债违约事件进一步恶化之后，上市公司*ST超日发布公告称，26日公司收到上海市第一中级人民法院《民事裁定书》及《决定书》，裁定受理申请人上海毅华金属材料有限公司对超日公司的重整申请。上述公告特别提示，即使公司的破产重整计划得到通过并执行完毕，"11超日债"持有人也存在不能全额受偿的可能。根据《企业破产法》第四十六条的规定，"11超日债"自法院受理破产重整申请之日起，被视为到期，并同时停止计息。而在此之前，"11超日债"主承销商发布公告称，经与发行人及其相关子公司核实，个别作为担保物的机器设备因被发行人擅自作为实物出资正在追回中、部分担保物因涉及发行人与其他债权人的法律纠纷而被采取查封等司法保全措施。在本次破产重整的裁定之后，相关债券持有人将不得不面对发行人资产担保可能无效、企业所有资产债务面临破产清算的恶劣局面。一旦发债主体进入破产重组，公司破产重组流程耗时将至少在半年以上。而投资者在面临长期消耗战的同时，本息大概率不会得到全额兑付。对于相关持有人而言，破产重组将是最后的退路。

7月5日，*ST超日发布公告称，"11超日债"将于2014年7月8日起正式在集中竞价系统和综合协议交易平台暂停上市，考虑到周末闭市因素，"11超日债"从6日起已暂停上市，而在此之后，"11超日债"还可能面临终止上市的风险。

7月15日，"11超日债"2014年第一次债券持有人会议正式召开。"关于提请债券持有人会议授权受托管理人就逾期付息对超日太阳提起民事诉讼等的议案"获同意比例为25.95%；"关于提请债券持有人会议授权受托管理人有权依法处置'11超日债'担保物用于付息的议案"同意比例为26.78%；"关于提请债券持有人会议授权受托管理人有权代表债券持有人参与超日太阳整顿、和解、重组或者破产的法律程序的议案"同意比例仅为15.91%；"关于'11超日债'再次召开债券持有人会议的召开形式及投票表决方式的议案"同意比例为24.89%。由于表决票数不够，会议审议的各项议案无法形成有效决议，此次会议无效。

7月21日，管理人收到公司转来的天龙光电解除合作生产经营协议的通知，天龙光电认为超日太阳进入重整程序，协议无法继续履行。这份提前终止的合约，对于已经陷入重整程序的 *ST 超日来说无疑是"雪上加霜"。

8 月 7 日，*ST 超日管理人发布关于重整进展及风险提示的公告称，截至 2014 年 8 月 6 日，共有 2245 家债权人向管理人申报债权，申报金额合计 345259 万元。8 月 11 日为债权申报期限截止日。

8 月 18 日，*ST 超日召开第一次债权人会议，74% 的债权人表决通过了管理人提出的框架性重组提案《上海超日太阳能科技股份有限公司重整案财产管理方案》。据悉，超日太阳已经于 7 月底在潜在重组方的帮助下复产，潜在重组方实力强大，超日 2014 年实现盈利保壳有望。

9 月 1 日，*ST 超日公布子公司股权处置结果。根据超日太阳重整案第一次债权人会议表决通过的公司重整案财产管理方案，管理人委托上海国际商品拍卖有限公司公开拍卖超日太阳持有的上海超日（洛阳）太阳能有限公司 100% 股权、洛阳银电光伏材料有限公司 65% 股权。

9 月 3 日，*ST 超日公告称，鉴于公司已无能力通过自身完成重整并恢复持续经营能力和盈利能力，管理人决定通过公开招标方式遴选投资人。根据招标文件，投标人参与 *ST 超日重整的投标保证金不低于 2 亿元。投标人应最迟于 2014 年 9 月 14 日前将投标保证金汇入指定银行账户。

10 月 7 日，*ST 超日披露了一系列公告，其中包括一份 *ST 超日股民以及债民等待已久的重整计划草案，以及两家公司为"11 超日债"提供合计 8.8 亿元的担保，致使"11 超日债"本息全额偿付成为可能。其中重整草案显示，光伏龙头企业协鑫集团旗下的江苏协鑫能源有限公司等 9 家单位组成的联合体将作为重整案的投资人，其中，江苏协鑫担任牵头人，并将在完成投资后成为 *ST 超日的控股股东。此外，计划草案称，职工债权、税款债权以及 20 万元及以下的普通债权将全额受偿，有财产担保债权按照担保物评估价值优先受偿；普通债权超过 20 万元部分按照 20% 的比例受偿。按草案计算，普通债权受偿率约为 3.95%，且实际破产清算的清偿比例可能低于预估。

10 月 23 日，*ST 超日第二次债权人会议在上海市奉贤区人民法院召开，大会上，超日太阳重组方案被通过。其中，此前反对声音最大的普通债权人组以 69.89% 的比例通过方案，赞成比例接近七成，债券额度达到 31.5 亿元。重组方案获得通过后，重组方与 *ST 超日管理人将按照法定顺序对相关债权进行偿付，如图 11-6 所示。10 月 28 日，上海第一中级人民法院裁定批准重整计划，并终止重整程序。12 月 18 日，上海超日发布公司债券兑付公告，标志着超日债违约危机的结束。

虽然由于江苏协鑫等 9 家单位的联合投资，重组方案顺利通过，使"11 超日债"利息违约终获圆满解决。但对 *ST 超日而言，未来管理层是否出现大换血，认为"11 超日债"欺诈上市的债民是否终止上诉，都是其必须面对的困局。

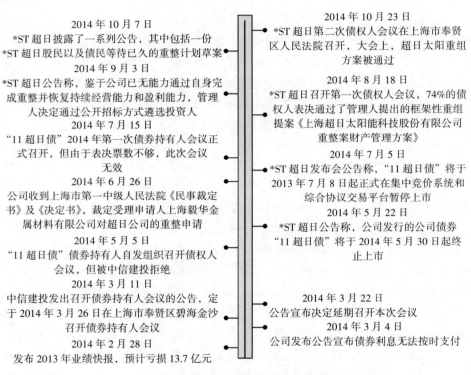

2014 年 10 月 7 日
*ST 超日披露了一系列公告，其中包括一份 *ST 超日股民以及债民等待已久的重整计划草案

2014 年 9 月 3 日
*ST 超日公告称，鉴于公司已无能力通过自身完成重整并恢复持续经营能力和盈利能力，管理人决定通过公开招标方式遴选投资人

2014 年 7 月 15 日
"11 超日债" 2014 年第一次债券持有人会议正式召开，但由于表决票数不够，此次会议无效

2014 年 6 月 26 日
公司收到上海市第一中级人民法院《民事裁定书》及《决定书》，裁定受理申请人上海毅华金属材料有限公司对超日公司的重整申请

2014 年 5 月 5 日
"11 超日债" 债券持有人自发组织召开债权人会议，但被中信建投拒绝

2014 年 3 月 11 日
中信建投发出召开债券持有人会议的公告，定于 2014 年 3 月 26 日在上海市奉贤区碧海金沙召开债券持有人会议

2014 年 2 月 28 日
发布 2013 年业绩快报，预计亏损 13.7 亿元

2014 年 10 月 23 日
*ST 超日第二次债权人会议在上海市奉贤区人民法院召开，大会上，超日太阳重组方案被通过

2014 年 8 月 18 日
*ST 超日召开第一次债权人会议，74%的债权人表决通过了管理人提出的框架性重组提案《上海超日太阳能科技股份有限公司重整案财产管理方案》

2014 年 7 月 5 日
*ST 超日发布会公告称，"11 超日债"将于 2013 年 7 月 8 日起正式在集中竞价系统和综合协议交易平台暂停上市

2014 年 5 月 22 日
*ST 超日公告称，公司发行的公司债券"11 超日债"将于 2014 年 5 月 30 日起终止上市

2014 年 3 月 22 日
公告宣布决定延期召开本次会议

2014 年 3 月 4 日
公司发布公告宣布债券利息无法按时支付

图 11-6　"11 超日债"流程

（3）"11 超日债"暴露了我国债券违约处理机制困境。首先，债券受托管理人权责不明晰。《公司债券发行试点办法》规定公司应当为债券持有人聘请债券受托管理人，并订立债券受托管理协议；在债券存续期限内，由债券受托管理人依照协议的约定维护债券持有人的利益。对于受托管理人的任职资格，《公司债券发行试点办法》中规定债券受托管理人由

该次发行的保荐人或者其他经中国证监会认可的机构担任。但是保荐人和发行人在一定程度上存在利益捆绑关系，保荐人兼受托管理人的双重角色显然难以将债券持有人的利益放在首位，不利于保护公司债券持有人的利益。在此次超日债违约之后，中信建投作为保荐人和债券受托管理人并未能有效地协助债权人进行维权，而是将自己摆在了债权人的对立面，债权人对受托管理人的不信任加剧了维权的难度。

其次，债券持有人大会制度不健全。"11 超日债"的债券持有人会议并不是中国债券市场的首次持有人会议。事实上，在 2006 年发生的福禧信用事件中，债券持有人会议在主承销商中国工商银行的牵头下成功地举行并取得了实质性的成果。但超日债的情况显然有所不同。一方面，作为一家在交易所上市的民营企业所发行的公司债，"11 超日债"的投资者包括为数不少的个人投资者，这给会议的召集增加了不少难度。另一方面，"11 超日债"的违约开创了因不能按期支付债券利息而触发召开债券持有人会议的先河，同时也开了债券持有人作为召集人来自发组织会议的先例，很显然，在这方面，我国债券市场缺乏必要的经验和规定。目前，仅有银行间市场在 2010 年发布了《非金融企业债务融资工具持有人会议规程持有人会议议程》，而公司债持有人大会的法律依据主要还是《公司债券发行试点办法》，但《公司债券发行试点办法》的规定过于原则化，对发行人缺乏应有的约束力，很难发挥对投资人的保护作用。同时，《公司债券发行试点办法》仅规定了召集债券持有人大会的情形，但对债券持有人大会如何召开、决议效力等均没有规定，更没有规定当债券受托管理人不被债券持有人信任，债券受托管理人不勤勉尽责或侵犯债券持有人权益时，持有人如何进行自我救济，这使得超日债持有人自发组织持有人会议的行为无法可依。

（4）"11 超日债"信用事件的分析。"11 超日债"违约是中国公募债券市场首单违约事件，可以说具有里程碑和划时代意义，其对于债券市场的影响深远。

从短期来看，这将在某种程度上影响市场对各类信用债的偏好程度，偏好高信用评级债券，避开低评级信用债，从而导致信用利差扩大，收益率上升。但实际上超日债违约事件历时过长，债市投资者已有所预期，市场相对有所消化，总体上对债市冲击并不如预期的大。

从长期来看，超日债违约对中国债券市场发展的影响是积极的。一是

"不破不立"，风险释放有利于市场出清，信用违约引发的"融资挤兑"加大了企业展期压力，促使机构投资者在债券投资中更加重视安全而非利益；二是债券市场零违约的打破促使债券市场评级的深化，有助于债券市场制度完善和投资者树立风险意识，推动债券市场信用评级、监督机制、信用风险量化等进一步发展，更有助于促进信用违约工具等金融创新产品扩大发展空间。

对于承销商以及受托管理人而言，"11 超日债"违约事件也为其未来应对债券偿付危机提供了三点经验。首先是做好预期管理。危机出现后的风险应当充分暴露，并给予市场充分的时间消化风险，避免风险的突然爆发。在市场对危机的发展方向已经具有明显预期的情况下，风险的影响程度将相对可控。本次偿付危机在 2012 年末出现，到 2014 年进入破产重整阶段时，市场的情绪已经相对平稳。其次是建立顺畅的外部沟通机制。超日债违约的利益相关方包括相关监管机构、地方政府、银行、供应商等多方，他们都代表了不同类型的利益诉求。只有在处理危机的过程中与各方进行充分积极的沟通，才有利于各方按照尽量将风险降至最低的方向统一行动，避免造成不必要的利益冲突。最后是承销商及受托管理人内部各部门通力配合。对于证券公司而言，此次超日危机处理不是普通的投行业务，工作内容涉及危机处理方案设计、重整及重组方案设计、受托管理人履职、投资者安抚等，需要投行、法律、经管等多个业务线的通力合作，发挥公司各方面的资源，才能充分应对，确保工作有条不紊地推进。

"11 超日债"违约事件最终以 *ST 超日重组方案通过告终。"11 超日债"的重组处理体现了监管层对公募债券监管的思路。超日债重组方案中对"11 超日债"提供了额外的连带责任担保，相对于其他普通债权，对于公募债券持有人提供了最大的保护，由此可以看出监管层处理违约尤其是公募债券违约的思路。此外，此次破产重组成功体现了上市公司壳资源价值对于债权人的隐性保护，同时破产重组结果亦进一步强化了债券市场的保刚兑预期，总体上刺激了市场风险偏好继续提升。

3. "12 金泰债"违约事件

（1）"12 金泰债"违约事件演变。"12 金泰债"是国内首例违约的中小企业私募债，"12 金泰债"包括两只产品，即"12 金泰 01"和"12 金泰 02"，由湖州金泰科技股份有限公司于 2012 年 7 月 10 日发行。金泰科技是一家以金属及非金属材料表面处理技术研发、生产和销售为主的高新技术企业。公司主营业务包括汽车零部件、塑胶制品、铝合金轮毂电镀、塑料电镀、五金电镀等。其曾拟于 2009 年向证监会申请 IPO 并在深圳中小板上市，但并未成行。

两只产品期限均为 3 年，募集金额各 1500 万元，其中"12 金泰 01"利率为 9%，"12 金泰 02"利率为 11%，承销商为浙商证券，如表 11-8 和表 11-9 所示。2014 年 7 月 10 日，虽然仍有一年时间才到期，但债券持有人选择于 2014 年"全额回售本次债券"，而金泰科技未能按时足额偿付本金及利息共计 3300 万元，成为债券市场首单实质性违约的私募债。

表 11-8　"12 金泰 01"发行基本信息

发行方	湖州金泰科技股份有限公司
发行规模	1500 万元
票面利率	9%
起息日/到期日	2012 年 7 月 10 日/2015 年 7 月 10 日
增信方式	无
主承销商/受托管理人	浙商证券

表 11-9　"12 金泰 02"发行基本信息

发行方	湖州金泰科技股份有限公司
发行规模	1500 万元
票面利率	11%
起息日/到期日	2012 年 7 月 10 日/2015 年 7 月 10 日
增信方式	无
主承销商/受托管理人	浙商证券

（2）"12 金泰债"违约原因。金泰科技的危机主要来源于联保互保。源头则是茂兴化纤重组失败。当地政府介入也是由于事件的牵涉面太广。

湖州市茂兴化纤公司是金泰科技的联保互保单位，茂兴化纤筹建期间主要依靠信贷资金和民间借贷，由于财务成本居高不下，利润无法覆盖高额利息，茂兴化纤于 2012 年 2 月停产，作为其联保互保单位，茂兴化纤的资金链断裂导致了一系列连锁的担保责任追溯及银行压贷问题，使得金泰科技也面临停产风险，资金链出现问题，最终造成了"12 金泰债"无法兑付的状况。

（3）"12金泰债"违约处理进程。金泰科技是首只引入转股条款的私募债券，设计了2+1条款，相对于3年的发行期限，债权人可选择两年回售或再转股。该债券的担保人金泰科技的控股股东和实际控制人潘建华提供全额无条件不可撤销的连带责任担保。

在2013年10月召开了2012年股东大会之后，中国节能和富海银涛作为代表的机构股东方联合迫使潘建华交出企业经营权并接管了公司，组成临时管理委员会。

在2014年3月召开的债权人会议上，"12金泰债"多位持有人才知悉金泰科技资金链断裂无法兑付预期，股东方代表曾提出延期兑付方案，即对"12金泰债"进行延期4年兑付，即每年偿还25%的本金和约10%的利息。但由于没有额外担保，利息无法保证，这一提议未获得债权持有人认同。鉴于对金泰科技前景的不看好，"12金泰债"持有人在行权期限内放弃转股。

2014年3月，主承销商浙商证券曾尝试找信达资产管理公司作为第三方接手相关债权人债权，不过由于找到的第三方公司要求预先提供一定数额的保证金而作罢。

2014年7月10日，"12金泰债"发生实质性违约。当日，"12金泰债"持有人选择全额回售债券。发行方湖州金泰科技本应于当日支付300万元利息，并支付债券持有人全额回售的3000万元本金，共计3300万元，但金泰科技并未足额偿付本金及利息，造成违约。

由于相关债权人认为中介机构的不作为导致他们在信息不对称的情况下买入"12金泰债"，因此违约发生后，涉事各方对偿债方式分歧较大，"12金泰债"的违约处理一度陷入僵局，如图11-7所示。

在协调各方利益无果的情况下，因无力偿付债务，湖州金泰科技股份有限公司向湖州市吴兴区人民法院申请了破产重整，法院于2015年3月12日同意受理，并于6月27日上午召开了金泰科技破产重整的第一次债权人会议。金泰科技的破产清算使得债权人得到的补偿极其有限。

纵观"12金泰债"事件，除了"12金泰债"大量联保互保导致违约不能按时兑付，相关中介机构的信息披露也极不到位，最终导致了债券违约事件的发生。

（4）"12金泰债"信用事件的分析。"12金泰债"违约事件发生后，

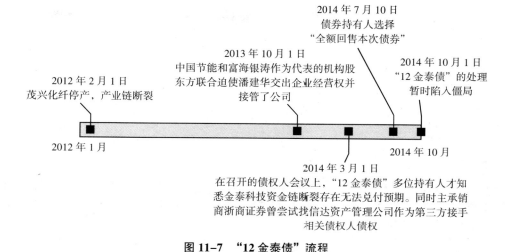

图 11-7　"12 金泰债"流程

在 2014 年 7 月 25 日，证监会相关人士曾表态称："这是面向合格投资者发行的债券，主张市场化解决。"此外，其建议投资者依照债券发行契约，积极寻求仲裁、民事诉讼等法律违约维护自身合法权益。此次频发的私募债违约事件，让证监会重新审视市场，表明将继续完善投资者保护机制，包括进一步督促市场中介机构归位尽责、推动健全违约的司法救济机制、完善债券信用信息体系建设、鼓励诚信、惩戒失信。同时，此次政府最终没有为"12 金泰债"兜底，预示着政府在慢慢放开，让市场消化债券违约事件，推动债券市场市场化的发展。

此外，在此次违约事件中，和金泰科技同处风口浪尖的还有该期私募债的承销商浙商证券。浙商证券未能获悉金泰科技与其他企业有一系列债务互保问题，也未告知投资人，潘建华曾在 2012 年 5 月被民生银行起诉他持有的金泰科技 37.13% 股权曾被冻结等事宜。此次违约事件的发生，承销商未尽职也是一大问题。由此，券商是否在承销过程中起到应尽义务也引起了市场的高度关注，增强了市场对债券承销商进行共同监督的意识。

4. "12 津天联"违约事件

（1）"12 津天联"违约事件演变。"12 津天联"于 2013 年 1 月 28 日在上海证券交易所挂牌，是由天联滨海复合材料有限公司发行的一笔中小企业私募债，债券金额 5000 万元，票面利率 9%，期限为两年，并于第

表 11–10 "12 津天联"发行基本信息

发行方	天津市天联滨海复合材料有限公司
发行规模	5000 万元
票面利率	9%
起息日/到期日	2013 年 1 月 29 日/2015 年 1 月 28 日
增信方式	天津海泰投资担保有限责任公司不可撤销连带担保责任
主承销商/受托管理人	中信建投证券

18 个月末附投资者回售选择权，如表 11–10 所示。投资者自发行之日起第 18 个月末有权选择在回售登记期内将所持的全部或部分债券按面值回售给发行人，或选择继续持有，由天津海泰投资担保有限责任公司承担不可撤销连带担保责任。

2014 年 7 月下旬，由于投资者选择执行回售权，原本发行期限为两年的"12 津天联"在 7 月 28 日到期，但发行人逾期未付本息，"12 津天联"出现事实违约。

（2）"12 津天联"违约处理进程。2013 年下半年，天津民营企业家翟家华因涉嫌经济犯罪被拘捕，海泰担保则被发现在对翟家华等的担保贷款管理上存在严重问题，与海泰担保合作的多家银行要求其提前还贷，使得海泰担保资金链骤然绷紧。在"翟家华案件"的多米诺骨牌效应下，天联集团资金链随即断裂。

2014 年 7 月下旬，"12 津天联"的发行人天津市天联滨海复合材料有限公司及其控股方天津滨海天联集团有限公司董事长王吉群失联多日，该公司面临大量诉讼，经营或难以为继，原有核心技术人员及管理层几乎全部离职。

2014 年 7 月 29 日，中小企业私募债"12 津天联"的发行人出现实质性违约，发行人天联复材因资金链断裂而无法支付本息。债券持有人仅收到海泰担保代偿的 225 万元利息款。根据海泰担保出具的《担保函》约定，海泰担保在债券持有人或债券受托管理人发出"索赔通知"后 7 个银行工作日内须履行代偿义务。

如图 11–8 所示，2014 年 7 月 30 日，债券受托管理人中信建投向海泰担保发出"索赔通知"。但是，海泰担保与天联复材签署的《担保函》及《委托担保合同》在其"反担保措施"后被证实为"一纸空文"。

违约事件发生后，中信建投曾起草《中信建投关于"12 津天联"中小企业私募债券的解决方案》并提交至天津市政府金融服务办公室。但天津市相关主管部门以本案件纯属海泰担保前任负责人的个人违规行为为由，认定"12津天联"的违约是纯商业行为，应由天联公司自身承担偿债义务，海泰担保明确表示无法承担相关的代偿责任。

在债券到期日前数月，债券持有人及债券受托管理人通过天津市金融办与海泰担保及相关政府部门多次进行沟通，希望海泰担保及其上级主管部门就此债券的代偿事宜给予明确答复。

债券到期前，在天津市金融办的协调下，天津市滨海新区金融局、天津市高新区管委会、天津市高新区金融局、海泰集团及海泰担保代表与债券持有人进行了正式沟通，但债券持有人仅得到"希望债券持有人无条件将债券延期半年"的答复。

到2015年7月，"12津天联"违约的救助方案仍无下文。在投资人进行诉讼的过程中，海泰担保关于诉讼管辖权的异议，使得案件的判决归属地迟迟未能确认，投资人与海泰担保之间的诉讼还处于进行阶段。

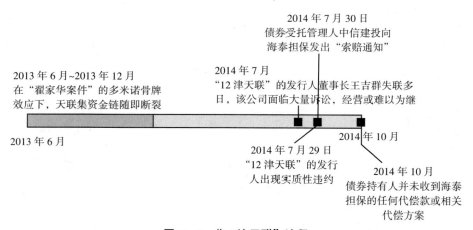

图 11-8 "12 津天联"流程

5."13华珠债"违约事件

（1）"13华珠债"违约事件演变。"13华珠债"于2013年8月23日在深圳证券交易所挂牌，是由华珠（泉州）鞋业有限公司发行的一笔中小企业私募债，债券金额8000万元，票面利率10%，期限为三年，并于第24个月末附投资者回售选择权，如表11-11所示。投资者自发行之日起

表 11-11 "13 华珠债"发行基本信息

发行方	华珠（泉州）鞋业有限公司
发行规模	8000 万元
票面利率	10%
起息日/到期日	2013 年 8 月 23 日/2016 年 8 月 22 日
增信方式	中海信达担保有限公司不可撤销连带担保责任
主承销商/受托管理人	信达证券股份有限公司

第 24 个月末有权选择在回售登记期内将所持的全部或部分债券按面值回售给发行人，或选择继续持有。由中海信达担保有限公司承担不可撤销连带担保责任。

2014 年 8 月 23 日为债券第一期付息日，由于节假日顺延后应于 8 月 25 日支付，总共支付额度为 800 万元。但因现金流紧张，银行提前收回贷款等因素，发行人未按期支付利息，已构成实质违约。

（2）"13 华珠债"违约处理进程。2013 年 8 月发行的"13 华珠债"发行人为民营小微企业，从事鞋制品代工业务，而且因信息披露不完全的问题，最后尽管通过中海信达担保的担保得以成功发行，但是票面利率高达 10.0%。

发行人于 2015 年 8 月披露回售选择权实施公告，但债券持有人并未行使回售权利。截至 2016 年 6 月底，发行人未能偿还首期及第二期利息，经受托管理人信达证券调查了解，发行人为本期债券提供反担保的商铺已被法院冻结，发行人正常经营基本停滞。

"13 华珠债"的担保方为中海信达，中海信达因自身经营困难无法履行代偿义务。投资人拟采用诉讼手段维护自身利益，但截至 2015 年底尚未正式起诉。值得注意的是，中海信达同时是"13 中森债"的不可撤销连带责任担保方，据有关人士披露，虽然其在"13 中森债"违约后给投资者致以承诺函表示"承担代偿责任"，但最终却并未履行，最后是发行人自己想办法进行了偿付。中海信达由于失信已被列入国家失信被执行人名单中，且形象一直不太好，不被投资人认可。从"13 华珠债"违约事件中，我们得到警醒，担保方和发行人资质对于私募债的投资至关重要，尤其是担保对降低信用风险非常重要。

6. "11 华锐债"违约风险预警事件

表 11-12　"11 华锐债"发行基本信息

发行方	华锐风电科技（集团）股份有限公司
发行规模	26 亿元
票面利率	6%
起息日/到期日	2011 年 12 月 26 日/2016 年 12 月 25 日
增信方式	无
主承销商/受托管理人	瑞银证券有限责任公司，安信证券股份有限公司，齐鲁证券有限公司

（1）"11 华锐债"事件。华锐是国内龙头风机整机生产商，2011 年 12 月公司发行无担保公司债 28 亿元，其中品种一为 5 年期 3 年可回售 26 亿元（证券代码：122115），如表 11-12 所示；品种二为 5 年期 2 亿元（证券代码：122116）。品种一应于 2014 年 12 月 26 日进入回售期，品种二应于 2016 年 12 月到期。受风机行业产能过剩、景气下行影响，2012 年以来公司连续亏损，经营现金流 10 年以来均为净流出。由于公司归属母公司净利润连续两年亏损，两个品种公司债均于 2014 年 5 月 12 日暂停上市。2014 年 8 月 29 日晚间，华锐风电公告全资子公司江苏华锐拟出资不超过 7 亿元购买部分"锐 01 暂停"的方案，待持有人大会通过后实行，但最终未通过持有人大会表决。此外，9 月 17 日债券持有人大会已通过了对两期公司债追加担保的议案，但直至距离"锐 01 暂停"回售仅 1 个月时间时，追加担保事项仍无进展。总的来说，公司经营已陷入困境难以扭转，且内外部流动性获取能力已近于枯竭，后续偿债指标还有进一步恶化的可能。实际上，公司在 2014 年第 3 季报中也对债券回售进行了风险提示，称公司目前难以对债券回售"本息能否按期足额兑付做出准确判断"，且"提醒广大投资者注意投资风险"。

（2）"11 华锐债"事件分析。2014 年 8 月 29 日晚间，华锐风电公告全资子公司江苏华锐拟出资不超过 7 亿元购买部分"锐 01 暂停"的方案。公司购买价格低于面值，构成实质违约。虽然最终该方案遭否，意味着 26 亿元的公司债将在 2014 年 12 月集中回售。但公司创造的违约新模式，可能被其他公司效仿，市场需警惕发行人恶意违约。华锐公司折价回购相当于绕开法律限制，直接从二级市场低价购买本公司债券，若操作成功，对发行人节约财务费用、调整融资结构、降低偿债风险有积极作用，极有可能被自身债券被低估或面临违约的公司效仿。

最终在债券持有人会议中，华锐风电公司债券折价兑付方案宣告失败，追加担保方案获通过，这意味着 26 亿元公司债将在 2014 年 12 月集中回售，债券违约风险较大。一方面公司资金缺口较大，现金流枯竭，已无力负担 26 亿元的回售。而且公司资产负债率达 60%，资产主要以应收账款和存货为主，应收账款逾期现象严重，难以及时收回，存货也面临价值波动风险，整体资产质量较差，债券足额有效抵押难以有效实施。另一方面公司股权分散，没有实际控股股东，将导致股东偿债意愿较为懒散，难以达成一致意见。因而，如果"锐 01 暂停"在回售日出现违约，投资者可以通过提起民事诉讼或申请破产重组等方式进行求偿，但实际获得偿付的时间存在很大不确定性。如有届时没有第三方资源介入，公司很难依靠自身力量偿还债券本息，将很可能成为下一个"超日债"。

在面临可能发生违约危机的情况下，发行方和承销商积极应对，采取多种措施筹措偿付资金。发行方华锐风电科技拟定《通过出售应收账款、资本公积金转增股本和股份让渡解决公司债券兑付的方案》，由意向投资人收购公司部分应收款，公司用资本公积金转增股本，由除全国社会保障基金理事会和社会公众股外的其他股东以放弃转增股份并让渡给意向投资人的方式解决债券兑付危机。此外，公司董事会提出《关于启动公司应收账款快速处置的议案》，采取包括以低于账面原值快速处置应收账款在内的各种方式回收货款，用于补充回售所需资金。

承销商方面，瑞银证券积极履行作为受托管理人的职责，持续关注华锐风电资信状况，及时召集债券持有人会议，于回售日前先后召开四次债券持有人会议。同时，瑞银持续敦促华锐风电追加担保，及时与债券持有人沟通，寻求债券持有人给予相关授权。在处理风险的过程中，瑞银证券定期发布偿债举措进展情况公告，让债券持有人能够获得债券偿付的相关重要信息。

最终，华锐风电科技在回售资金发放日足额偿债，避免了违约事件的发生。"11 华锐债"违约风险的成功处置表明，在处置信用债违约风险的过程中，发行方和承销商的应对态度十分重要，本着对投资者负责的态度，积极主动地寻求应对措施，尽职尽责地履行应尽义务，是企业解决违约风险的基础。

三、债券违约事件对比分析

表 11-13　债券违约事件对比（截至 2015 年底）

分类	违约事件	起因	解决方案	交易地点	解决情况
违约最终被偿付	福禧事件	上海社保基金案爆发	主承销商代理维权	银行间市场	已解决
	10 中关村债	公司经营状况恶化	担保公司承担偿付义务，且代偿能力和意愿较强		
	11 海龙债	公司流动性紧张	银行兜底，主承销商恒丰银行提供过渡资金		
	华通路桥	公司实质控制人出事引发公司短期资金筹措困难	政府兜底，政府协调筹集资金和发行人自行筹集资金兑付		
	13 中森债	行业不景气和公司经营状况恶化	担保公司承担偿付义务，但代偿意愿不强，且一度传出拒绝代偿		
构成实质性违约	11 超日债	行业不景气和公司经营状况恶化	构成实质性违约，最终通过第三方机构介入重组圆满解决	交易所市场	
	12 金泰债	联保互保	构成实质性违约，公司申请破产重整，债权人受偿有限		
	12 津天联	由"翟家华案件"最终引起公司资金链断裂	构成实质性违约，担保公司未完成代偿款或提出相关代偿方案		未解决
	13 华珠债	公司流动性紧张	构成实质性违约，担保方未明确表示代偿消息		

第四节　中国企业海外债券违约

一、中国企业境外债券信用事件回顾

与境内债券"零违约"情况不同的是，中资公司在境外所发行债券违约的情况如表 11-14 所示并不少见，例如，2012 年中国医疗技术公司的两笔美元可转债利息未能如期偿付，因而企业信用评级被标普下调至"违约"；2013 年尚德电力到期的美元可转债未能全额支付，因而对海外债权人构成实质性违约。而企业信用评级被降的情况更不鲜见，沿海绿色家园、超大现代农业、盛高置地等企业的信用评级均遭到不同程度的调降。在这些信用事件中，影响最为广泛、最为境内投资者所熟知的为尚德电力违约带来的破产事件，因而本节将重点回顾尚德电力违约事件的演变过程以及尚德破产案的处理进程。

表 11-14　中国企业境外债券信用事件

时间	涉及公司	事件
2012 年 2 月	中国医疗技术公司 （CMED.NASDAQ）	中国医疗两笔利息未如期偿付，标普先后将长期企业信用评级下调为"选择性违约"和"违约"
2012 年 2 月	沿海绿色家园有限公司 （01124.HK）	标普将沿海家园的 1.5 亿美元优先无担保债券的评级和大中华区信用体系评级由 CCC+ 下调至 CCC
2012 年 2 月	中国超大现代农业（控股）有限公司 （00682.HK）	超大现代农业未按时偿付已发行的 2 亿美元可转债本金，长期企业信用评级被标普从 CCC 下调至 CC
2013 年 3 月	无锡尚德电力 （STP.NYSE）	尚德电力发布公告称 2013 年 3 月 15 日到期的可转债仍有 5.41 亿美元未支付，构成违约

二、尚德电力违约事件回顾

1. 尚德电力违约事件演变

无锡尚德太阳能电力有限公司成立于 2001 年 1 月，公司于 2005 年 12 月登陆美国纽约股票交易所，发行价每股 15 美元，尚德的 IPO 不仅开创了中国内地民营企业赴美 IPO 直接登陆纽交所的先河，而且创下内地民营企业在美国证券市场首次融资的最高纪录。2009 年，无锡尚德的太阳能电池和组件产能已经达到了 1GW，从 2010 年第 2 季度开始出货量超过美国同行，排名全球第一。但正是这样一家全球领先的光伏企业却在接下来的两年内迅速"变脸"，最终走向了破产的边缘。2013 年 3 月 18 日，尚德电力发布公告称本将于 3 月 15 日到期的可转债仍有 5.14 亿美元的未支付金额，如表 11-15 所示。该笔美元可转债的违约也牵涉到境外债权人和国际金融公司及国内银行在内的国内债权人的交叉违约，据统计，尚德电力

表 11-15　尚德电力违约事件演变

时间	事件
2012 年 7 月 30 日	尚德公告称正在对环球太阳能基金管理公司（GSF）相关方提供的反担保展开调查。GSF 的管理者 GSF Capital 向尚德提供的 5.6 亿欧元等值的德国政府债券担保存在瑕疵，其可能系伪造而根本不存在
2012 年 8 月 1 日	美国投资机构 Maxim Group 下调尚德目标价至 0 美元
2012 年 9 月 24 日	尚德发布公告称，因收盘均价连续 30 天低于 1 美元，公司收到纽交所退市警告，尚德有 6 个月缓冲期用于提振股价
2013 年 1 月 14 日	尚德电力连续 30 个交易日平均收盘价高于 1 美元，在美退市风险解除
2013 年 3 月 11 日	尚德电力发布公告称，与超过 60%的可转债券持有人签订了债务延期协议，获得两个月延缓时间
2013 年 3 月 12 日	40%未与尚德签订延期协议的债券持有人表示，要求尚德必须在 3 月 15 日到期时，按时偿还可转债，否则将向法院起诉
2013 年 3 月 15 日	尚德发公告承认债务违约：公司收到 3%可转债托管人的通知，即 2013 年 3 月 15 日到期的可转债，仍有 5.41 亿美元的未支付金额，已经违约并要求尽快付款

的本外币授信余额折合人民币高达 71 亿元。

2. 尚德电力违约处理进程回顾

由于从 2012 年开始，尚德电力的偿债能力已经受到市场的质疑，对于其债务违约的担忧从未停止，因此在 3 月 15 日正式违约之前，公司已经与美元可转债债权人就债务问题进行了多次协商。2012 年 11 月，尚德电力曾向债权人提供了三种可选择的方案：第一个是重组可转债，第二个是将可转债转股，第三是引进战略投资者+上述方案之一。2013 年 3 月 11 日，超过 60%的可转换债券持有人与尚德电力签订了债务延期协议，同意暂不行使索债权。但尚德电力股价在接下来几个交易日的暴跌让另一部分债权人看不到希望，有 40%的债券持有人要求尚德必须在到期时按时偿还可转债。

延长偿付期谈判的不完全成功使得尚德电力在 3 月 15 日不可避免地走向了违约。3 月 18 日，公司宣布，由 8 家中国的银行组成的债权人委员会已向江苏省无锡市中级人民法院提交了对无锡尚德进行破产重整的申请。

2013 年 3 月 20 日，无锡市中级人民法院依据《破产法》裁定，对尚德电力旗下子公司无锡尚德太阳能电力有限公司实施破产重整。

2013 年 5 月 15 日，尚德电力两个月前协议延期的可转债再次到期，从当时情况看，尚德电力依旧无力偿还，加之无人接手，再次违约已经注定。与此同时，尚德宣布，大多数持有人同意再次与尚德签署新的债务延期协议，除非有任何导致提前终止的事件发生，否则不会在 2013 年 6 月

28 日前行权。

5 月 22 日，无锡尚德申请破产重整后，第一次召开全体债权人会议。在这之前，无锡尚德破产重整管理人小组向共计 600 多位债权人发函，通知债权申报，会议当天，460 多位债权人参与了会议。此次债权人会议上，无锡尚德还选举了 7 位债权人委员会成员，这 7 位成员将参与制定和表决尚德破产重整计划草案，并最后提交债权人会议表决。

经历了三度延期后，尚德电力债务重组终于以债权人无奈选择债权换股权迈开第一步。9 月 2 日，尚德电力透露，该公司已在 8 月 31 日与由 Clearwater Capital Partners 和 Spinnaker Capital Limited 牵头的债权人工作小组就重组尚德电力达成共识，重组方案主要包括保留关键资产、未偿还债务转换为公司股权、对下属公司最高债务水平的设置、引入新战略投资者等。

10 月 14 日，尚德电力美国债券持有人向纽约的一家法院提交请求书，要求法院责令在美国上市的尚德电力强制破产。债券持有人总计持有 58 万美元尚德电力债券，占该公司 2008 年发行的 5.41 亿美元债券的一小部分。

10 月 30 日，无锡尚德宣布收到无锡市国联发展（集团）有限公司投资意向书。国联将以不少于 1.5 亿美元现金的形式对尚德进行股权投资，以支持全面重组和恢复尚德的财务和运营。

11 月 5 日，尚德电力向开曼群岛大法庭（Grand Court）申请让该公司进入临时清算程序。临时清算是一种紧急程序，一家公司只有在向法院提交清盘请求后才可以申请这一程序。尚德电力还表示，其将考虑根据美国破产法第 15 章而申请破产保护，以便美国法院可以阻止债权人扣押其美国资产。

11 月 11 日，尚德电力在开曼群岛提交的临时清盘申请获得批准。这将使得公司获得保护和更多的时间，以便于最终达成协商并完成重组。

11 月 12 日，无锡尚德重整案召开第二次债权人大会，经到场 504 位债权人代表及股东投票决议，江苏顺风光电正式被确定为战略投资人，其重整方案亦于此间披露，顺风光电拟将投入不少于 60 亿元用于收购无锡尚德股权、偿债及后续经营。11 月 18 日，重整计划获得无锡市中级人民法院批准。

2014 年 1 月 18 日，无锡市中级人民法院通报无锡尚德重整案基本执行到位，已分配完毕的偿债资金超过人民币 27.1 亿元，偿债率已达 90.3%。

3. 尚德电力违约处理机制总结

根据前述内容，在发生 5.41 亿美元可转债违约后，违约主体尚德电力主要做了三方面的努力。一是与债权人就偿付期限进行协商，为公司债务重组争取时间。在违约发生的前后，尚德电力两次与债权人协商延长可转债的偿付期，并获得了大部分债权人的同意。这一举措一方面为公司处理债务问题争取了时间，另一方面也在违约之后稳定了债权人与公司之间的关系。二是在债券违约之后积极寻找债务重组办法，并就债转股等债务重组方式与债权人达成共识，虽然该方法因为尚德电力股票退市而折载，但在一定时间内稳定了债权人的情绪。三是通过向开曼群岛大法庭（Grand Court）申请进入临时清算程序来避免强制破产。

而尚德电力的国内子公司无锡尚德则在交叉违约发生后即进入了破产程序，通过法院及无锡市政府的努力，无锡尚德最终吸引了顺风光电作为接盘人从而完成了债券重组计划。

第五节　境外债券违约处理机制分析及启示

一、美国典型的债券违约处理机制分析

尚德电力美元可转债违约后的处理进程实际上代表了美国债券违约后的典型处理方式。如图 11-9 所示，债券违约之后，债务人与债权人可以就债券合约问题进行重新协商，比如延长偿付期限、豁免一定比例债务等；如果双方协商不成功或债务人对协议的违背比较严重，债权人有权迫使债券发行人破产。破产是一项正式的法律程序，由专门的破产法庭进行，公司自身和债权人都可以向法庭申请启动破产程序。在破产程序中，法庭对公司的资产实施保护，并委派人员管理公司以防止公司资产流失。破产法庭在破产程序中扮演着保障债权人权利的重要角色。

破产有两种可能的解决方法，第一，由法庭对公司进行清算，发债主体停止所有的经营活动，由法院指定管理人对破产公司进行清算，并将所

得资金按照一定的清偿顺序偿还给债权人。一般的顺序是首先清偿拥有抵押品的债权人，其次是没有抵押品的债权人，最后才是公司的股东。第二，也是更普遍的，由法庭对公司进行重组，在重组中，公司的债权人同意将原有的索偿权替换成一套新的债权，重组后的公司在破产期间和破产后继续经营。常见的债务重组形式有三种：一是以资产清偿债务，包括以货币资金、存货、金融资产、固定资产、长期股权投资、无形资产等清偿债务；二是将债务转为资本，是指债务人将债务转为资本，同时债权人将债权转为股权；三是修改其他债务条件，包括减少债务本金、减少债务利息等。

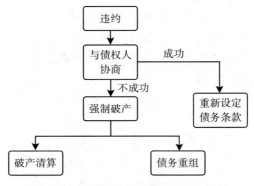

图11-9　成熟市场债券违约处理程序

二、完善的债券违约处理机制所含要素分析

在美国的违约处理程序中，要使每个环节能顺利进行下去，债权人的利益受到充分的保护，有三个要素是必须具备的。

1. 债权人能够与债务人平等协商

具备这个要素意味着在债券违约之后，债务人必须召开债券持有人会议或其他债权人会议从而就债券偿付事宜进行交涉。在尚德电力违约的案例中，无锡尚德的两次债券持有人会议的顺利召开对债务重组的顺利进行起到了决定性的作用，正是通过平台，债券持有人能够对关乎自身利益的重要事项行使知情权和表决权。

2. 具备完善的司法救济和破产制度

这一要素的存在是确保在债券违约之后，债权人能够通过法律手段来维护自身的权益不受损害，同时完善的司法救济和破产制度也确保在违约处理过程中的每一步都有法可依、有据可循。在上文的案例中，尚德电力的海外债权人在对公司重组不抱希望时，可以向法院提交强制破产清算诉讼，即是一个很好的例子。

3. 有某一专业组织代理债权人行使权利

在尚德电力的案例中，尚德电力的海外债权人形成了由 Clearwater Capital Partners 和 Spinnaker Capital Limited 牵头的债权人工作小组，而无锡尚德也由无锡国联代为组织破产重组。这样的专业组织的存在能够将分散的债权人集中起来，从而加大与违约主体的谈判能力，更有利于债权人维护权益。但是这样的专业组织的存在又有赖于债券持有人会议的顺利召开。

以上三条要素的存在确保了在发生违约之后，债券持有人维权有法可依、利益诉求能够顺利传达，同时也能保证违约主体能够在有序的环境下进行违约补救，从而形成对债权人和债务人都有利的局面。

第六节　政策建议

伴随着信用债市场的快速发展，因发行人经营状况不佳而出现的违约等风险逐步显现，2014 年作为"债券违约年"更是给所有投资者、监管者和发行人敲响了警钟，其中以公司债和私募债违约为主，需引起市场的重点关注和警惕。

一、我国信用债市场存在的问题

1. 发债主体和债券品种的逐步扩大增加信用风险出现的概率

2012 年，沪深交易所正式推出中小企业私募债。与其他标准债券相比，中小企业对发行人门槛要求很低，且交易所对发债采用非实质审核的备案制，其发行不强制要求担保或进行外部评级，旨在节约发行时间，拓展中小企业私募债的潜在发行需求，但同时也极大增加了投资者的风险。2014 年第 4 季度有 62 亿元人民币（10 亿美元）的私募债到期，为 2012 年监管机构首次允许中小企业非公开发债以来的最高水平。中小企业作为高收益私募债发行主体，面临着越来越高的违约风险，应引起市场的高度重视。

2. 债券市场体系和机制的不成熟放大信用风险的影响

我国信用债市场自 2005 年开始快速发展，主要得益于信用债品种的丰富和债券发行的市场化。虽然初步建立了相关的制度规则和管理体系，但在完善程度和执行力度上还存在不足，如信息披露不够充分，投资者保护机制不够健全，中介机构尽责意识不强等问题。这些问题既增加了债券信用风险爆发的概率，又导致信用风险一旦爆发影响较大。因此，为进一步推进信用债券市场的发展，必须同步建立完善有效的风险防范机制。

3. 债券市场风险防范机制有待完善，投资者风险意识有待加强

在发行制度方面，《证券法》、《公司债发行试点办法》将公司债发行制度定位为核准制，规定了公司债的实质发行条件，但并未消除债券固有的信用风险，反而掩盖了不同资质企业所发债券的真实信用水平，不利于培养投资者风险识别和判断能力以及债券市场的市场化发展。在定价机制方面，市场化程度不足。《公司债券发行试点办法》规定，公司债由市场进行定价，但实际发行中，仍以簿记定价法为主，未能真正体现大多数市场主体的意志。在投资者方面，投资者结构有待改善，风险意识有待加强。个人投资者普遍对债券风险认识不足，易将公司债等同于到期保本付息的银行储蓄，投资时未充分考虑自身的风险承受能力。现阶段我国公司债券市场投资者主要是风险分析和承受能力较弱的个人和中小投资者，机构投资者在数量和比例上都与成熟市场存在一定差距。

4. 信用评级行业尚不适应公司债券市场发展要求

信用评级未能如实反映公司的风险状况，主要与信用评级付费模式有关。目前由发行人和承销商选择评级机构并支付评级费用，评级机构依附于发行人而生存，公司债的信用评级往往流于形式，不能真正揭示公司债的风险特征。不同类别甚至经营绩效和盈利预测差别较大的企业发行的债券都可获得 AAA 级信用评级，掩盖了不同发行主体的信用风险差异。另外，信用评级机构缺乏统一规范，缺少持续跟踪评级制度，市场信用环境

不成熟也是一大原因。

目前我国债券市场监管规则中以达到一定的信用评级作为准入标准，导致对信用评级结构的过度依赖和不当使用。在发行环节，要求债券信用级别良好；在上市环节，证券交易所根据其资信等级和其他指标对其上市交易实行分类管理，不能达到 AA 级债项评级的债券，只能通过固定收益证券综合电子平台进行上市交易；在投资交易环节，保监会明确保险机构投资一年期以上的非金融企业（公司）债券需国内信用评级机构评定为 AA 级以上，证监会规定货币市场基金不得投资信用等级在 AAA 级以下的企业债券。债券发行上市及投资规则与信用评级挂钩，一定程度上助长了购买评级结果、"劣币驱逐良币"的不良风气。同时，监管机构、市场主体过分依赖外部信用评级将会提高其系统性影响力，一旦评级结果大范围调整，容易引发"峭壁效应"，从而加剧债券市场的不稳定性。

5. 投资者保护机制不健全

（1）债券持有人大会制度不健全。

《公司债发行试点办法》中已经引入债券持有人会议制度，但其规定过于原则化，对发行人缺乏应有的约束力，很难发挥对投资人的保护作用。

（2）债券受托管理人权责不明晰。

《公司债券发行试点办法》规定公司应当为债券持有人聘请债券受托管理人，并订立债券受托管理协议；在债券存续期限内，由债券受托管理人依照协议的约定维护债券持有人的利益。对于受托管理人的任职资格，《公司债券发行试点办法》中规定债券受托管理人由该次发行的保荐人或者其他经中国证监会认可的机构担任。但是保荐人和发行人在一定程度上存在利益捆绑关系，保荐人兼受托管理人的双重角色显然难以将债券持有人的利益放在首位，不利于保护公司债券持有人的利益。

（3）尚未建立有效的公司债券增信机制。

目前公司债券市场多为无担保债券，尤其是民营控股上市公司发行的公司债券无担保比例较高；有担保债券的担保方多为发行主体的控股股东及其关联方，且还存在部分低效甚至无效担保，如由核心资产为发行主体的母公司提供担保。这样的增信措施，在公司发生经营危机和偿付风险时形同虚设，投资者的利益难以得到保障。

6. 缺乏完善的司法救济和破产制度

目前，与公司债相关的司法救济制度尚未明确。此外，在公司债券发行主体面临资不抵债的情况下，适时进入破产程序，有利于保护债权人的合法权益。但目前在具体实施过程中，上市公司的破产申请被法院受理的难度很大。在受理前需明确该上市公司的资产负债状况，是破产重整还是破产清算，在破产重整的情况下应有明确的重整方和重整方案，还应有具体的维稳方案（一般应由省级人民政府提出）等，破产受理时间长、要求高、难度大。

二、信用债市场风险防范制度建设

从中国债券市场的历次信用事件，特别是"11超日债"的违约处理进程来看，中国债券市场违约处理机制存在诸多问题，主要表现为市场缺乏债券违约处理的经验、有关债券持有人大会的法律法规不健全以及对债券托管人义务界定不清晰。而从国外的先进经验来看，健全的法律法规、权责明确的债务代理人等是一个完善的违约处理机制所必备的因素。因此，随着债券市场不断成熟，未来债券违约逐渐增多，而建立完善的债券违约机制比担心债券违约更为重要。参考美国债券违约处理机制的经验，我们应该坚持市场化、法制化的原则，从制度入手，通过明确、细化公司债券市场的相关规则，建立完善债券市场投资者保护机制，从源头防范债券市场风险，同时在风险发生时能够有效化解处置。

1. 推进公司债券发行定价的市场化

从境外发达债券市场来看，公司债券的发行大多采用强制信息披露基础上的注册制，证券监管部门不对公司债券发行进行实质性审查，由市场投资者自行判断公司债券风险。在此提出几下几点建议：一是鉴于我国公司债券主要发行主体为上市公司，透明度和信息披露基础较好，按照公开发行和非公开发行公司对对应投资人及时披露信息。二是完善询价制度。询价制度是一级市场发行的关键，核心在于报价与申购挂钩，增强询价的真实性。三是提高市场询价的广度，债券发行前期需广泛路演，促进公司债发行利率与市场价格相符合。

2. 加强投资者教育，大力发展机构投资者

一是加大宣传，提高投资者对公司债风险、信用评级作用及其在揭示信用风险方面的局限性的认识，加强风险警示教育。二是对不同特征和风险特性的债券交易品种做出分类，并区别不同产品认知和风险承受能力的

投资者，引导其参与相应类型债券交易。鉴于无担保公司债券以公司信用为基础，最终能否偿付取决于发行人的经营及财务状况，风险相对较高，对无担保债券应设立合格投资者的制度安排。三是大力发展机构投资者。引入大量的合格机构投资者，培育多元化的机构投资者，发挥商业银行在公司债券市场中的作用；推动社保基金和养老基金大规模进入公司债券市场，增强公司债券市场的稳定性。

3. 完善信息披露要求，加大信息披露力度

一是完善信息披露相关法规。在《证券法》中单独规定公司债券发行人的信息披露义务，并制定公司债券信息披露配套规则，结合债券投资者信息需求，明确公司债相关信息披露的内容、时点，增加企业非财务信息披露要求，进一步严格发行人违反信息披露义务的法律责任。二是扩大信息披露主体的范围，将保荐人、信用评级机构、会计师事务所纳入信息披露主体。要求保荐人（或受托管理人）加大对发行人的现场检查力度，对发行人经营状况、财务信息、募集资金用途、信息披露情况及其他对公司有重大影响的信息等进行动态监测，并督促公司予以披露。要求信用评级机构持续关注发行人的信用风险情况，根据公司信用变化情况，及时对公司信用级别进行调整。

4. 加强信用评级机构管理，减少对信用评级依赖度

一是建立多方监控下的信用评级制度。由保荐人和发行人共同组成招标委员会来选择评级机构，并由此保证双方利益，弱化发行人和评级机构的道德风险链条。二是完善外部评级信息披露制度。在必须使用和参考外部评价结果的情形下，要求评级机构及时披露评级活动相关信息。三是建立定期评级回访制度，及时公布回访信息，定期公布各等级债券违约率，揭示债券风险，分析风险原因，最大限度地保护债券持有人。四是建立风险赔偿机制。要求债券评级机构对其在评级过程中的重大遗漏、虚假记载、误导性陈述给债权人造成的损失承担赔偿责任。五是引入评级机构竞争机制。可借鉴国际经验，尝试引入双评级和再评级制度，通过加强评级机构之间的竞争，提高评级结果之间的可比性；或者由独立公正的第三方对现有评级公司的评级方法或结果进行外部评价，形成合理的外部校验机制。六是监管部门根据监管掌握的信息，对信用评级机构进行非现场和现场检查，传导监管压力。建立严格的退出机制，将严重违反职业准则的评级机构逐出评级市场。此外，结合公司债券市场发展的实际情况，建议逐

步取消监管规则对评级结果的使用，通过市场化方式由投资者去选择、使用和认可评级结果。

5. 积极采取多种措施，健全投资者保护机制

第一，进一步健全债券持有人大会制度。在公司债券持有人会议制度中，建议借鉴其他国家的立法经验，明确以下问题：一是债券持有人会议的组成。不同次发行的或不同种类的公司债券持有人利益基础可能不同，会议成员可限定为同次发行的同种类公司债券持有人。二是债券持有人会议的召集及权限。明确享有召集权的持有人持有债券比例，债券持有人会议可以做出的决议内容，如推迟、减少或者抵销债券本金、溢价或者利息，以及解除或者设立债券的保证或者担保等重大问题。三是公司债债权人会议决议的认可效力。包括债权人会议有效的出席人数，决议所需表决权比例，表决权行使方法，决议的认可等。四是为保障债权人的合法权益，遏制发行主体损害投资者利益的行为，建议进一步明确债券持有人大会对债券发行人的约束，如：在债券存续期间，债券发行人发生减资、合并、分立或重大资产重组的，应通知受托管理人，受托管理人经债券持有人大会授权，有权要求债券发行人提前偿还全部债券本息、追加担保或指定某项核心资产的优先受益权。

第二，明确债券托管人义务。不管是国内发生的信用案例还是国外成熟市场经验，在债券违约处理过程中，债券托管人扮演着非常重要的角色。作为全体债权人的法定代表人，其有权代表债券持有人采取一切行动包括提起诉讼来强制债务人履行债务，享有不经过咨询债券持有人便可以使债券提前进入本息清偿期的加速偿还权，从而使全体债券持有人的利益得到维护。因此对债券托管人权利和义务的明确规定尤为重要。一是为保证受托管理人的独立性，改由与债券发行人无直接利益关系的金融机构担任。二是明确受托管理人的权限。借鉴成熟市场的做法，明确受托管理人的权限，至少应包括调查权和加速追偿权。三是细化债券受托管理人履责规定，如明确出现可能影响债券持有人重大权益的事项时，召集债券持有人会议的时间；债券受托管理人未能尽职免责时责任追究机制等。

第三，追加投资者保护性条件。建议将保护性条款作为标准惯例写入公司债契约中。保护性条款是为了保护公司债券持有人的利益免受侵害，而对公司管理者的行为进行限制。例如：在抵押公司债券中，为了保护这些抵押品，保护性条款可以规定，禁止出售这些抵押品或者进行再抵押；

可对公司的红利分配进行限制，防止公司变卖资产并将其收入支付给股东，以保障债券持有人的利益不受侵害。保护性条款还可以包括限制附加债务发行和公司合并等条款。

第四，建立有效的增信机制。建议根据发行人信用等级的不同，设定偿债基金的提取比例。同时不断丰富公司债券的增信方式，除采用已有的保证担保和抵/质押担保之外，可以考虑探索建立公司债券保险制度，适时引入附担保公司债券信托以及优先/次级分层等成熟公司债券市场中较为流行的信用增级方式等，满足债券市场发展的需求，最大限度保护投资者利益。

6. 建立完善司法救济和破产制度

建议明确公司债券相关的司法救济制度，推动完善上市公司破产制度安排，以及时化解债券风险，最大程度保护投资者利益。如果发行人难以在现有经营策略下还本付息，债权人应当有权要求向法院申请启动破产程序。破产程序中，法庭对公司资产实施保护，保障债权人权益。进入破产程序后，法庭可以根据情况对公司资产进行破产清算或者同意公司债务重组。

一是赋予受托管理人作为特殊诉讼主体代表全体债权人作为原告参与诉讼的法律效力，有利于解决信用债原告人数众多、权力分散的问题，提高诉讼效率。

二是明确《企业破产法》中的细节问题如债券申报、破产申请等，并做出进一步的司法解释。

三是推动最高人民法院针对信用债违约情况出台以下事项的司法解释。建议定性信用债违约诉讼为共同诉讼；建议对信用债诉讼中发生责任竞合的案件，允许投资人就两种责任可以同时提出诉讼请求，法院合并审理；建议撤销相关案件受理牵制程序。

7. 建立科学合理的公司债券风险基金

建立健全的公司债券风险基金制度，有利于防范公司债券违约可能引发的系统性、区域性金融风险，保护公司债券市场个人投资者利益，弥补现有债券信用评级，促进债券市场平稳发展。通过研究海外存款保险制度与债券保险业务，对我国建立公司债券风险基金提出以下建议。

（1）建立独特的运作模式。在赔偿额度方面，应基于个人投资者保护角度，可将上限定在10万元，从而有效保护大多数个人投资者的利益；

在偿付对象方面，可参考海外存款保险制度，不区分个人投资者和机构投资者，统一赔偿额度；作为债券增信机构的补充，保持与其有效合作，当债券发行人与债券增信机构无法完成本息支付时，债券风险基金充当投资者的保护者，在赔偿额度内先行向投资者支付本息；在赔付认定方面，为有效控制市场参与方的道德风险，需经专家委员会对公司债券市场系统性风险做出判定后，债券风险基金才可启动对投资者的赔付认定。且债券风险基金只对启动赔付认定后的债券违约向投资者做出赔偿，对启动赔付认定前发生的债券违约不再赔偿。

（2）明确管理与监管责任。借鉴期货投资者保障基金的模式，债券风险基金可以由证监会指定中国证券投资者保护基金有限公司作为基金的代管机构，负责基金资金的筹集、管理和使用，并对基金的管理遵循安全、稳健的原则，保证基金的安全。债券风险基金管理机构应当定期编报基金的筹集、管理、使用报告，报送证监会。

（3）确定基金的合理规模。在充分分析被保障债券的规模、损失程度和债券风险基金的运作方式等因素下，确定合理的基金规模，保障债券风险基金制度顺利运行。债券风险基金资金可来源于四个方面：基金成立之初国家划拨初始资金；基金成立后，向证券公司收取承销费用的一定比例；在允许范围内的投资收益；管理机构追偿或接受的其他合法财产。

（4）建立风险管理机制。通过建立严格的事前、事中、事后风险管理流程，公司债券风险基金可较为有效地防范债券违约引发的系统性和区域性金融风险。

8. 充分发挥综合监管体系在债券市场风险防范中的作用

综合监管体系在我国资本市场上市公司监管中发挥了重要的作用，公司债券市场不同于股票市场，有其特殊性，需有针对性地设计公司债券市场的综合监管体系，构建全方位的风险防范联动机制。

发展债券市场是完善我国资本市场结构、提高直接融资比重的重要战略措施。促进债券市场的发展，涉及主体建设、投资者引导、市场培育等多方面，其中，信用债券的风险防范事关投资者对债券市场的信心，也是影响债券市场长期健康发展的重要因素。完善和加强债券市场风险防范机制势在必行，必须引起监管者、发行者和市场投资人的高度重视。

第十二章 研究结论和政策设计

第一节 研究结论

本书对公司债券融资需求测量和工具选择的系列实证研究回答了开篇提出三个问题：①我国虽出现"上市公司发债强于发股"的优序融资现象，但不符合经典优序融资理论所强调的发债成本低于股票融资成本。我国上市公司现金分红虽然有所增加，但依然较少，低于发债的利息成本。股票再融资的高度管制使得上市公司更多选择发债。同时上市公司大股东出于对控制权、财务杠杆的考虑以及外部治理环境的改善也促使其多发债券。②企业的特征、债务契约的属性和企业债务工具选择的经典理论是一致的。③发行管制强度不同导致 2015 年以前上市公司会优先发行在交易商协会注册的中期票据而不是证监会审核公司债。

第二节 公司债券监管的机制设计

微观企业的融资选择导致我国宏观金融结构正经历着间接金融向直接金融的转型，这一重大的历史进程必然伴随着我国企业债券市场的快速发展。已有的债券监管模式是典型的多头监管，多部门债券监管产生竞争，推动了债券管制的放松，提高了债券市场的发行和交易效率，促使债券市场创新，满足了企业迅速增长的发债需求。

公司信用债券市场崛起的外部推动力是发行管制放松，而市场化监管的主体是中国人民银行（交易商协会）和证监会，证监会由严格类股票审核机制转向市场化备案制的公司债发行机制，交易所债券市场2015~2016年随即迎来快速发展期，也成为银行间市场的有益补充。

目前上市公司的发债融资需求方兴未艾，主要内在动机是第一大股东为了维护其控制权收益优先选择发债。截至2015年12月底，第一大股东持股比率在20%~40%的上市公司占总家数的48%左右，处于相对控股的地位，这样会有大批的上市公司考虑发债。证监会和交易所了解上市公司和非上市公众公司（如新三板企业）的资信情况，已具备信息披露等制度优势。抓住这一波机遇，放松外部发行管制满足上市公司发债需求，公司债源头的开闸放水就会推进交易所债券市场主流产品的形成。

通过国内外金融市场和企业融资结构的比较，我们得出：当一国的股票市场快速发展之后，众多上市公司的再融资需求会显得更加重要，而发债是上市公司持续再融资中最重要的融资方式，并且公司债券市场的发展会替代部分中长期的银行贷款，这使得微观企业获得最优的资本结构，宏观金融结构更加均衡。因此，要把发展公司债提高到战略高度，并进行整体的机制设计和制度安排。目前战略规划和可选择实施方案建议如下：

一、战略指导思想

表 12-1　多层次的公司债券市场框架

品种		一级市场		二级市场	
		发行方式	投资者	流通方式	交易场所
现货	高等级公司债券	公开发行	公众投资者	上市交易	集中撮合系统、固定收益平台
		定向发行	合格投资者	协议转让	固定收益平台
	低等级公司债券	定向发行			
	券商柜台产品区域股权市场	定向发行			券商柜台区域市场债券平台
衍生产品	ETF、ETN（交易所交易票据）	公众投资者		上市交易	集中撮合系统
	回购、远期、利率互换、CDS	合格投资者		协议转让	固定收益平台

注：固定收益平台包括上交所固定收益平台、深交所综合协议平台、全国中小企业股份转让系统以及机构间私募产品报价与服务系统的债券电子交易平台，以协议成交为主，互通可纳入银行间市场。

通过放松发行管制带动公司债市场良性发展，并根据"信用风险分类管理"和"投资者适当性制度"的原则，建立市场化的风险约束和消化机制。完善公开发行和定向发行相结合的多层次发行体系，公开上市和场外协议转让相结合的多层次交易结算制度，公众投资者和合格投资者相结合的多层次投资者队伍。多层次的公司债券市场框架如表 12-1 所示。

二、发展路径选择

1. 继续完善公司债公募发行审核机制，提高发行效率，从实质性审查向程序性审查过渡，最终过渡到注册制

2015 年证监会颁布新的《公司债发行交易管理办法》，规定公司债公开发行实行核准制，简化公司债发行程序，取消了原先规定的公开发行公司债券的保荐制和发审委制度，规定公开发行公司发行人应当按照中国证监会信息披露内容与格式的有关规定编制和报送公开发行公司债券的申请文件。中国证监会受理申请文件后，依法审核公开发行公司债券的申请，自受理发行申请文件之日起三个月内，做出是否核准的决定，并出具相关文件。公开发行公司债券，可以申请一次核准，分期发行。

管制一经放松，公司债发行突飞猛进。2015 年公司债融资总额 10253 亿元，比前 8 年公司债总和还多。可见，放松管制、加强债券市场供给侧结构改革，公司债券的发展能更好地满足实体企业融资需求。

2. 以混合发行为突破口，建立多层次的公司债券发行体系

一个成功发展的债券市场必须有一个完善高效的一级发行市场，以满足不同发行人的融资需求。一方面，公募发行的严格审批制度往往难以满足发行人多样的发债需求。另一方面，债券机构投资者为主的特点，又使得严格的发行审批缺乏必要性。因此证监会推行的面向合格投资者的公募发行采取备案制，适应了国际主流的混合发行模式，是美国《144A 规则》的核心理念在中国的本土化制度创造，市场的良好反应是最好的证明。

私募发行也是成熟市场公司债券发行的重要方式，尤其适合低信用等级、信息披露受限型的企业发行债券。

非公开发行适合信用等级相对较低的公司债券发行人，采用面向合格投资者定向发行的方式，以满足大中小企业的融资需求。中小企业私募发债不需要证监会审核，直接在交易所债券平台转让，事后在中国证券业协会备案即可。这是公司债发行制度的创新，能够破解中小企业融资困局，将会推动我国高收益债的发展。

此外，也可通过券商柜台面向其客户定向销售固定收益类理财产品，并可在柜台转让，以此提高券商的核心竞争力，满足客户现金管理和多元化的配置需求。同时，也可考虑和发展较好的区域性股权市场实行一定程度的私募债互联互通，如私募债的双向挂牌等业务。

为了突出交易所同时拥有场内外债券交易平台的优势，对符合一定条件的债券发行企业，允许其债券产品在申请非公开发行和场外交易的同时，申报公开发行和交易所场内交易。一方面，非公开发行保证其融资的高效性，满足债券发行人的融资需求；另一方面，凡符合公开发行标准的债券产品，在经过相对严格的审批后，可以享受在场内和场外市场同时交易的便利，且两个市场间实现高效的互联互通，以最大程度发挥交易所债券市场的优势，进一步调动债券发行人和投资人参与公司债券市场的积极性。

3. 放松发行管制的同时建立债券投资者保护制度

首先，培育合格投资者队伍，为适应多层次公司债券融资体系的发展，应建立和发展覆盖范围更为全面的合格投资者认证体系，建立一支有专业判断能力和风险识别能力的合格投资者队伍，形成参与高收益公司债券和衍生产品市场的合格投资者群体。基金是交易所债券市场的投资主体，要鼓励发展债券型基金，使得基金管理公司有能力配置更多公司债，增加场内债券市场的流动性。债券型基金的壮大使个人投资者通过购买基金投资各种债券组合，包括交易所和银行间市场的各种债券，尤其是交易所上市交易的债券基金通过投资渠道间接打通了银行间和交易所债券市场，如封闭式债券基金、债券型 ETF，这样会减低交易所债券的发行和交易成本。

尤为重要的是，合格投资者必须事先签署开放式的主协议，承诺具备参与债券发行和交易应具备的专业条件，明确发行人及其他交易对手违约后采取的争议解决步骤和法律程序，形成一套有效的市场自律和风险约束规范。

其次，建立债券投资者保护制度，如债券的保护性条款、债券受托管理人、独立可靠的信用评级公司、发债公司的充分信息披露、对发债公司高管欺诈的严厉惩罚机制。只有债券市场的基础设施得到良好的发展，管制放松下的公司债券才不会出现因大量违约引起重新管制的情况。唯其如此，中国的公司债券市场才能长期稳健地发展。

4. 建立多层次的交易结算制度

与发行环节相对应，交易所也需要摆脱传统的集中上市交易的制约，形成多层次的转让制度。由于《证券法》对上市品种的持续信息披露和主体资质有详尽的规定，在某些方面未能体现债券的特点，因此在二级市场层面亟须厘清"上市"和"转让"的概念。

（1）传统上市。"上市"在我国虽无法律定义，传统上是指在证券交易所挂牌，但其含义是针对公众市场。因此，公开发行的高等级公司债券，可沿用交易所现有基础设置，适用严格的信息披露规范和审核标准，在集中撮合交易系统或者固定收益平台进行报价交易。

（2）非上市债券的转让服务。对定向发行的债券或其他达不到上市条件的公司债券，可通过交易所固定收益平台在合格投资者内部转让，不属于公开上市的范畴。交易所和登记公司为此类债券提供转让和结算服务。

（3）券商柜台。证券公司面向其客户定向发行的理财产品或者资产管理计划，可通过附加流动性来提高相对于银行理财产品的竞争力。交易所和登记公司可为此类产品提供技术服务。

5. 场内外交易市场监管的协调

上市银行已获准进入交易所债券市场，参与债券交易，借此进一步打通交易所和银行间债券市场。同时加强报价、结算和机构投资者市场准入等制度的对接，让绝大多数信用类债券产品可以同时在场内外上市交易，形成均衡的市场交易价格。由于交易所和银行间债券市场交易特征本身有所不同，可以通过差异化竞争形成互补。交易所以市场竞价撮合辅之以做市商制度，银行间市场则以询价交易方式为主。

附　录

附表1　变量定义表

变量类型	变量名称	变量符号	变量定义	理论预期
被解释变量	股票债券选择	Y	t 年发行债券为 1, 否则为 0	
解释变量 （企业特征）	公司规模	SIZE	第 t−1 年总资产的自然对数	+
	每股息税前利润	EBIT	第 t−1 年每股息税前利润	−
	每股净资产	BPS	第 t−1 年每股净资产	+
	第一大股东控股比率	CONTROL	第 t−1 年第一大股东控股比率	−
	资产负债率	LEVE	第 t−1 年资产负债率	−
解释变量 （工具特征）	融资成本	COST	债券成本为发行的票面利率，股票的融资成本为公司融资近 3 年的平均每股税前红利除以配股价（增发价）	−
	发行总额	SUM	发行债券和股票增发配股募集的资金总额	+
解释变量（地区外部治理环境）	综合治理环境	MARKET	根据樊纲等（2015）编制的总市场化指数，其中缺失的 2011 年、2013 年和 2015 年数据采用线性回归方式拟合获得	+

附表2　变量描述性统计特征

变量	均值	中位数	最大值	最小值	标准差	样本数
Y	0.54	1.00	1.00	0	0.50	6767
SIZE	22.69	22.52	28.51	13.08	1.72	6767
EBIT	0.68	0.55	7.69	−3.94	0.64	6767
BPS	4.01	3.60	29.13	−7.94	2.19	6767
LEVE	56.45	54.99	8255.96	−19.47	106.03	6767
CONTROL	38.83	38.18	98.64	3.62	17.00	6767
COST	0.03	0.03	0.10	0.00	0.03	6767
SUM	13.52	6.50	645.40	0.03	23.89	6767
MARKET	7.59	7.97	11.8	0.00	1.91	6767

附表3 变量的相关性分析

	Y	SIZE	EBIT	BPS	CONTROL	LEVE	COST	SUM	MARKET
Y	1.00								
SIZE	0.58	1.00							
EBIT	0.19	0.29	1.00						
BPS	0.22	0.23	0.59	1.00					
CONTROL	0.09	0.29	0.08	0.04	1.00				
LEVE	0.01	−0.01	0.00	−0.08	−0.02	1.00			
COST	0.86	0.45	0.20	0.24	0.04	0.00	1.00		
SUM	−0.01	0.39	0.07	0.01	0.21	0.02	−0.06	1.00	
MARKET	0.05	0.11	0.01	0.04	−0.01	−0.00	−0.00	0.09	1.00

附表4 上市公司股票债券融资 PROBIT 二元选择实证结果

变量类型	变量名称	变量符号	（1）企业特征	（2）企业特征+工具特征	（3）企业特征+工具特征+综合治理环境
被解释变量	股票和债券的选择	Y	企业特征	企业特征+工具特征	企业特征+工具特征+综合治理环境
解释变量（企业特征）	公司规模	SIZE	0.738328*** (0.021594)	0.738760*** (0.048459)	0.730305*** (0.048510)
	每股息税前利润	EBIT	−0.126118*** (0.039578)	−0.324218*** (0.064947)	−0.319917*** (0.065042)
	每股净资产	BPS	0.068194*** (0.011860)	0.013911 (0.020892)	0.013902 (0.020887)
	资产负债率	LEVE	−0.010516*** (0.001215)	−0.015545*** (0.002572)	−0.015134*** (0.002584)
	第一大股东控股比率	CONTROL	−0.006446*** (0.001150)	0.002317 (0.002108)	−0.002747 (0.002132)
解释变量（工具特征）	融资成本	COST		80.91304*** (2.94294)	80.96526*** (2.945735)
	发行总额	SUM		−0.021686*** (0.003301)	−0.021681*** (0.003287)
解释变量（地区治理环境）	综合治理环境	MARKET			0.029248* (0.017591)
LR statistic			3036.234***	7676.203***	7678.700***
Probability（LR stat）			0.000000	0.000000	0.000000
McFadden R−squared			0.324	0.821	0.821
Total obs			6767	6767	6767

注：①括号中报告的是异方差—稳健性标准差；②***、**、*分别表示在 1%、5%、10%的水平显著（双尾检验）。

附表5　变量定义表

变量类型	变量名称	变量符号	变量定义	理论预期
被解释变量	债务工具的选择	Y	t年发行债券为1，否则为0	
解释变量 （企业特征）	公司规模	SIZE	第t−1年总资产的自然对数	+
	资产期限	LIQUE	第t−1年固定资产占总资产比重	−
	净资产收益率	ROE	第t−1年净利润与净资产的比率	−
	企业性质	SOE	当t−1年末第一大股东性质为国有的时候取值为1，否则为0	+
解释变量 （债务契约特征）	利率	RATE	债券发行的票面利率和贷款利率	−
	借款期限	MATU	债券或贷款发行到期的年限	+
	担保人	COLL	有担保债务为1，否则为0	
	发行总额	SUM	直接从债券发行或贷款数据库查得的发行总额	+
解释变量 （外部治理环境，虚拟变量）	地方政府干预水平	GOV	根据樊纲等（2010）编制的政府与市场关系的指数，超过均值为1，否则为0	−
	法律制度环境	LAW	根据樊纲等（2010）编制的市场中介组织发育和法律制度环境的指数，超过均值为1，否则为0	−
	金融市场化水平	FIN	根据樊纲等（2010）编制的金融市场化指数，超过均值为1，否则为0	−
	综合治理环境	MARKET	根据樊纲等（2010）编制的总市场化指数，超过均值为1，否则为0	−
控制变量	行业类别	IND	根据《上市公司行业分类指引》分类设置哑变量	+
	年度	YEAR	设1998年为1，1999~2009年依次为2，3，…，13	+

附表6　变量描述性统计特征

变量	均值	中位数	最大值	最小值	标准差	样本数
Y	0.480152	0	1	0	0.499685	3149
SIZE	22.46869	22.31985	28.22128	3.097301	2.037168	3149
ROE	0.083513	0.083762	8.3953	−11.3716	0.373658	3149
LIQUE	0.334768	0.30389	0.9289	0	0.216705	3149
SOE	0.769133	1	1	0	0.421454	3149
RATE	5.201696	5.31	51.5	0.6	1.706421	3149
MATU	2.659489	1	30	0.082192	3.658982	3149
COLL	0.436011	0	1	0	0.495967	3149

续表

变量	均值	中位数	最大值	最小值	标准差	样本数
SUM	9.52635	3	300	0.006	21.90692	3149
GOV	0.783423	1	1	0	0.411977	3149
LAW	0.694189	1	1	0	0.460823	3149
FIN	0.616704	1	1	0	0.486267	3149
IND	7.398222	7	16	1	4.209742	3149
YEAR	8.379486	9	12	0	2.57218	3149

附表 7　变量的相关性分析

	SIZE	ROE	LIQUE	SOE	RATE	MATU	COLL	SUM	GOV	LAW	FIN	IND	YEAR
SIZE	1.00												
ROE	0.03	1.00											
LIQUE	0.20	0.02	1.00										
SOE	0.30	−0.03	0.13	1.00									
RATE	−0.31	−0.04	−0.12	−0.18	1.00								
MATU	0.37	−0.01	0.11	0.16	−0.05	1.00							
COLL	−0.13	−0.05	−0.02	−0.08	0.26	0.35	1.00						
SUM	0.44	0.04	0.11	0.14	−0.22	0.18	−0.09	1.00					
GOV	0.07	0.00	−0.12	−0.09	−0.04	0.02	−0.04	0.05	1.00				
LAW	0.17	0.01	−0.01	−0.07	−0.04	0.04	−0.02	0.09	0.38	1.00			
FIN	−0.22	0.01	−0.06	−0.12	0.08	−0.08	0.09	−0.12	0.20	0.30	1.00		
IND	0.36	0.00	−0.06	0.16	−0.19	0.27	−0.01	0.15	0.18	0.23	0.03	1.00	
YEAR	0.47	0.08	0.12	0.06	−0.02	0.03	−0.10	0.21	−0.08	0.06	−0.17	0.16	1.00

附表 8　对债务选择的 probit 回归结果（一）

变量类型	变量名称	变量符号	(1) 企业特征	(2) 债务契约	(3) 企业特征+债务契约	(4) 企业特征+债务契约+地方政府干预水平	(5) 企业特征+债务契约+法律制度环境	(6) 企业特征+债务契约+金融市场化水平	(7) 企业特征+债务契约+外部制度环境
被解释变量	债务工具的选择	Y							
解释变量(企业特征)	公司规模	SIZE	0.863516*** (38.34062)		0.715693*** (23.61507)	0.724375*** (23.61458)	0.733919*** (24.14573)	0.718488*** (23.41386)	0.733194*** (23.75093)
	净资产收益率	ROE	0.083057 (1.109284)		-0.114871*** (-2.593570)	-0.108057*** (-2.597744)	-0.123076*** (-2.766240)	-0.101718** (-2.168451)	-0.107175** (-2.422754)
	资产期限	LIQUE	-0.125567 (-0.815437)		-0.900189*** (-3.717274)	-0.987313*** (-4.044421)	-0.901161*** (-3.635372)	-0.859836*** (-3.521317)	-0.926977*** (-3.711455)
	企业性质	SOE	0.389340*** (5.016148)		0.334102*** (3.108950)	0.287966*** (2.674624)	0.285193*** (2.662415)	0.302934*** (2.820675)	0.253697** (2.356441)
解释变量(债务契约特征)	利率	RATE		-0.608543*** (-32.86808)	-0.568973*** (-22.29706)	-0.578131*** (-22.80653)	-0.568174*** (-22.15608)	-0.572060*** (-21.11407)	-0.576268*** (-21.02152)
	借款期限	MATU		0.133467*** (24.16869)	0.054931*** (5.802677)	0.051502*** (5.319265)	0.049876*** (5.055516)	0.050907*** (5.233226)	0.047641*** (4.768202)
	担保人	COLL		-0.677267*** (-7.826994)	-0.624056*** (-6.121543)	-0.633063*** (-6.092283)	-0.628796*** (-6.084408)	-0.606661*** (-5.891006)	-0.617313*** (-5.890543)
	发行总额	SUM		0.015315*** (23.31126)	0.005975*** (4.919545)	0.006241*** (4.979023)	0.006010*** (5.175950)	0.006493*** (5.223440)	0.006470*** (5.190720)
解释变量(外部治理环境)	地方政府干预水平	GOV				-0.451587*** (-4.292422)			-0.285886*** (-2.568012)
	法律制度环境	LAW					-0.474690*** (-5.099541)		-0.292731*** (-2.875954)
	金融市场水平	FIN						-0.385297*** (-3.924491)	-0.229051** (-2.220550)

续表

变量类型	变量名称	变量符号	(1)	(2)	(3)	(4)	(5)	(6)	(7)
控制变量	行业类别	IND	0.108726*** (11.29187)	0.128602*** (13.89679)	0.102684*** (7.884169)	0.112527*** (8.533158)	0.114566*** (8.821517)	0.109409*** (8.318113)	0.119899*** (9.059136)
	年度	YEAR	0.092338*** (7.256540)	0.300276*** (31.88592)	0.212847*** (15.37547)	0.202813*** (14.51566)	0.208449*** (14.86857)	0.204735*** (14.46586)	0.199292*** (13.90416)
LR statistic			2776.722***	2717.777***	3269.745***	3289.560***	3295.410***	3285.959***	3307.190***
Probability (LR stat)			0.000000	0.000000	0.000000	0.000000	0.000000	0.000000	0.000000
McFadden R-squared			0.620844	0.617178	0.749607	0.754150	0.755491	0.753578	0.758447
Total obs			3227	3181	3150	3150	3150	3149	3149

注：①括号中报告的是异方差—稳健性 t 统计量；②***、**、*分别表示在 1%、5%、10%的水平显著（双尾检验）。

附表 9 对债务选择的 probit 回归结果 （二）

变量类型	变量名称	变量符号	(1) 企业特征+债务契约+外部治理	(2) 企业特征+债务契约+外部治理+交乘1	(3) 企业特征+债务契约+外部治理+交乘2	(4) 企业特征+债务契约+外部治理+交乘3	(5) 企业特征+债务契约+外部治理+交乘4
被解释变量	债务工具的选择	Y					
解释变量（企业特征）	企业规模	SIZE	0.735516*** (18.41877)	0.738663*** (18.37282)	0.735604*** (18.42942)	0.725981*** (18.08934)	0.739755*** (18.41346)
	净资产收益率	ROE	-0.111674 (-1.531159)	-0.111238 (-1.518678)	-0.105603 (-1.429829)	-0.147901* (-1.901587)	-0.109734 (1.491593)
	资产期限	LIQUE	-0.996684*** (-4.975740)	-1.003103*** (-4.997851)	-1.005352*** (-5.002773)	-0.961676*** (-4.774212)	-1.012050*** (-5.022825)
	企业性质	SOE	0.286641*** (2.850401)	0.282987*** (2.810066)	0.289272*** (2.871490)	0.269403*** (2.669888)	0.703564*** (3.327379)

续表

变量类型	变量名称	变量符号	(1)	(2)	(3)	(4)	(5)
解释变量（债务契约特征）	利率	RATE	-0.574769*** (-17.16312)	-0.574765*** (-17.15786)	-0.537722*** (-9.486034)	-0.566859*** (-16.88303)	-0.574218*** (-17.07213)
	借款期限	MATU	0.049119*** (3.815895)	0.048259*** (3.735004)	0.048197*** (3.730512)	0.046026*** (3.545505)	0.049890*** (3.856519)
	担保人	COLL	-0.619177*** (-6.588160)	-0.619709*** (-6.593800)	-0.618168*** (-6.576222)	-0.601031*** (-6.369866)	-0.629214*** (-6.669994)
	借款总额	SUM	0.006504*** (2.898894)	0.006513*** (2.901528)	0.006566*** (2.922958)	0.043852*** (4.157620)	0.006482*** (2.877071)
解释变量（外部治理环境）	综合治理环境指数	MARKET	-0.530166*** (-5.467101)	-0.539371*** (-5.513341)	-0.232921 (-0.606209)	-0.311519*** (-2.694717)	-0.102005 (-0.478092)
外部治理环境与企业和债务特征的交乘	与企业规模交乘1	MARKET×SIZE		0.078122 (0.821179)			
	与利率交乘2	MARKET×RATE			-0.053214 (-0.797999)		
	与借款额交乘3	MARKET×SUM				-0.039116*** (-3.643091)	
	与所有制交乘4	MARKET×SOE					-0.546926** (-2.275643)
控制变量	行业类别		0.113677*** (10.16793)	0.113742*** (10.16894)	0.113989*** (10.17530)	0.113046*** (10.09001)	0.116894*** (10.29636)
	年度		0.208562*** (11.40000)	0.207834*** (11.34380)	0.209159*** (11.42420)	0.205354*** (11.18074)	0.205857*** (11.18613)

续表

变量类型	变量名称	变量符号	(1)	(2)	(3)	(4)	(5)
	LR statistic		3300.306***	3300.982***	3300.937***	3314.393***	3305.634***
	Probability (LR stat)		0.000000	0.000000	0.000000	0.000000	0.000000
	McFadden R-squared		0.756614	0.756769	0.756758	0.759843	0.757835
	Total obs		3150	3150	3150	3150	3150

注：①括号中报告的是异方差－稳健性 t 统计量；②***、**、* 分别表示在 1%、5%、10%的水平显著（双尾检验）。

附表 10　公司债和中期票据监管的比较

	中期票据	公司债
定义	是指具有法人资格的非金融企业在银行间债券市场分期发行的，约定在一定期限内还本付息的债务融资工具	是指公司依照法定程序发行、约定在一年以上期限内还本付息的有价证券
发行管理文件	1.《银行间债券市场非金融企业债务融资工具管理办法》（中国人民银行令〔2008〕第 1 号） 2.《银行间债券市场非金融企业中期票据业务指引》（NAFMII 指引 0004） 3.《银行间债券市场非金融企业债务融资工具注册工作规则》（NAFMII 规则 0001）	《公司债发行试点办法》（证监会令第 49 号）、《证券法》、《公司法》
发行管理部门	中国人民银行授权交易商协会进行注册管理	证监会
发行管理方式	注册	核准
发行期限	多为 3~5 年期	多为 5~10 年期
承销商	一般为商业银行	一般为证券公司
发行市场	银行间债券市场	交易所债券市场
交易市场	银行间债券市场	交易所债券市场
发行条件	1. 企业发行中期票据应依据《银行间债券市场非金融企业债务融资工具注册工作规程》在交易商协会注册 2. 企业发行中期票据应披露企业主体信用评级。中期票据若含可能影响评级结果的特殊条款，企业还应披露中期票据的债项评级 3. 中期票据待偿还余额不得超过企业净资产的 40% 4. 企业发行中期票据所募集的资金应用于企业生产经营活动，并在发行文件中明确披露具体资金用途。企业在中期票据存续期内变更募集资金用途应提前披露	1. 公司的生产经营符合法律、行政法规和公司章程的规定，符合国家产业政策 2. 公司内部控制制度健全，内部控制制度的完整性、合理性、有效性不存在重大缺陷 3. 经资信评级机构评级，债券信用级别良好 4. 公司最近一期末经审计的净资产额应符合法律、行政法规和中国证监会的相关规定 5. 最近三个会计年度实现的年均可分配利润不少于公司债一年的利息 6. 本次发行后累计公司债余额不超过最近一期末净资产额的 40%；金融类公司的累积公司债余额按金融企业的有关规定计算 7. 股份有限公司的净资产不低于人民币 3 千万元，有限责任公司的净资产不低于人民币 5 千万元 8. 前一次发行的企业债已足额募集；已经发行的企业债没有延迟支付本息的情形

资料来源：各部委相关文件。

附表 11　解释变量的界定

变量名称	变量符号	变量定义	理论预期
公司规模	SIZE	企业总资产的自然对数值	+
每股自由现金流	CASH	每股企业自由现金流量	+
债务期限	DEBT	长期债务（指偿还期限在一年以上的债务）占总债务的比例	−
企业成长性	GROW	每股收益增长率	+
发行总额	SUM	发行总额	+
融资成本	COST	票面利率	+
债券期限	TERM	债券发行期限	+

附表 12　变量描述性统计特征

	均值	中位数	最大值	最小值	标准差	样本数
Y	0.46	0.00	1.00	0.00	0.50	1225
SIZE	23.82	23.71	28.51	20.37	1.38	1225
CASH	−0.10	0.11	14.75	−29.36	2.12	1225
DEBT	27.91	26.16	85.76	0.00	18.83	1225
GROW	−67.35	6.38	34400.00	−49171.43	2241.23	1225
SUM	15.41	10.00	200.00	0.03	21.99	1225
COST	0.06	0.06	0.10	0.02	0.01	1225
TERM	4.60	5.00	15.00	1.00	1.77	1225

附表 13　变量的相关性分析

	Y	SIZE	CASH	DEBT	GROW	SUM	COST	TERM
Y	1.00							
SIZE	−0.21	1.00						
CASH	−0.12	−0.00	1.00					
DEBT	−0.05	0.24	−0.13	1.00				
GROW	0.04	−0.05	−0.01	−0.05	1.00			
SUM	−0.02	0.62	−0.02	0.04	0.02	1.00		
COST	0.06	−0.35	−0.02	−0.09	0.04	−0.33	1.00	
TERM	0.41	0.08	−0.07	0.10	−0.00	0.15	−0.09	1.00

附表 14　中期票据和公司债选择的实证结果

变量类型	变量名称	变量符号	（1）	（2）	（3）	（4）
被解释变量	中期票据和公司债的选择	Y	企业特征	企业特征+SUM	企业特征+SUM+COST	企业特征+SUM+COST+TERM
解释变量（企业特征）	公司规模	SIZE	−0.195713***(0.029518)	−0.303333***(0.039975)	−0.302747***(0.040282)	−0.298057***(0.039728)
	每股自由现金流	CASH	−0.078141***(0.021615)	−0.075909***(0.021465)	−0.075820***(0.021444)	−0.066668***(0.023489)
	债务期限	DEBT	−0.000923(0.002041)	0.000372(0.002083)	0.000378(0.002083)	−0.003151(0.002228)
	每股收益增长率	GROW	0.000025(0.000024)	0.000021(0.000024)	0.000021(0.000024)	0.000023(0.000019)
解释变量（工具特征）	发行总额	SUM		0.010196***(0.002442)	0.010223***(0.002471)	0.006189**(0.002592)
	融资成本	COST			0.287843(3.356863)	3.78113(3.620822)
	债券期限	TERM				0.360190***(0.030466)
LR statistic			76.138	93.790	98.797	335.739
Probability（LR stat）			0.000000	0.000000	0.000000	0.000000
McFadden R−squared			0.039	0.051	0.050	0.189
Total obs			1225	1225	1225	1225

注：①括号中报告的是异方差—稳健性标准差；②***、**、*分别表示在 1%、5%、10%的水平显著（双尾检验）。

参考文献

安义宽:《中国公司债券——功能分析与市场发展》,中国财政经济出版社
　　2006 年版。

陈耿、周军、王志:《债权融资结构与公司治理:理论与实证分析》,《财贸
　　研究》2003 年第 2 期。

陈嘉明:《发展企业债券市场的理论分析与实证研究》,《现代财经:天津财
　　经大学学报》2003 年第 4 期。

樊刚、王小鲁、朱恒鹏:《中国市场化指数——各地区市场化相对进程
　　2009 年报告》,经济科学出版社 2010 年版。

樊刚、王小鲁、朱恒鹏:《中国市场化指数——各地区市场化相对进程
　　2006 年报告》,经济科学出版社 2006 年版。

樊刚、王小鲁:《中国市场化指数——各地区市场化相对进程 2004 年报
　　告》,经济科学出版社 2004 年版。

冯兴元:《中国企业资本自由度研究》,华夏出版社 2008 年版。

付雷鸣、万迪昉、张雅慧:《融资优序理论新证:公司债、可转债和增发
　　股票宣告效应的比较分析》,《金融评论》2011 年第 3 期。

郭斌:《企业债务融资方式选择理论综述及其启示》,《金融研究》2005 年第
　　3 期。

韩德宗、向凯:《我国上市公司债权融资结构的实证研究——以医药、生物
　　制品行业为例》,《经济科学》2003 年第 2 期。

何佳、夏辉:《有控制权利益的企业融资工具选择——可转换债券融资的理
　　论思考》,《经济研究》2005 年第 4 期。

胡奕明:《公司治理:大贷款人监督及其经济后果》,《深圳证券交易所研究
　　报告》2008 年第 10 期。

胡奕明、唐松莲:《独立董事与上市公司盈余信息质量》,《管理世界》2008
　　年第 9 期。

胡援成、王瑞琦、郑冉：《关于上市公司债权融资结构选择研究的考察》，《江西财经大学学报》2010 年第 1 期。

黄少安、张岗：《中国上市公司股权融资偏好分析》，《经济研究》2001 年第 11 期。

蒋屏：《我国企业债券融资》，中国经济出版社 2005 年版。

李扬、张涛：《中国地区金融生态环境评价：2008~2009》，中国金融出版社 2009 年版。

刘煜辉、陈晓升：《中国地区金融生态环境评价：2009~2010》，社会科学文献出版社 2011 年版。

林毅夫、孙希芳：《银行业结构与经济发展》，《经济研究》2008 年第 9 期。

雷森、李伟昭、李奔波：《信号传递下的企业债务期限结构选择》，《重庆大学学报》2004 年第 9 期。

陆正飞、叶康涛：《中国上市公司股权融资偏好解析》，《经济研究》2004 年第 4 期。

潘敏：《资本结构、金融契约与公司治理》，中国金融出版社 2002 年版。

孙永祥：《公司治理结构：理论与实证研究》，上海三联书店、上海人民出版社 2002 年版。

孙铮、刘凤委、李增泉：《市场化程度、政府干预与企业债务期限结构》，《经济研究》2005 年第 5 期。

沈伟、马晨：《加快市场化改革步伐，促进我国公司债券市场发展》，《中国金融》2007 年第 2 期。

沈艺峰、肖珉、林涛：《投资者保护与上市公司资本结构》，《经济研究》2009 年第 7 期。

田利辉：《金融管制、投资风险和新股发行的超额抑价》，《金融研究》2010 年第 4 期。

谭小平：《中国上市公司债务与资产期限结构匹配关系的实证研究》，《中央财经大学学报》2008 年第 5 期。

汪红丽：《中国企业债券市场发展的实证分析》，《证券市场导报》2002 年第 5 期。

王良成、陈汉文、向锐：《我国上市公司配股业绩下滑之谜：盈余管理还是掏空？》，《金融研究》2010 年第 10 期。

王良成、曹强、廖义刚：《政府管制、融资行为与审计治理效应——来自我国上市公司配股融资的经验证据》,《山西财经大学学报》2011 年第 5 期。

王正位、赵冬青、朱武祥:《资本市场磨擦与资本结构调整——来自中国上市公司的证据》,《金融研究》2007 年第 6 期。

王一萱:《银行体系失效与公司债券市场的发展:理论、实践、政策建议》,《深圳证券交易所研究报告》2003 年第 8 期。

王一萱、李信民、徐良平:《中国企业债券市场现状调查报告》,《深圳证券交易所研究报告》2003 年第 2 期。

王一萱、楚天舒、于延超:《西方主要国家债券市场比较研究》,《深圳证券交易所研究报告》2005 年第 12 期。

吴育辉、魏志华:《中国上市公司发行短期融资券的影响因素分析》,《金融研究》2009 年第 5 期。

肖作平、廖理:《大股东、债权人保护和公司债务期限结构选择——来自中国上市公司的经验证据》,《管理世界》2007 年第 10 期。

肖作平、廖理:《公司治理影响债务期限水平吗?——来自中国上市公司的经验证据》,《管理世界》2008 年第 11 期。

谢平、陆磊:《中国金融腐败的经济学分析:体制、行为与机制设计》,中信出版社 2005 年版。

谢德仁、陈运森:《金融生态环境、产权性质与负债的治理效应》,《经济研究》2009 年第 5 期。

佚名:《中国地区金融生态环境评价》,《中国金融》2008 年第 2 期。

叶永刚、张培:《中国金融监管指标体系构建研究》,《金融研究》2009 年第 4 期。

阎达五、耿建新、刘文鹏:《我国上市公司配股融资行为的实证研究》,《会计研究》2001 年第 9 期。

杨胜刚、何靖:《我国上市公司债务期限结构影响因素的实证研究》,《经济评论》2007 年第 5 期。

朱武祥、成九雁:《企业债违约、政府埋单与债券发行管制:1986~1999 年》,《金融学季刊》2007 年第 2 期。

赵峰、高明华:《金融监管治理的指标体系:因应国际经验》,《改革》,2010 年第 9 期。

张新、朱武祥:《证券监管的经济学分析:Economic analysis on securities

regulation》，上海三联书店 2008 年版。

祝继高、陆正飞：《货币政策、企业成长与现金持有水平变化》，《管理世界》2009 年第 3 期。

祝继高、陆正飞：《融资需求、产权性质与股权融资歧视——基于企业上市问题的研究》，中国实证会计国际研讨会 2011 年版。

证监会：《上市公司证券发行管理办法》，2006 年。

证监会：《上市公司股东发行可交换公司债试行规定》，2008 年。

证监会：《公司债券发行试点办法》，2007 年。

中国人民银行：《银行间债券市场非金融企业债务融资工具管理办法》2008 年。

国家发改委：《关于推进企业债券市场发展、简化发行核准程序有关事项的通知》2008 年。

中国社会科学院金融研究所：《2008~2009 年度中国地区金融生态环境评价》，《中国金融》2009 年第 16 期。

Ashhari Z M，"Conventional Vs Islamic Bonds Announcements：The Effects on Shareholders'Wealth"，*International Journal of Business & Management*，2009，4（6）.

Autore D M，Kovacs T，"Equity issues and temporal variation in information asymmetry"，*Journal of Banking & Finance*，2010，34（1）：12–23.

Acemoglu et al.，"The Colonial Origins of Comparative Development：An Empirical Investigation"，*American Economic Review*，2001，91（5）：1369–1401.

Allen and Douglas Gale，"Financial Contagion"，*Journal of Political Economy*，2000，108（1）：1–33.

Allen N. Berger，Diana Hancock and David B. Humphrey，"Bank Efficiency Derived from the Profit Function"，*Journal of Banking & Finance*，1993，17（2–3）：317–347.

Allen N. Berger，Marco A. Espinosa–Vega，W.Scott Frame and Nathan H. Miller，"Debt Maturity，Risk，and Asymmetric Information"，*The Journal of Finance*，2005，60（6）：2895–2923.

Butler A W，"Stock Market Liquidity and the Cost of Issuing Equity"，*Journal of Financial & Quantitative Analysis*，2005，40（2）：331–348.

Bae and Goyal, "Creditor Rights, Enforcement and Costs of Loan Finance", *The Journal of Finance*, 2008.

Barnea, A., Haugen, R. and Senbet, L., "Rationale for Debt Maturity Structure and Call Provisions in the Agency Theoretical Framework", *The Journal of Finance*, 1980, 35 (5): 1223–1234.

Berlin, M. and J. Loyes, "Bond Covenants and Delegated Monitoring", *The Journal of Finance*, 1988, 43 (2): 397–412.

Bhattacharya and Chiea, "Proprietary Information, Financial Intermediation, and Research Incentives", *Journal of Financial Intermediation*, 1995, 4 (4): 328–357.

Boot, A.W.A., and Thakor, A.V., "Moral Hazard and Secured Lending in an Infinitely Repeated Creditmarket Game". *International Economic Review*, 1994, 35 (4): 899–920.

Booth, Laurence, Varouj Aivazian, Asli Demirguc –Kunt, and Vojislav Maksimovic, "Capital Structures in Developing Countries", *Journal of Finance*, 2001, 56 (1): 87–130.

Boyd and Prescott, "Financial Intermediary –coalitions", *Journal of Economic Theory*, 1986, 38 (2): 211–232.

Chang S C, Chen S S, Liu Y, "Why firms use convertibles: A further test of the sequential –financing hypothesis", *Journal of Banking & Finance*, 2004, 28 (5): 1163–1183.

Christensen D G, Faria H J, Kwok C C Y, et al, "Does the Japanese stock market react differently to public security offering announcements than the US stock market?", *Japan & the World Economy*, 1996, 8 (1): 99–119.

Cantillo and Wright, "How do Firms Choose Their Lenders? An Empirical Investigation", *Review of Financial Studies*, 2000, 13 (1): 155–189.

Carey, M., Prowse, S., Rhea, J., Udell, G., "The Economics of the Private Placement Markets: A New Look", *Financial Markets, Institutions, and Instrument*, 1993 (2): 1–66.

Chemmanur and Fulghieri, "Reputation, Renegotiation, and the Choice between Bank Loans and Publicly Traded Debt", *The Review of Financial Studies*, 1994, 7 (3): 475–506.

Corcoran, P., "Inflation, Taxes and Corporate Investment Incentives", *Federal Reserve Bank of New York Quarterly Review*, 1977 (2): 1–9.

Daouk H, Lee C M C, Ng D, "Capital market governance: How do security laws affect market performance?", *Working Papers*, 2005, 12 (12): 560–593.

Demirgüç–Kunt A, Maksimovic V, "Institutions, financial markets, and firm debt maturity", *Journal of Financial Economics*, 1996, 54 (3): 295–336.

Djankov S, Shleifer A, "Debt Enforcement Around the World", *Journal of Political Economy*, 2008, 116 (6): 1105–1150.

David J. Denis and Vassil T. Mihov, "The Choice among Bank Debt, Non-Bank Private Debt, and Public Debt: Evidence from New Corporate Borrowings", *Journal of Financial Economics*, 2003, 70 (1): 3–28.

Davydenko and Franks, "Do Bankruptcy Codes Matter? A Study of Defaults in France, Germany, and the UK", *Journal of Finance*, 2004, 63 (2): 565–608.

DeAngelo, H. and R. Masulis, "Optimal Capital Structure under Corporate and Personal Taxation", *Journal of Financial Economics*, 1980, 8 (1): 3–29.

Demirguc–Kunt, A., Maksimovic, V., "Institutions, Financial Markets and Firm Debt Maturity", *Journal of Financial Economics*, 1999 (54): 295–336.

Diamond, "Financial Intermediation and Delegated Monitoring", *The Review of Economic Studies*, 1984, 51 (3): 393–414.

Diamond, Douglas W., "Debt Maturity Structure and Liquidity Risk", *Quarterly Journal of Economics*, 1991, 106 (3): 709–737.

Diamond, Douglas W., "Monitoring and Reputation: The Choice between Band Loan and Directly Placed Debt", *Journal of Political Economy*, 1991, 99 (4): 689–721.

Eckbo B E, Masulis R W, Øyvind Norli, "Seasoned public offerings: resolution of the 'new issues puzzle'", *Social Science Electronic Publishing*, 2000, 56 (2): 251–291.

Fama E F, French K R, "Financing decisions: who issues stock?", *Journal of Financial Economics*, 2005, 76 (3): 549–582.

Fan J P H, Rui O M, Zhao M, "Public governance and corporate finance: Evidence from corruption cases", *Journal of Comparative Economics*, 2008, 36 (3): 343–364.

Fan J P H, Twite G, "An International Comparison of Capital Structure and Debt Maturity Choices", *Journal of Financial & Quantitative Analysis*, 2010, 47 (1): 23–56.

Frank M Z, Goyal V K, "The effect of market conditions on capital structure adjustment", *Finance Research Letters*, 2004, 1 (1): 47–55.

Fisher. E. O., Robert Heinkel and Josef Zechner, "Dynamic Capital Structure Choice: Theory and Test", *Journal of Finance*, 1989, 44 (1): 19–40.

Flannery, Mark J., "Asymmetric Information and Risky Debt Maturity Choice", *Journal of Finance*, 1986, 41 (1): 19–37.

Glaeser E L, Shleifer A, "The Rise of the Regulatory Sate", *Journal of Economic Literature*, 2003, 41 (2): 401–425.

Gomes A, Phillips G, "Private and Public Security Issuance by Public Firms: The Role of Asymmetric Information", MEMO, 2007.

Geert Bekaert and Campbell R. Harvey, "Emerging Equity Market Volatility", *Journal of Financial Economics*, 1995, 43 (1): 29–77.

Greenbaum, Stuart I. and Anjan V. Thakor, "Contemporary Financial Intermediation", *Journal of Finance*, 1995.

Hail L, Leuz C, "International Differences in the Cost of Equity Capital: Do Legal Institutions and Securities Regulation Matter?", *Journal of Accounting Research*, 2006, 44 (3): 485–531.

Hans P, Colin B, Julia H, et al, "Survey of T-2 and HT-2 toxins by LC-MS/MS in oats and oat products from European oat mills in 2005–2009", *Food Additives & Contaminants Part B Surveillance*, 2011, 4 (2): 110–115.

Harris M, Raviv A, "Corporate governance: Voting rights and majority rules", *Journal of Financial Economics*, 1988, 20 (88): 203–235.

Harris M, Raviv A, "The Theory of Capital Structure", *Journal of Finance*, 1991, 46 (1): 297–355.

Hennessy C A, Whited T M, "Debt Dynamics", *Journal of Finance*, 2005, 60 (3): 1129–1165.

Houston J F, James C M, "Banking relationships, financial constraints and investment: Are bank dependent borrowers more financially constrained?", *Proceedings*, 1996, 5 (2): 237–238.

Hadlock C. and James C., "Bank Lending and the Menu of Financing Options", Unpublished Working Paper, 1997.

Håkan Håkansson, Virpi Havila and Ann–Charlott Pedersen, "Learning in Networks", *Industrial Marketing Management*, 1999, 28 (5): 443–452.

Hart, Oliver and James Moore, "Default and Renegotiation: A Dynamic Model of Debt", *Quarterly Journal of Economics*, 1998, 113 (1): 1–41.

Hart, Oliver and James Moore, "Debt and Seniority: An Analysis of the Role of Hard Claims in Constraining Management", *The American Economic Review*, 1994, 85 (3): 567–585.

Holmstrom, Bengt and Tirole, Jean, "Market Liquidity and Performance Monitoring Full Text Available", *Journal of Political Economy* (*August*), 1990, 101 (4): 678–709.

Hoshi, Takeo, Kashyap, Anil K. and Scharfstein, David S., "The Choice between Public and Private Debt: An Analysis of Post–Deregulation Corporate Financing in Japan", NBER Working Paper (No. w4421), 1993.

Hosono, Kaoru, "Growth Opportunities, Collateral and Debt Structure: The Case of the Japanese Machine Manufacturing Firms Detail Only Available", *Japan and the World Economy*, 2003, 15 (3): 275–297.

Inderst R, Mueller H M, "A lender–based theory of collateral", *Journal of Financial Economics*, 2007, 84 (3): 826–859.

Jackson H E, Roe M J, "Public and private enforcement of securities laws: Resource–based evidence", *Journal of Financial Economics*, 2009, 93 (2): 207–238.

J. P. H. Fan, S. Titman, G. J. Twite, NT Shatin, "An International Comparison of Capital Structure and Debt Maturity Choices", http//: papers.ssrn.com, October 1, 2008.

James, Christopher, "Some Evidence on the Uniqueness of Bank Loans", *Journal of Financial Economics*, 1987, 19 (2): 217–235.

Jensen, M. C., and W. Meckling, "Theory of the Firm: Managerial Behavior,

Agency Costs, and Capital Structure", *Journal of Financial Economics*, 1976, 3 (4): 305–360.

Jinwoo Park and Catherine Shenoy, "An Examination of the Dynamic Behavior of Aggregate Bond and Stock Issues", *International Review of Economics & Finance*, 2002, 11 (2): 175–189.

Joachim Schuhmacher, "Choice of Maturity and Financial Intermediation", Working Paper, University of Bonn, 1998: 1–48.

João A.C. Santos and Andrew Winton, "Bank Loans, Bonds, and Information Monopolies across the Business Cycle", *Journal of Finance*, American Finance Association, 2008, 63 (3): 1315–1359.

Joel Houston and Christopher James, "Bank Information Monopolies and the Mix of Private and Public Debt Claims", *Journal of Finance*, 1996, 51 (5): 1863–1889.

John R. Graham and Campbell R.Harvey, "The Theory and Practice of Corporate Finance: Evidence from the Field", *The Journal of Financial Economics*, 2001, 60 (2–3): 187–243.

Johnson, Don T. and Cowart, Lary B., "Public Sector Land Banking: A Decision Model for Local Governments", *Public Budgeting and Finance*, 1997, 17 (4): 3–6.

Knill A, Lee B S, "Information Asymmetry and the Timing of Capital Issuance: An International Examination", *SSRN Electronic Journal*, 2011.

Kester, "On the Difference in Real Interest Rates between the United States and Japan", Division of Research, Harvard, 1988.

Krishnasnami, Spindt and Subramanium, "Information Asymmetry, Monitoring, and the Placement Structure of Corporate Debt", *Journal of Financial Economics*, 1999, 51 (3): 407–434.

Lucas D J, Mcdonald R L, "Equity Issues and Stock Price Dynamics", *Journal of Finance*, 1990, 45 (4): 1019–43.

La Porta Rafael, Lopz–de–Sianes F., Shleifer A. and Vishny R., "Legal Determinants of External Finance", *Journal of Finance*, 1997, 52 (3): 1131–1150.

La Porta Rafael, Lopz–de–Sianes F., Shleifer A. and Vishny R., "Law and

Finance", *Journal of Political Economy*, 1998, 106（6）: 1113-1155.

La Porta Rafael, Lopz-de-Sianes F., Shleifer A. and Vishny R., "Corporate Ownership around the World", *The Journal of Finance*, 1999, 54（2）: 471-516.

La Porta Rafael, Lopz-de-Sianes F., Shleifer A. and Vishny R., "Investor Protection and Corporate Governance", *Journal of Financial Economics*, 2000, 58（1-2）: 3-27.

Leland H., "Corporate Debt Value, Bond Covenants, and Optimal Capital Structure", *The Journal of Finance*, 1994, 49（4）: 1213-1252.

Leland H., "Agency Costs, Risk Management, and Capital Structure", *The Journal of Finance*, 1998, 53（4）: 1213-1243.

Leland and Pyle, "Informational Asymmetries, Financial Structure, and Financial Intermediation", *The Journal of Finance*, 1977, 32（2）: 371-387.

Linda M. Hooks, "The Impact of Firm Size on Bank Debt Use", *Review of Financial Economics*, 2003, 12（2）: 173-189.

Maskin E, Qian Y, Xu C, "Incentives, Information, and Organizational Form", *Review of Economic Studies*, 2000, 67（2）: 359-78.

Miglo A, "Debt-equity choice as a signal of earnings profile over time", *SSRN Electronic Journal*, 2006, 47（1）: 69-93.

Michael J. Hamburger and Burton Zwick, "Installment Credit Controls, Consumer Expenditures and the Allocation of Real Resources", *The Journal of Finance*, 1977, 32（5）: 1557-1569.

Modigliani and Miller, "The Cost of Capital, Corporation Finance and the Theory of Investment", *The American Economic Review*, 1958, 48（3）: 261-297.

Myers, Steward C., "Determinants of Corporate Borrowing", *Journal of Financial Economics*, 1977, 5（2）: 147-175.

Neil Eshoa, Yung Lamb and Ian G. Sharpeb, "Are Maturity and Debt Type Decisions Interrelated? Evidence from Australian Firms in International Capital Markets", *Pacific-Basin Finance Journal*（November）, 2002, 10（5）: 549-569.

Parrino R, Weisbach M S, "Measuring investment distortions arising from stockholder-bondholder conflicts", *Journal of Financial Economics*, 1999, 53 (1): 3-42.

Petersen, M.A. and Rajan, R.G., "The Benefit of Firm-creditor Relation-ships: Evidence from Small Business Data", *Journal of Finance*, 1994, 49 (1): 3-37.

Pistor, Katharina and Xu, Cheng-Gang, "Governing Emerging Stock Markets: Legal vs. Administrative Governance", *Corporate governance: An International Review*, 2005, 13 (1): 5-10.

Pistor, Katharina and Xu, Cheng-Gang, "Governing Stock Markets in Transition Economies: Lessons from China", *American Law and Economics Review*, 2005, 7 (1): 184-210.

Qian, Strahan, "How Laws & Institutions Shape Financial Contracts: The Case of Bank Loans", *Journal of Finance*, 2008, 12 (6): 565-608.

Rauh J D, Sufi A. *Capital structure and debt structure*, Oxford: Oxford University Press, 2010.

Ross S A, "The Determination of Financial Structure: The Incentive Signalling Approach Bell", *Bell Journal of Economics*, 1977, 8 (1): 23-40.

Rajan, R.G., "Insiders and Outsiders: The Choice between Informed and Arm's Length Debt", *Journal of Finance*, 1992, 47 (4): 1367-1400.

Rajan, R.G. and Zingales, L., "What Do We Know about Capital Structure? Some Evidence from International data", *Journal of Finance*, 1995, 50 (5): 1421-1460.

Ramakrishnan and Thakor, "Information Reliability and a Theory of Financial Intermediation", *The Review of Economic Studies*, 1984, 51 (3): 415-432.

Schuhmacher J, Choice of Maturity and Financial Intermediation, *Discussion Paper Serie A*, 1998.

Shirasu Y, Xu P, "The choice of financing with public debt versus private debt: New evidence from Japan after critical binding regulations were removed", *Japan & the World Economy*, 2007, 19 (4): 393-424.

Smith, C.W., Jr., and Watts, R.L., "The Investment Opportunity Set and

Corporate Financing, Dividend, and Compensation Policies", *Journal of Financial Economics*, 1992, 32 (3): 263–292.

Sreedhar T. Bharath, Jayanthi Sunder and Shyam V. Sunder, "Measure for Measure: The Relation between Forecast Accuracy and Recommendation Profitability of Analysts", *Journal of Accounting Research*, 2007, 45 (3): 567–606.

Stuart C. Gilsona, Kose Johnb and Larry H.P. Langb, "Troubled Debt Restructurings: An Empirical Study of Private Reorganization of Firms in Default", *Journal of Financial Economics*, 1990, 27 (2): 315–353.

Tirole, J, "Liquidity shortages: theoretical underpinnings", *Financial Stability Review*, 2008 (11): 53–63.

Wu X, Yao J, "Understanding the rise and decline of the Japanese main bank system: The changing effects of bank rent extraction", *Social Science Electronic Publishing*, 2007, 36 (1): 36–50.

Williamson, "The Logic of Economic Organization", *Journal of Law Economics and Organization*, 1988, 4 (1): 65–93.

Xu P, "Corporate Financing Choices, Deregulations and Corporate Bond Market Development: Lessons from Japan", *Journal of International Economic Studies*, 2008, 22: 1–17.

Yosha, "Information Disclosure Costs and the Choice of Financing Source", *Journal of Financial Intermediation*, 1995, 4 (1): 3–20.

Zhuang J, Xu C, "Profit–sharing and financial performance in the Chinese state enterprises: Evidence from panel data", *Economic Change and Restructuring*, 1996, 29 (3): 205–22.

Zingales L, "The Value of the Voting Right: A Study of the Milan Stock Exchange Experience", *Review of Financial Studies*, 1994, 7 (1): 125–48.

索 引

H

I

J

K

后　记

本书几经修改而成，写作艰辛。一是由于债券融资理论和实证文献庞杂，而实证所需微观数据的整理工作量超过我的预期；二是在攻读博士后期间，还要承担繁重的研究任务。虽然付出了很大的努力，但本书仍存在诸多不能令人满意的地方，恳请各位批评指正。

我在攻读博士后期间，得到了老师、同事、朋友和亲人的关爱与帮助，在此表示诚挚的谢意！

首先要感谢我的博士后导师——全国中小企业股份转让系统有限责任公司谢庚董事长、北京大学宋敏教授、易方达基金公司叶俊英董事长和深圳证券交易所刘慧清副总经理。博士后论文从选题到写作，直至最终定稿，他们都给了我许多十分有益的建议，令我获益匪浅。谢谢你们的指导和关心！

感谢深圳证券交易所各位领导给博士后站营造的良好的学术氛围和优厚的研究条件。尤其是金立扬首席研究员的学术砥砺、波涛老先生的空灵率真、研究所何基报所长的勤恳治学、福田区何杰副区长的睿智，给我以许多生活上和学问上的启迪。同时感谢王一萱和王晓津主任研究员一直以来鼓励我在债券研究方向上一路前行。感谢博士后站金虹大姐的辛勤工作以及《证券市场导报》肖立见和胡耀亭主编的研究支持。

感谢中国证监会市场部霍达主任，债券部蔡建春主任、陈飞副主任和张庆副主任，在我借调期间给予的具体研究指导和公司债重大政策变革所提供的宝贵研究机遇。

感谢中国人民银行金融稳定局陆磊局长对我最初从事债券方面的博士后研究的肯定和鼓励，以及我在中国金融转型与发展研究中心工作期间对我的包容和理解。

感谢中国博士后科研基金委员会、全国博士后管理委员会，感谢国家自然科学基金（71372215）、广东省自然科学基金（2016A030311027）、广东省教育厅 2014 年人文社科省级重大项目、广东省社会科学基金（GD15CYJ01）和经济管理出版社对本书研究和出版的支持！

　　最后要感谢我的夫人和女儿，攻读博士后让我开启了广州、深圳的双城生活，绝大部分时间不能陪伴家人，夫人不仅包揽了全部家务活，而且为抚养和教育孩子付出了极大的心血，在此向夫人表示感谢的同时，也向女儿表示歉意！她们给了我无尽的关爱，是我学习和研究的动力源泉。

李　湛

2016 年 11 月

专家推荐表

第五批《中国社会科学博士后文库》专家推荐表1

推荐专家姓名	谢庚	行政职务	董事长
研究专长	资本市场	电　话	
工作单位	全国中小企业股份转让系统有限责任公司	邮　编	100033
推荐成果名称	公司债券融资需求、工具选择和机制设计		
成果作者姓名	李湛		

（对书稿的学术创新、理论价值、现实意义、政治理论倾向及是否达到出版水平等方面做出全面评价，并指出其缺点或不足）

该书基于信息不对称的融资工具选择理论框架，从金融管制的新视野来分析企业融资工具的选择。对金融管制影响企业发行股票、债券和银行贷款行为提供了经验数据支持，解释了"我国上市公司特有的融资现象"的问题，揭示了其背后的制度约束和管制效应；同时以企业融资工具作为中介，将金融管制和债务结构结合起来研究，这在已有文献中少有涉及，既充实了金融管制理论，又拓展了融资工具的研究视角。该书在研究中充分嵌入中国的制度因素，相对于国外的跨国法律对金融市场的研究，该研究深入到我国特有信用债券多部门监管的差异，使得研究结论效度更强。契合我党一直强调的实事求是的研究方法。该书的部分研究成果发表在《财贸经济》、《经济学动态》、《金融研究》等经济学领域的核心期刊，并获得广东省哲学社会科学二等奖、中国金融教育发展基金会三等奖、广东金融学会优秀论文二等奖等。该研究同时获得中国博士后基金和国家自然科学基金的资助。改进之处在于如果作者能做出金融管制指数则独创性更强。

其现实意义在于解开上市公司债务融资工具选择的内在机理以及外部制度约束的谜底，为债券监管部门进行整体融资制度设计提供决策支持，使债务融资工具的选择真正成为企业的自主行为。该书稿说明了公司债券发展中的重要问题并提出了解决对策，具有重要指导意义，取得较显著的社会效益。总之，该书稿从理论研究和实践运用上都达到了出版要求，是一部优秀的博士后学术专著。

签字：

2015 年 9 月 2 日

说明：该推荐表由具有正高职称的同行专家填写。一旦推荐书稿入选《博士后文库》，推荐专家姓名及推荐意见将印入著作。

第五批《中国社会科学博士后文库》专家推荐表 2

推荐专家姓名	霍达		行政职务	证监会市场部主任
研究专长	债券市场、股票市场		电　话	
工作单位	中国证监会		邮　编	100033
推荐成果名称	公司债券融资需求、工具选择和机制设计			
成果作者姓名	李湛			

(对书稿的学术创新、理论价值、现实意义、政治理论倾向及是否达到出版水平等方面做出全面评价，并指出其缺点或不足)

在众多针对我国企业融资问题的研究成果中，李湛的博士后研究报告《公司债券融资需求、工具选择和机制设计》问题意识清晰，研究指向明确，试图解释和破解我国上市公司融资工具选择的三个特殊现象和现实问题，观察和思考问题的视角较为新颖，研究方法和政策建议具有较强的理论价值与现实意义。

该报告在梳理国内外有关企业融资工具选择的理论文献基础上，立足我国上市公司发债融资需求这一现实而重要的问题，从债券市场、公募制度、私募制度、电子交易平台等方面进行了深入国际比较，分析比较了美日欧债券发行制度中可资借鉴的内容。同时通过比较研究和实证考察，也发现了我国证监会发债审核偏严而产生的一系列问题。进而提出放松发行管制的建议，主张对公司债审核向注册制靠拢，大力推进私募发行，加快交易所债券市场的发展，这些建议具有较强的针对性，也有现实的操作性。

本研究成果学术研究方法可取，态度严谨，坚持理论联系实际，政治理论倾向公允客观而积极。在系统研究的基础上，为政策制定和制度设计提供了决策参考，尤其是具有前瞻性和国际化地从建设债券电子交易平台角度，提出了针对交易所债券平台的完善建议，发挥了学术研究的社会功能。

该报告达到了入选中国社会科学博士后文库出版的标准。稍嫌不足的是该研究成果制度设计部分的内容略为单薄，希望作者能够加强该部分研究。

签字：霍达

2015 年 9 月 3 日

说明： 该推荐表由具有正高职称的同行专家填写。一旦推荐书稿入选《博士后文库》，推荐专家姓名及推荐意见将印入著作。